Anthony Greenbank
Das Buch vom Überleben

Anthony Greenbank

Das Buch vom Überleben

Richtiges Verhalten im Notfall

CIP-Kurztitelaufnahme der Deutschen Bibliothek

Greenbank, Anthony:
Das Buch vom Überleben : richtiges Verhalten im
Notfall / Anthony Greenbank. [Übers. aus d. Engl.:
Wolfram Viertel]. – Landsberg am Lech : Moderne
Verlags-Gesellschaft, 1985.
(mvg-Paperbacks)
ISBN 3-478-02310-6

Aus dem Englischen übersetzt von Wolfram Viertel.

© mvg moderne verlagsgesellschaft mbH
8910 Landsberg am Lech
Umschlaggestaltung: Hendrik van Gemert
Druck und Bindearbeiten: Presse-Druck, Augsburg
Printed in Germany 020310/285802
ISBN 3-478-02310-6

Inhaltsverzeichnis

Vorwort

Dieses Buch handelt von der Kunst zu überleben, von der Fertigkeit, den vielfältigen Gefahren zu begegnen, die uns täglich bedrohen. Natürlich glaubt jeder, *ihm* könne nichts zustoßen. Trotzdem geschehen Tag für Tag Unfälle — daheim, auf der Straße, über den Weltmeeren — und Menschen sind darin verwickelt, die ebenso dachten: mir passiert das nie!

Bei Feuerausbrüchen und Überschwemmungen, in von der Straße abkommenden Kraftfahrzeugen und abstürzenden Verkehrsmaschinen wird niemand lange danach gefragt, ob er einverstanden ist oder nicht. Orkane und Wolkenbrüche, Schneefälle und sengende Sonne fallen unterschiedslos über jeden her. Schon mancher arglose Ausflügler ist im Gebirge abgestürzt, im glühenden Wüstensand verdurstet, im Schneesturm erfroren.

Im Ernstfall werden Sie dieses Buch natürlich kaum in der Jackentasche tragen. (Vielleicht sind Sie froh, daß Sie überhaupt eine Jacke angezogen haben.) Wichtiger ist jedoch, daß Sie es einmal gelesen haben und einer lebensgefährlichen Situation nicht ganz unvorbereitet gegenüberstehen; daß Sie nicht gleich den Kopf verlieren, sondern tief Luft holen und so lange nicht aufgeben, bis Hilfe kommt; daß Sie wissen, man kann in scheinbar ausweglosen Situationen überleben, wenn man das Richtige tut.

Die Ratschläge, die in diesem Buch gegeben werden, sind nur dem von Nutzen, der den Kopf nicht verliert, die Nerven behält, die Flinte nicht ins Korn wirft und entschlossen alle Widerstandskräfte mobilisiert.

Um zu überleben braucht man nicht das Reaktionsvermögen eines Rennfahrers, die Muskeln eines Herkules, den Verstand eines Einstein. Man muß nur wissen: Was tue ich in dieser Lage am besten?

Die folgenden Seiten enthalten in gedrängter Kürze eine Anleitung hierzu. Keine billigen Tricks, weder Helden noch Heldentaten. Faustregeln, einige kurze Hinweise.

Dieses Buch ist für alle, für Mann, Frau und Kind bestimmt. Es gibt Verhaltensmaßregeln nicht nur für den Fall, daß das Leben der Einwohner ganzer Städte bedroht ist, sondern für alle Zwischenfälle des Alltags. Es ist kein Lehrgang, durch den Sie ein zweiter James Bond werden. Einzige Vorbereitung: das Buch lesen.

Öfter als je zuvor geraten wir alle heutzutage in lebensgefährliche Situationen. Bei Glatteis tödlich verunglückt — Zugzusammenstoß: 37 Tote — Rennwagen rast in Zuschauergruppe: 9 Tote — Brennendes Heizkissen verbrennt ganze Familie — Messerstecher in Tanzbar — Flugzeugabsturz: 24 Ferienreisende tödlich verunglückt... Solche Schlagzeilen dringen kaum noch ins Bewußtsein.

Die Bücher, die es über dieses Thema schon gibt, beschränken sich auf die exotische Szenerie: auf Wüsten, Dschungel, Arktis, Hochgebirge und Ozean. Einer Familie, die mit ansehen muß, wie bei einer Überschwemmung die Flut höher und höher steigt, dem Angestellten, der im Auto vom Schneesturm überrascht wird, helfen sie wenig.

Meist hat man nur sehr schwache Vorstellungen davon, wie man sich in bestimmten Katastrophenfällen verhält. Gießt man nun Benzin über erfrorene Finger oder nicht? In jedem Winter werden Frostbeulen und Erfrierungen bittere Wirklichkeit.

Sie meinen, Sie würden sich im kritischen Augenblick an nichts erinnern? Nicht unbedingt! Durch die Lektüre dieses Buches dazu aufgestachelt, sich nicht so schnell unterkriegen zu lassen, fallen Ihnen im Ernstfall auch Schutzmaßnahmen ein. Zugegeben, das Mädchen, dessen Arme vom Angreifer bereits wie im Schraubstock festgehalten werden, kann nicht mehr nach dem Kamm greifen, der sie in dieser Situation retten könnte — aber vielleicht erinnert sie sich daran, wenn sie verdächtige Schritte hinter sich hört!

In einem Kampf ums Leben, der sich über Wochen hinzieht, fällt Ihnen ohne Zutun manches von selbst wieder ein.

Die Einteilung erfolgte nach den Sinnesempfindungen in Katastrophenfällen. In einer kritischen Situation ruft man nach Wärme oder Kälte, nach Wasser oder Land, nach Licht oder Schatten — ob das gleißende Licht nun von einer Kernwaffenexplosion oder von Autoscheinwerfern herrührt, ob Hitze in einem brennenden Gebäude oder unter sengender Sonne entsteht. Das Buch stellt dementsprechend Gegenmaßnahmen zusammen: Feueranmachen unter *„Zu kalt"*, Abwehrmaßnahmen bei drohendem Zusammenstoß unter *„Zu schnell"* usw.

Nirgendwo werden besondere Vorbereitungen vorausgesetzt. Die kritische Situation erkennen — darauf kommt es an! An die Hilfsmittel, die in fast allen Fällen zur Verfügung stehen, ist gedacht: an Ihre Knochen, Haut, Haare, Zähne, Fingernägel, Speichel. Dann daran, was Sie an sich tragen: Schuhe, Socken, Hosen, Hemd, Kleid, Armbanduhr, Münzen, Kamm usw. . . . An die Umgebung: Sand, Fels, Wasser, Bäume, Guano, Beton. An das verunglückte Fahrzeug: Wagen, Flugzeug, Zug, Boot, Schiff. Es wird nicht vorausgesetzt, daß, wer sich in der Wüste verlaufen hat, ein Plastiktuch bei sich haben muß; aber für den Fall, *daß* er eins bei sich hat, wird unter den Methoden, Wasser zu destillieren, der Gebrauch dieses Tuchs erklärt.

Improvisieren Sie mit allen zur Verfügung stehenden Mitteln. Wenn die Verwendung manches Gegenstandes auch lächerlich erscheint — denken Sie an die Berichte Überlebender: Hätte ich damals ein paar Zeitungen gehabt, um mich darin einzuwickeln . . . Das Buch setzt wenig mehr als nichts voraus — aber das Wenige sollen Sie wirksam einsetzen.

Zusätzlich finden sich in den einzelnen Kapiteln Verweise auf andere; so wird in *„Zu tief"* geschildert, wie man in ein Boot klettert, während in *„Zu naß"* beschrieben wird, wie man dieses Boot schwimmend erreicht. Diese Stellen sind durch Verweise miteinander verknüpft.

Überlebende scheinen manchmal nur deswegen überlebt zu haben, um nachher zu erzählen, sie hätten genau das Gegenteil von dem getan, was angeraten wurde. Auch Mediziner bestätigen mitunter, daß dieser oder jener einer Lebensgefahr Entronnene von Rechts wegen tot sein müßte. Aber in diesen Fällen war der unbedingte *Wille zu überleben* entscheidend. Aktivieren Sie gleichfalls diesen Willen. Holen Sie tief Luft und geben Sie auf keinen Fall auf! So überleben Sie!

Zu einsam

Um sich *einsam* zu fühlen, muß man nicht unbedingt mutterseelenallein mit einem Floß auf dem Ozean treiben. Einsam ist man auch bei Schlägereien randalierender Fußballzuschauer. In jeder Notlage fühlt man sich von aller Welt verlassen.

WIE MAN MIT DER EINSAMKEIT FERTIG WIRD

Überleben beginnt mit dem Entschluß, leben zu wollen, mit dem Kampf gegen das überwältigende Gefühl von Verlassenheit. *Holen Sie tief Luft. Mobilisieren Sie eisern alle Widerstandskräfte. Und wiederholen Sie laut: Ich gebe auf keinen Fall auf.*

Im Augenblick dieses Entschlusses haben Sie schon das Entscheidende getan, um durchzukommen — trotz völliger Desorientierung, trotz lähmendem Schreck.

Wenn die Versuchung an Sie herantritt, aufzugeben oder gar Hand an sich selbst zu legen: das Gebet ist eine wirksame Hilfe. „Der Herr ist mein Hirte, ... und ob ich schon wanderte im finsteren Tal ... Dein Stecken und Stab trösten mich ..." Der Psalm 23 ist den meisten von uns geläufig.

Ob Katholik oder Protestant: jeder kennt Gebete. Und wenn es ein kurzes Stoßgebet zum Himmel ist.

Lassen Sie nicht locker, unternehmen Sie etwas. Laufen Sie, geben Sie Notsignale, schwimmen Sie, machen Sie Feuer, bauen Sie einen Unterschlupf, geben Sie wieder Signale ... Legen Sie sich nicht eher zum Sterben nieder, als bis Sie nicht mit äußerster Willensanstrengung alles versucht haben, Ihrem vermeintlichen Geschick zu entrinnen. Niemals, niemals aufgeben!

Sagen Sie sich: Auch das geht vorüber.

In unbekannter Umgebung improvisieren, improvisieren und nochmals improvisieren.

Und nie nie nie nie nie nie nie nie nie nie nie nie nie nie nie niemals aufgeben. Wenn auch alles dagegen spricht: Sie schaffen es!

Depressionen

Wenn Sie einmal völlig „down" sind . . .: Rufen Sie die telefonische Seelsorge an, die in einigen Städten eingerichtet ist. Auf diese Weise sind schon Selbstmorde verhindert worden.

Im Zweifelsfalle rufen Sie die Auskunft an.

Kennen Sie die Nummern für Notruf (Überfall, Feuer, Krankentransport usw.) in Ihrem Wohnort? Haben Sie Telefon, schreiben Sie sie gut leserlich auf die erste Seite des Telefonverzeichnisses. In den meisten Fernsprechbüchern stehen die betreffenden Nummern auf dem Deckblatt oder der ersten Seite.

Klaustrophobie

Kann zu Tobsuchtsanfällen führen. Klaustrophobie ist verhältnismäßig selten, viele glauben fälschlich, sie litten daran. Wird jemand davon befallen, verhindern Sie, daß der Unglückliche sich oder anderen weh tut. Legen Sie ihn bequem hin, reden Sie beruhigend auf ihn ein. Ohrfeigen Sie ihn nur, wenn Sie der Situation anders nicht mehr Herr werden.

Sind Sie irgendwo eingeschlossen, sagen Sie sich: Es geht mir doch eigentlich ganz gut. Ich lebe noch. Ich bin (vielleicht) unverletzt. Ich kann tagelang aushalten, ohne zu essen und zu trinken, solange ich keine Energie vergeude. Nur eine Frage der Zeit, wann ich hier wieder raus bin. Immer mit der Ruhe. Wird schon werden.

Suchen Sie sorgfältig alle Taschen, Gepäck usw. und die nähere Umgebung nach Lebensmitteln, Streichhölzern, Schlüsseln, einer Nagelfeile oder einem Feuerzeug ab — Gegenstände, mit denen Sie sich ausgraben oder Zeichen geben können.

Bauen Sie aus Steinen, in Erdlöchern oder aus Schutt ein Klosett. Ist nichts weiter zur Hand (sind Sie zum Beispiel in einem Lift eingeschlossen), nehmen Sie Kleidungsstücke oder zerknülltes Zeitungspapier.

Platzangst

Wird von Schwindelgefühl, Übelkeit und Ohnmacht begleitet und kann allmählich oder plötzlich auftreten. Gutes Zureden hilft hier wenig.

Sehen Sie zu, daß Sie so schnell wie möglich ein Dach über den Kopf bekommen. Gehen Sie nach *drinnen:* In einen Bus, einen Laden, ein Kino. Oder kaufen Sie eine Zeitung, mit der Sie sich den Kopf bedecken.

Wenn Sie von Ihrer Anfälligkeit wissen, tragen Sie immer zwei Zehnpfennigstücke zum Telefonieren bei sich, um Hilfe von Freunden oder Verwandten herbeizurufen.

Angstvorstellungen

Niemand gibt gern zu, daß er sich in der Dunkelheit fürchtet. *Sie* haben natürlich keine Angst. Wenn Sie trotzdem einmal in der Dunkelheit, allein im Haus, an Gespenster glauben: Führen Sie die Geräusche, die flackernden Lichter und sonderbaren Erscheinungen, die kalte Hand, die Sie berührt, auf ihre natürlichen Ursachen zurück. Es gibt nämlich immer vernünftige Erklärungen dafür.

Wenn also im abgelegenen Haus ein Geist umgeht:

Vielleicht steht das Haus über einem unterirdischen Wasserlauf.

Eine Maschine im Haus (Wasserpumpe) oder in der Nähe verursacht Erschütterung.

Dachstuhl oder Dielenbretter ziehen sich zusammen oder dehnen sich aus.

Widerhall oder Erschütterung durch vorüberfahrende Autos, Züge, Flugzeuge.

Zweige kratzen an der Fensterscheibe.

Katzen, Mäuse, Vögel toben auf dem Speicher.

Der Wind pfeift in einer Dachluke.

Eine Luftblase in der Wasserleitung ruft unheimliche Geräusche hervor.

Machen Sie zu Ihrer Beruhigung, sobald es hell wird, einen Rundgang durchs Haus. Inspizieren Sie es von oben bis unten, alle Schränke, Kamine, Winkel und Kammern.

Letzter Trost: ein echtes Gespenst
— verschwindet, wenn man näher kommt

— hinterläßt keine irdischen Spuren, weder Botschaften noch Fußabdrücke

— wirft keinen Schatten, nimmt keine Notiz von Ihnen, trägt den Kopf nicht unter dem Arm

— existiert nur in Ihrer Einbildung.

NOTSIGNALE, ODER WIE MAN UM HILFE RUFT

Wie ruft man heutzutage um Hilfe, wenn Passanten gleichgültig oder unangenehm berührt auf die andere Straßenseite hinüberwechseln? Oder neugierig herumstehen? Oder glauben, das Ganze sei ein Trick und Sie wollten sie überfallen? Und wie macht man sich meilenweit entfernt von der Zivilisation erfolgreich bemerkbar?

Jedes Mittel ist recht ...

Schreien Sie, flüstern Sie, rufen Sie. Schwenken Sie ein rotes Tuch, pfeifen Sie, machen Sie ein Feuer, zünden Sie Streichhölzer an, telefonieren Sie, klopfen Sie an einen Zentralheizungskörper, hupen Sie, knallen Sie eine Tür zu, winken Sie mit Kleidungsstücken, reflektieren Sie das Licht mit einem Spiegel, werfen Sie mit Steinen, lassen Sie den Wasserkessel pfeifen, werfen Sie Fensterscheiben ein, lassen Sie einen Drachen steigen, ziehen Sie die Notbremse, zünden Sie eine Kerze an, klopfen Sie mit dem Schuh gegen die Wand.

... wirklich jedes Mittel

Im Mondschein auf einem Dach: Verbiegen Sie die Fernsehantennen. Im Schnellzug: werfen Sie eine Notiz (mit Kugelschreiber beschwert) beim Durchfahren einer Station auf den Bahnsteig. Bitten Sie darin um Erste Hilfe am nächsten Haltepunkt (wenn Sie die Notbremse ziehen, verlieren Sie nur unnötig Zeit). Entführt auf der Ladefläche eines dahinrasenden Lastwagens: Spielen Sie so lange verrückt, bis ein anderer Fahrer auf Sie aufmerksam wird, das Fenster herunterkurbelt und Sie „Polizei!" rufen können.

Nicht auf eine Methode allein verlassen

Rufen Sie *und* wedeln Sie mit dem Vorhang. Pfeifen Sie *und* knipsen Sie das Feuerzeug wiederholt an. Flüstern Sie dem Parkwächter zu, daß Ihr Mitfahrer einen Revolver hat *und* übertreten Sie die Verkehrsregeln vor den Augen einer Streife. Benutzen Sie das Zeichenalphabet *und* zerschmettern Sie eine Scheibe. Machen Sie Feuer *und* winken Sie. Stellen Sie das Warndreieck auf der Straße auf *und* stecken Sie ölgetränkte Lumpen in Brand.

Günstigste Position einnehmen

Am Fenster; auf dem höher gelegenen Gelände; auf schneebedecktem Feld; unter dem zusammengestürzten Dachstuhl nahe einem Spalt, durch den Zugluft weht; auf einem Baum, wo das Blätterdach weniger dicht ist; auf dem Schiffsmast.

Welches Notsignal ist der Lage angemessen?

Sparen Sie Kraft beim Winken und Rufen. Gehen Sie sparsam mit Taschenlampenbatterien, Streichhölzern, Heizöl usw. um, wenn keine Hilfe in Sicht- oder Hörweite ist.

Halten Sie Brennmaterial für sofortigen Gebrauch trocken in Reserve. Geben Sie inzwischen Zeichen mit Flaggen oder legen Sie eine Schattenschrift an. Wirbeln Sie Staubfahnen hoch, blinken Sie mit einem Spiegel.

Geben Sie niemals auf

So lang Notsignale geben, bis Sie Antwort erhalten — gleichgültig wie lang das dauert.

OPTISCHE NOTSIGNALE

Flaggen

Reißen Sie Bettücher, Hemden, Mantelfutter usw. in Streifen, aber nur das, was Sie nicht zum Anziehen oder für den Bau einer Notunterkunft benötigen. Befestigen Sie die so gewonnenen Fahnentücher an Stöcken oder auffälligen, alleinstehenden Bäumen. Oder lassen Sie sie an Fenstern und Dächern herunterhängen, am besten so, daß sie flattern. Achten Sie auf Kontrast zum Hintergrund. Die Farben Rot, Orange, Gelb vor Schnee z. B. weiße Tücher gegebenenfalls mit Schmutz verschmieren. Wenn kein Wind geht, winken Sie mit den Flaggen. Unter günstigen Voraussetzungen (Wind, Schnur usw.) Drachen steigen lassen (siehe *Zu leer*).

Markierungspunkte

Nutzen Sie aus, was Aufmerksamkeit auf sich zieht: Bleiben Sie bei dem Flugzeugwrack, dem gestrandeten Boot, dem liegengebliebe-

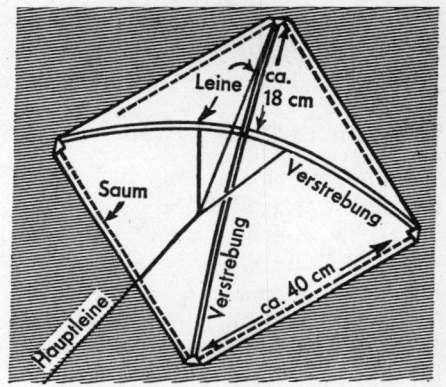

Abb. 1:
Drachen aus Taschentuch
und Zweigen

nen Kraftfahrzeug. Aus der Luft können Sie besser gesehen werden, wenn die Metalloberflächen sauber und möglichst poliert sind. Deshalb Schnee, Sand oder Laub wegfegen. Umgebung zertreten, absengen oder sonstwie kenntlich machen. Felsbrocken, Schutt oder Trümmer in auffällige Lage bringen. Glitzernde, glänzende Gegenstände oben auf das Fahrzeug legen. Helle Oberflächen mit Sand oder Kies polieren.

Wichtig: Mitunter ist es besser, eine Unglücksstelle fern aller Zivilisation zu verlassen, als sich Holzlöffel zu schnitzen und Robinson Crusoe zu spielen. *Aber dazu sind folgende Voraussetzungen unerläßlich:* Den Markierungspunkt, den ein Flugzeug, Wagen usw. im Gelände bildet, nur verlassen, wenn begründete Aussicht besteht, bald eine menschliche Siedlung (Iglu, Kraftwerk, Oase, Jagdhütte, Dorf, Stadt usw.) zu erreichen.

Und auch nur dann, wenn Ihr physischer Zustand Strapazen zuläßt, wenn Sie also unverletzt sind, genug zu essen und zu trinken haben usw. *Und* wenn endlich die Chancen, aus der Luft entdeckt zu werden, nur gering sind. Hinweise für Marsch beachten (siehe *„Zu langsam").*

In allen anderen Fällen dableiben und hoffen, daß Entdeckung erfolgt. Viele sind auf dem Wege zurück zur Zivilisation umgekommen, während man die Trümmer ihres Fortbewegungsmittels bald gefunden hat.

Wenn Sie sich in Notunterkünften aufhalten, so daß die Gefahr besteht, daß Sie das Motorengeräusch von Flugzeugen überhören, sollte nach Möglichkeit ständig ein Horchposten draußen stehen

15

oder in einem oben offenen Loch in der Nähe des Fahrzeugwracks sitzen. Vorteilhaft, wenn ein Spiegel oder geeigneter metaller Gegenstand zur Hand ist, mit dem Blinkzeichen gegeben werden können.

Schriftliche Botschaften

Man kann nicht nur mit Bleistift auf Papier schreiben. Auch mit Lippenstift, Nagellack, Schlüssel, Kieselstein, Nagelfeile, Ruß, Blut, Holzkohle, Kohlenschlacke, Seife oder Fett auf Dachziegel, Steine, Staubschicht auf Wagen, die Innenseite von Birkenrinde, auf Wände, Mauern, Plastiktücher und Blechdosen. Und mit dem Finger oder dem Spaten in Staub, Schnee, Sand oder Schlamm.

Wenn Sie eine Fensterscheibe nicht zertrümmern können, schreiben Sie mit dem Finger, Fingernagel oder Lippenstift SOS darauf — je nachdem, ob das Glas beschlagen oder klar oder mit Rauhreif beschichtet ist. Damit man die Schrift von der anderen Seite lesen kann, schreiben Sie ZOZ und runden die Ecken des Z ab. Und schreiben Sie ƎⱯ⅃IH HILFE darauf. Unter Umständen fügen Sie nähere Angaben hinzu.

Sind Sie beispielsweise in einem Hochhaus eingeschlossen, schreiben Sie Ihren Hilferuf auf einen Papierbogen und falten Sie wie bei

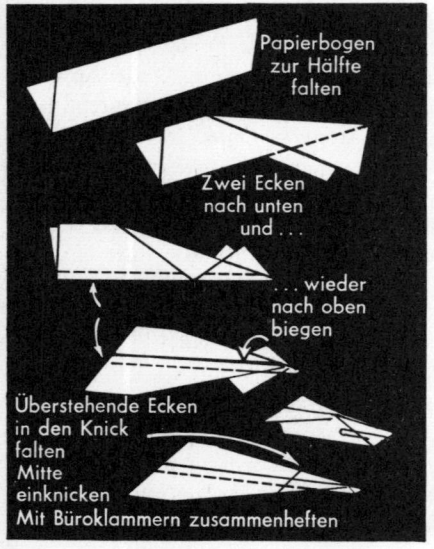

Papierbogen zur Hälfte falten

Zwei Ecken nach unten und...

...wieder nach oben biegen

Überstehende Ecken in den Knick falten
Mitte einknicken
Mit Büroklammern zusammenheften

Abb. 2:
Zu Flugzeug gefaltete
schriftliche Botschaft

dem bekannten Kinderspiel ein Flugzeug daraus (siehe Abb. 2), das
Sie auf die Straße fliegen lassen.

Und in der Wildnis?

Graben Sie die Buchstaben SOS sechs bis acht Meter lang in den
Schnee (Schattenschrift). Verbreitern Sie die Rinne und häufen Sie
den Schnee an den Rändern auf, so daß auf der ganzen Länge der
Buchstaben Schatten fallen. Erhöhen Sie das Profil dieser Haufen,
indem Sie Steine darunter legen. Den Schatten eventuell mit Erde,
Laub, Zweigen oder Steinen vertiefen. Eine gut angelegte Schattenschrift ist vom Flugzeug aus sogar in mondheller Nacht zu sehen.

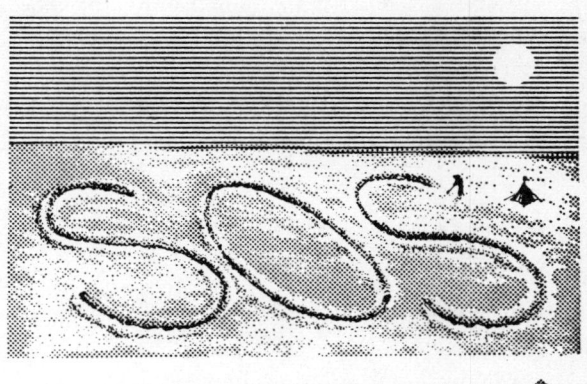

Abb. 3:
Schattenschrift

Schattenschrift kann auch auf sandigem Boden angewandt werden.
Wo Schnee oder Sand fehlen, bauen Sie niedrige Mauern aus Stei-
nen, Zweigen oder Rasenstücken in der Form der drei Buchstaben.
Auch hier den Schatten mit Laub, Geröll usw. verstärken. Liegt etwas
Schnee, dann schaufeln Sie ihn in die Buchstabenrinne hinein, damit
die Schatten noch deutlicher hervortreten.

AKUSTISCHE ZEICHEN

Wenn Sie akustische Notsignale geben, beachten Sie bitte folgendes:

a) Rufen Sie nur, wenn Sie aller Wahrscheinlichkeit nach gehört werden (in einem modernen geschlossenen Lift ist Rufen gewöhnlich
sinnlos — durchaus angebracht hingegen in einem altmodischen
mit Gitterfalttür). Schonen Sie die Stimmbänder, Sie werden
sonst rasch durstig und heiser. Rufen ermüdet sehr.

b) Seien Sie von Zeit zu Zeit still, damit Sie Antwortrufe nicht überhören.

c) Pfiffe tragen am weitesten. Probieren Sie (wenn Sie ihn nicht schon können) diesen sehr lauten Pfiff: Zeige- und Mittelfinger einer Hand gegen die Zungenspitze drücken und durch den engen Spalt, den die Finger bilden, pfeifen. Zunge nicht zu stark zurückschieben.

d) Überlegen Sie, wie in der jeweiligen Situation der Schall am weitesten reicht. Begraben unter Gebäudetrümmern, klopfen Sie an Leitungsrohre — und wenn Sie nichts anderes zur Hand haben mit Ihrem Gebiß! Man *muß* natürlich nicht unbedingt das Morsealphabet kennen ...

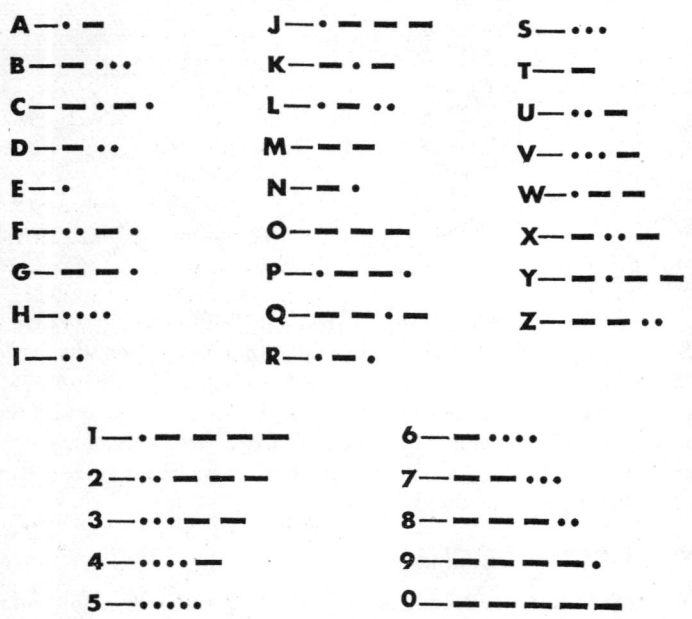

Abb. 4: Morsealphabet

... aber es ist von Vorteil.

e) Schlagen Sie eine Fensterscheibe ein, damit der Schall hinaus-
dringt. Haben Sie keinen geeigneten Gegenstand zur Hand, mit
dem Sie das leicht bewerkstelligen können, dann:
1. Umwickeln Sie die Faust
2. Führen Sie einen geraden Stoß
3. Nach dem Stoß Faust geballt und Arm ausgestreckt lassen
4. Hand vorsichtig zurückziehen

Staubfahne

Sand oder Staub zu einer Säule aufwirbeln, wenn Hilfe naht.
Ein Verfahren, das den Vorzug hat, geräuschlos zu sein.

Blinkzeichen mit Spiegel

Äußerst wirkungsvolles Signal. Eine geöffnete Konservendose ersetzt einen Spiegel. Bohren Sie ein etwa 3 mm großes Loch in den
Deckel (den Sie nicht von der Dose zu lösen brauchen, falls Sie den
Behälter noch verwenden wollen). Visieren Sie das Flugzeug so an
(Abb. 5, links), daß die Sonne über dem Flugzeug steht und ein
Lichtfleck durch das Loch auf Ihre Wange fällt. Das Sonnenlicht
kann nun genau in Richtung Flugzeug reflektiert werden, indem Sie
das Flugzeug mit Ihren Blicken verfolgen und den Blechdeckel so
weit neigen, bis der Lichtfleck auf Ihrer Wange im Loch verschwindet. Beachten Sie: Der Spiegel muß auf beiden Seiten reflektieren. Auf
der einen Seite muß Ihr Gesicht und damit der Lichtfleck zu sehen
sein, auf der anderen das Licht reflektiert werden.

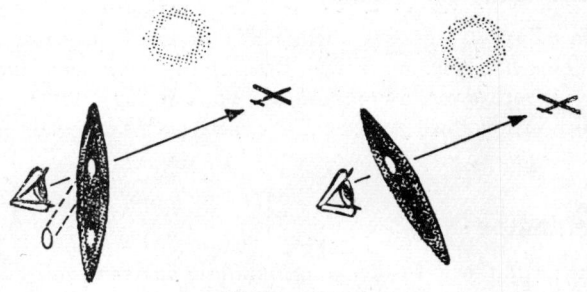

Abb. 5: Konservendosendeckel als Blinkspiegel

Der Lichtstrahl, den Sie auf diese Weise gen Himmel senden, reicht kilometerweit. Blinken Sie deshalb lange genug, auch wenn das Flugzeug schon zu einem winzigen Punkt geschrumpft ist. Wenn es sich nähert, blenden Sie den Piloten nicht mit einem ununterbrochenen Lichtstrahl, sondern geben Sie Blinkzeichen.

Signalfeuer

Ist bei Tag und Nacht zu gebrauchen (siehe auch *„Zu kalt"*). Wenn der Brennstoff knapp ist, halten Sie ihn unter Steinen, Zweigen, Laub, Erde oder Gras trocken, bis ein Flugzeug oder Schiff näherkommt. Dann schnell anzünden. Halten Sie, wenn möglich, etwas Benzin bereit, um die Flammen im geeigneten Augenblick hell auflodern zu lassen. Eine Unterlage aus Baumstämmen oder Steinen ist vorteilhaft. Brennen Sie nach Möglichkeit mehr als ein Feuer ab. Unterhalten Sie es während schlechten Wetters. Anfeuerholz kann durch Körperwärme trocken gehalten werden.

Rauchsignale

Dazu muß es windstill sein. Gebrauchen Sie a) weißen Rauch an klaren Tagen, indem Sie dem Brennmaterial Moos oder frische Blätter und Zweige zusetzen oder auch ins Feuer urinieren, b) schwarzen Rauch an trüben Tagen, indem Sie Gummi oder gummihaltiges Material (Reifen), Öl oder ölgetränkte Lumpen verbrennen. Aber überzeugen Sie sich erst davon, daß das Feuer gut brennt und nicht ausgeht.

Ein Fallschirm als Fackel

Wie in *„Zu kalt"* gezeigt wird, läßt sich aus Fallschirmtuch und Zweigen eine Art Wigwam bauen. Brennen Sie unter Umständen ein Feuer im Innern dieser Notunterkunft ab, um das Tuch im rechten Augenblick in Flammen zu setzen. Die meterhoch schlagende Flamme ist weithin zu sehen.

Taschenlampe

Gehen Sie mit der Taschenlampenbatterie sparsam um, bis Hilfe naht. Bei Nacht reicht der Schein selbst einer kleinen Taschenlampe in offenem Gelände beachtlich weit. Bewegen Sie die Lampe fortwährend. Reflektieren Sie den Schein an Schnee, richten Sie den Lichtstrahl bald gegen den Horizont, bald gegen den Himmel.

Winken Sie mit einem brennenden Fichtenzweig, mit Bündeln von getrocknetem Gras oder um einen Stock gewickelten ölgetränkten Lumpen, die Sie in Brand setzen.

Eine *ganze* Fichte wird zur unübersehbaren Riesenfackel, wenn sie allein an exponierter Stelle steht und volle Zweige hat. Bauen Sie eine Art Vogelnest aus ineinander verflochtenen abgestorbenen Ästen ziemlich weit unten um den Stamm und decken Sie dieses mit Laub, Zweigen usw. ab, bis sich ein Flugzeug nähert. Wenn Schnee auf den Zweigen liegt, diesen erst abschütteln, bevor Sie das „Vogelnest" aufdecken. Beim Anzünden mit Benzin übergießen. Der ganze Baum lodert hell auf und ist weit zu sehen.

Funkgerät, Raketen usw.

Ein Funkgerät gleich benutzen, solange die Batterien noch gut sind. Senden Sie in regelmäßigen Abständen SOS. Bei Geräten mit begrenzter Reichweite warten, bis Rettung naht. Die Farbe, die man verwendet, um eine Fläche auf dem Wasser zu markieren, eignet sich auch für Anwendung im Schnee. Mit Gewehrschüssen, Rauchpatronen, Leuchtraketen usw. warten, bis die Retter in der Nähe sind.

NOTSIGNALE

Die Buchstaben SOS können in jedem Medium weitergegeben werden: Als Klopf- oder Lichtzeichen, als längere oder kürzere Rauchwolken, in Buchstaben. Im Morsealphabet sieht SOS so aus: ... --- ... dreimal kurz, dreimal lang, dreimal kurz. Nach kurzer Pause wiederholen.

Weitere bekannte Notsignale:

1. Internationales Bergnotzeichen: Lichtzeichen, Winken oder Pfiffe sechsmal in der Minute. Eine Minute Pause, dann wiederholen. Die Antwort: 3 Lichtzeichen oder Pfiffe in der Minute, Pause von 1 Minute und Wiederholung.
2. Internationale Boden-Luft-Signale: siehe Abb. 6. Damit lassen sich zu den SOS-Buchstaben in Schattenschrift nähere Angaben machen.
3. Internationale Boden-Luft-Körper-Signale: siehe Abb. 6.

Abb. 6: Boden-Luft-Signale

4. Drei Feuer, in einem Dreieck angeordnet. Wenn Brennstoff reichlich vorhanden, zwei Feuer abdecken, eines als Lagerfeuer verwenden.

5. Auf See: Gewehr- oder Kanonenschüsse, brennendes Öl- oder Teerfaß, eine quadratische Flagge mit irgendeinem ballähnlichen Gegenstand darüber oder darunter.

6. Rotes Dreieck (im Notfall aus mit rotem Stoff umwickelten Stäben), das man aus dem Fenster hängt. Auch im Handel erhältliches Warndreieck für Kraftfahrzeuge verwenden.

WIE HILFT MAN ANDEREN?

Sind in einer Gruppe nur einige wenige Personen verletzt (auf einer Hochgebirgstour, einer Höhlenwanderung, auf einer Insel etwa), holen die anderen Hilfe, wenn a) der Weg bekannt ist und b) die Boten marschfähig sind. Außerdem müssen die Verletzten mit Erster Hilfe versorgt sein und sollten es so warm wie möglich haben.

Die Boten sollten

1. wenn irgend möglich zu zweit Hilfe herbeiholen. Auf jeden Fall muß eine Person bei dem oder den Verletzten zurückbleiben.
2. Eine schriftliche Botschaft mitnehmen. Geben Sie darauf an:
   Wo die oder der Verletzte(n) sich befindet(n)
   Art der Verletzung
   Unfallzeit
   Anzahl der hilfsbedürftigen Personen
   Art der benötigten Hilfe
3. Schnell, aber auf dem sichersten Weg zur nächsten Ansiedlung, zum nächsten Telefon gehen,
4. dort auf die Retter warten, um ihnen den Weg zu zeigen.

WIE BEANTWORTET MAN EINEN HILFERUF?

Lassen Sie Personen, die sich in Notlage befinden, wissen, daß sie gesehen worden sind. Beantworten Sie einen Hilferuf immer. Wenn Sie nicht selbst helfen können, holen Sie Ihrerseits Hilfe herbei. Dabei ist wichtig, daß Sie genau angeben, wo die Unglücklichen sich befinden. Machen Sie deshalb, sobald Sie sie gesehen haben, eine Notiz. Kratzen Sie die Nachricht unter Umständen auf eine Schindel, in Baumrinde, in Metall.

Versuchen Sie nicht, allein das Unmögliche zu schaffen. Holen Sie lieber Verstärkung. *Überleben* bedeutet zunächst einmal, daß Sie auf sich selber achtgeben.

EINGEKLEMMT

Wahrscheinlich kommt man sich nie verlassener vor, als wenn man lebendig begraben ist (siehe auch *„Zu dunkel"*), unter niedergestürztem Dachgebälk zum Beispiel ... Und nur ein schmaler Spalt bleibt frei, durch den man sich winden könnte ...

Besteht keine Gefahr, daß die Balken, Schuttmassen usw. weiter einstürzen, sind Sie also verhältnismäßig sicher, und bestehen überdies Rettungsaussichten, dann bleiben Sie besser, wo Sie sind. Riskieren Sie, wenn Sie es vermeiden können, nicht, daß alles zusammenstürzt. Nur wenn keine Aussicht auf Rettung besteht, sollten Anstrengungen unternommen werden, sich ins Freie zu zwängen.

Beim Hindurchwinden beachten Sie bitte:

1. Kleidung abstreifen, damit Sie nicht irgendwo hängenbleiben und alles zum Einsturz bringen. Schon ein Gürtel mit hervortretender Schnalle kann Ihnen zum Verhängnis werden.

2. Die schmächtigste Person schiebt sich zuerst hindurch. Dabei die Richtung einschlagen, aus der ein Luftzug kommt.

3. Wenn die Trümmer nicht stabil sind, eine Weile warten. Stürzt nichts weiter ein, folgen Sie und behandeln dabei alles, als sei es hochexplosiv. Sind die Balken fest ineinander verkeilt, dann jedoch dicht nachfolgen und mit den Händen die Füße des Vorankriechenden berühren.

4. Wenn man verkrampft ist, bleibt man eher stecken. Deshalb Körperlage ständig verändern. Und versuchen Sie um Himmels willen nicht, so schnell wie möglich durchzukommen. Selbst füllige Personen können sich mit gehöriger Konzentration durch erstaunlich winzige Öffnungen schieben — solange sie sich nicht ververkrampfen!

5. Jemanden, der steckengeblieben ist, kann man gewissermaßen „mit Worten hindurchziehen". Sobald er sich entspannt, helfen Sie ihm mit Ziehen oder Schieben.

6. Versuchen Sie niemals, jemanden an einem Seil, einem Gürtel oder einem um den Leib gebundenen Tuch mit Gewalt durch eine Öffnung zu ziehen. Auf diese Weise klemmen Sie ihn eher fest. Verwenden Sie statt dessen ein Seil oder mit Kreuzknoten verbundene Gürtel, die der erste, der hindurchkriecht, mit sich zieht. Drau-

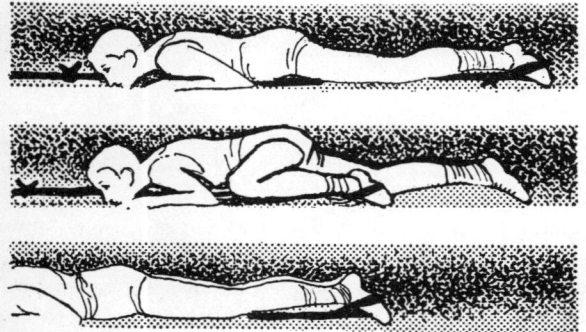

Abb. 7:
Kriechen
mit Hilfe
einer
Fußschlaufe

ßen verankert er ein Ende. Die nachfolgenden Personen können sich nun, sobald sie steckenbleiben, Hand über Hand daran herausziehen. Wenn es dabei zu einem Krampf kommt, sofort liegen bleiben und entspannen.

7. Die beste Methode vielleicht, mit der man anderen beim Durchkriechen helfen kann: in das eine Ende des Seils oder der aneinandergebundenen Gürtel eine Schlaufe schlagen. Wer steckenbleibt, schiebt den Fuß in die Schlaufe und beugt das Knie. Darauf holen die Helfer das Seil ein und verankern es. Nun streckt der Eingeklemmte sein Bein und benutzt die Muskelkraft, die dabei entwickelt wird, dazu, sich vorwärts zu schieben. Dann beugt er wiederum das Knie, die Helfer holen das Seil ein und so fort.

8. Kriechen Sie nie mit ausgestreckten Armen eine Schräge hinunter — in dieser Lage ist es nahezu unmöglich, umzukehren. Legen Sie statt dessen nur einen Arm nach vorn oder stützen Sie die Ellbogen auf.

9. Wo die Decke sich ein wenig hebt, stemmen Sie sie weiter hoch, indem Sie die Hände auf die Knie legen. Oder kriechen Sie auf allen Vieren, um sich auszuruhen. Oder winden Sie sich auf der Hüfte entlang, damit die Knie den Boden nicht berühren. *(Denn die Kniescheiben sind nicht dazu da, die Körperlast zu tragen. Man kann in Ohnmacht fallen, wenn der Schmerz in den Knien zu groß wird. Außerdem entweicht die Körperwärme durch die Kniescheiben auf den kalten Boden. Auch nur eine kurze Entfernung auf den Knien zurückzulegen ist bei weitem zu unergiebig.)* Legen Sie sich deshalb auf die Seite, stützen Sie sich mit den Unterarmen ab. Seitenlage wechseln.

10. Wenn man ganz flach kriechen muß: Ellbogen zur Seite strecken, Hände unter die Schultern legen. Oder Fäuste unter das Kinn legen, Ellbogen schließen und sich mit den Zehen vorwärtsschieben.

DER UMGANG MIT LASTEN

In Situationen, bei denen es um Leben oder Tod geht, verlangen vielfach verschiedenartigste Lasten danach, gehoben, geschoben oder getragen zu werden. In diese Lage kann auch geraten, wer normalerweise nicht einmal ein Paket zur Post tragen würde. Vermeiden Sie Zerrungen und Muskelrisse, indem Sie die folgenden wenigen Grundsätze beachten.

Grundsätzlich ...

... niemals wild zerren und reißen. Erst nachdenken, dann gleichmäßig s-c-h-i-e-b-e-n-, h-e-b-e-n oder t-r-a-g-e-n. Beim Umgang mit schweren Lasten nie die Luft anhalten, sondern frei atmen. *Nicht das Rückgrat, sondern die Knie beugen. Niemals sollte der Rücken wie ein Fragezeichen aussehen, sondern vielmehr so: „|" oder so: „/"; allenfalls so: „)". Stehen Sie so gerade wie möglich.*

Vom Boden hochheben

Knie beugen, leicht bücken. Die Last, etwa einen schweren Stein, auf die Fußspitzen ziehen. Auf diese Weise können Sie mit den Fingern darunter fassen. Stein bis zu den Knien heben, wobei die Unterarme darunter gleiten. Dann aufstehen, Rücken so gerade wie möglich, die Beine die Arbeit tun lassen und den Stein bis in Brusthöhe heben, Finger krümmen.

Tragen

So wie Sie nun stehen, können Sie auch tragen: Last in Brusthöhe, Rücken gerade. Weitere Techniken, je nach Art und Gewicht der Last, sind:

a) auf der Schulter. Dabei von einer zur anderen umwechseln;
b) auf der Hüfte. Ziemlich beschwerlicher Transport. Angebracht, wenn die Last zu schwer ist, um auf die Schulter gehoben werden zu können;
c) in Beckenhöhe. Beide Arme gerade nach unten. Geht am besten, wenn die Hände unterhalb der Last verschränkt werden können. Aber auf diese Weise nur über kurze Entfernungen tragen.

Unhandliche Lasten

Im folgenden einige Tips, wie man mit Baumstämmen, steckengebliebenen Fahrzeugen (siehe *„Zu langsam"*), schweren Möbelstükken usw. verfährt.

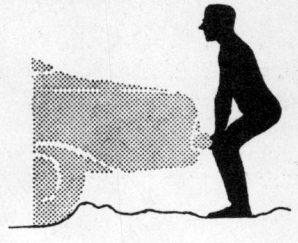

Abb. 8: Heben

1. Wenden Sie dieselben Grundsätze wie beim Heben an. Ergreifen Sie ein Ende an der geeignetsten Stelle (die Stoßstangen eines Wagens, die Unterkante eines Möbelstücks, einen Baumstamm in Bodennähe). Nicht vergessen: Knie beugen, Rücken so gerade wie möglich!
2. Bei Kraftfahrzeugen: Heben, dann entspannen, Federung ausnutzen und Wagen seitlich hüpfen lassen.
3. Bei einem Baumstamm: Anheben und seitlich mit dem Stamm gehen, wenn Sie allein sind. Angehobenes Ende vorsichtig niederlegen (Knie beugen!) und anderes Ende tragen, und zwar ein Stück weiter als das erste Ende. Ablegen, zum anderen Ende gehen usw.
4. Auch zwei Personen können einen Baumstamm, jeder an einem Ende, auf diese Weise tragen. Einer gibt das Kommando, beide heben gleichzeitig und gehen seitwärts. Das ist besser als rückwärts oder vorwärts.
5. Unhandliche Felsbrocken an einer Ecke anheben und überkippen lassen. Vorsicht, daß er nicht auf die Zehen fällt!

Schieben

Schieben Sie hauptsächlich mit den Beinen. Die Arme ganz ausstrecken und Ellbogen schließen oder vollständig beugen und Unterarme andrücken. Die beste Stellung ist wahrscheinlich mit dem Rücken zum Kraftfahrzeug, Boot usw.

a) Rücken und Schultern andrücken, Beine im Winkel von 45° zum Boden. Knie beugen, Fersen gegen den Boden stemmen, Beine ausstrecken. Wiederholen.
b) Gesicht zum Fahrzeug und mit ausgestreckten Armen schieben. Die Arme sollten zusammen mit Körper und Beinen eine gerade Linie bilden. Ellbogen schließen. Nicht nach oben wuchten, sondern

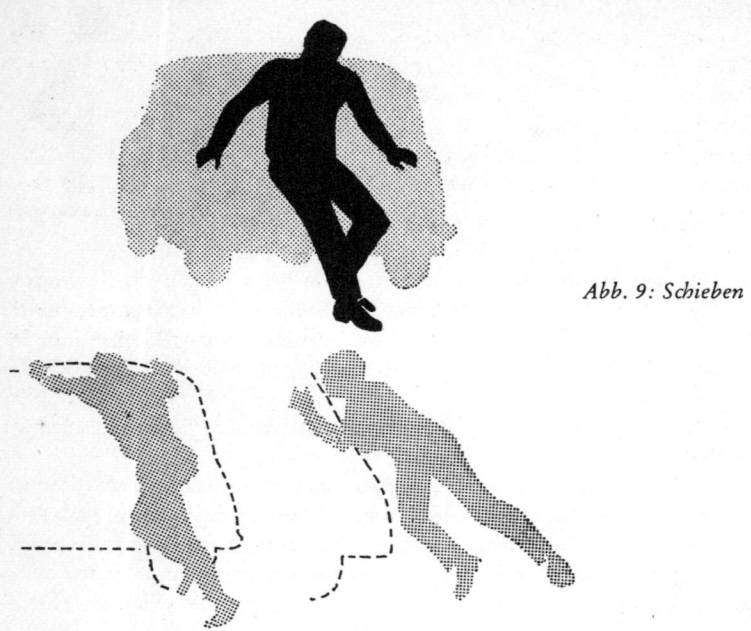

Abb. 9: Schieben

möglichst waagerecht und vorwärts schieben! Die Last beim Ausstrecken der Beine mit Schulterdruck steuern.

c) Beide Beine beugen und Schultern dagegendrücken. Die Arme beugen und mit den Händen zugreifen, so daß Sie beim Ausstrecken
der Beine die Last vorwärts und etwas aufwärts bewegen. Mit
dieser Technik kann man zum Beispiel eine große Kiste, die
gleichzeitig ein wenig angehoben werden muß, in die gewünschte
Lage bringen.

ERSTE HILFE, WENN MAN ALLEIN IST

Was einzelne Menschen, die in Lebensgefahr gerieten, an sich selbst
an Erste-Hilfe-Leistungen vollbracht haben, mutet geradezu phanta-
stisch an. Ein amerikanischer Pilot hackte sich ein Bein ab, während
er am Fallschirm, der sich im Blätterdach eines Urwalds verfangen
hatte, baumelte. Ein Fallensteller amputierte sich das brandig gewordene Bein mit seinem Jagdmesser und brannte den Stumpf aus. Beide
überlebten.

Vor Zeiten waren ähnliche Verfahren in der Chirurgie beinahe die Regel. Den britischen Matrosen wurden einst die Beinstümpfe mit Pech versiegelt. Kit Carson nahm einem Gefährten mit einem eisernen Bolzen, einer Säge und einem Rasiermesser den Arm ab. Den Stumpf brannte er mit erhitztem Eisen aus.

Frauen haben schon ganz allein Kinder zur Welt gebracht. Mit zerschmetterten Gliedmaßen haben sich Soldaten kilometerweit geschleppt... Lassen Sie also nicht gleich alle Hoffnung fahren, wenn Blut fließt.

Wenn Sie mit Ihrer Verletzung allein, aber noch bei Bewußtsein und fähig zu denken und sich zu bewegen sind — warum sollten Sie nicht die Regeln, die weiter unten in den einzelnen Kapiteln, dort wo sie hingehören (Notgeburt etwa in *„Zu bedrängt"*) aufgeführt werden, befolgen können? So weit wenigstens, daß Sie sich selbst das Leben retten?

Ein Umstand kann sich in *allen* Situationen verhängnisvoll auswirken, und je mehr Sie davon wissen, desto leichter können Sie sich dagegen wehren:

DER SCHOCK

Viele Menschen sind schon nach einem kleineren Unfall am Schock gestorben. Der Schock setzt die Abwehrkräfte des Körpers rapide herab und verstärkt sich seinerseits bei Schmerz, Wärmeverlust und Erschöpfung. Er muß auf jeden Fall behandelt werden.

Behandlung des Schocks

Sofort handeln — es sei denn, ernste Blutungen verlangen im Augenblick größere Aufmerksamkeit.

1. Bringen Sie sich vor Regen, Wind und Schnee in Sicherheit (siehe *„Zu kalt"*).
2. Legen Sie sich bequem hin und betten Sie die Füße etwas höher.
3. Lockern Sie enganliegende Kleidung, allerdings ohne sich dabei abzukühlen.
4. Behandeln Sie Ihre Verletzungen.
5. Wärmer anziehen, aber auf keinen Fall schwitzen.
6. Trinken Sie heiße, süße Flüssigkeiten, vorausgesetzt, es besteht nicht die Gefahr einer inneren Blutung (siehe *„Zu schnell"*).

Und wenn Sie jemand anderem helfen:

7. Reden Sie auf den Patienten beruhigend ein.
8. Vermeiden Sie Lärm und Panikstimmung.

ÄRZTLICHE HILFE

Wahrscheinlich wird Ihnen immer die telefonische Auskunft mit Anschriften von Ärzten behilflich sein können, falls Sie von der Straße aus oder in einem fremden Ort anrufen.

Auch der Hotelportier wird Ihnen einen Arzt nennen können.

Kennen Sie die Rufnummer für Krankentransport in Ihrem Bereich?

Wenn zum Beispiel nach einem Verkehrsunfall, außerhalb einer geschlossenen Ortschaft, kein Telefon in der Nähe ist, stoppen Sie einen Wagen und bitten Sie den Fahrer, bei der nächsten Gelegenheit anzurufen.

Beim Anruf geben Sie den Ort, an dem Sie sich befinden, so genau wie möglich an: also etwa Name der nächsten Ortschaft und Kilometerstein oder markanten Punkt in der Landschaft usw. Teilen Sie auch mit, welche Art von Hilfe notwendig ist und wie viele Personen Hilfe benötigen.

Zu bedrängt

Zu bedrängt fühlt sich einer von beiden auf einsamer Straße, wenn der andere ihn würgt, beißt oder mit Füßen tritt. Schmerz und Wut, Haß oder Angst verschlechtern die Lage des Bedrängten, so daß die Chancen für den menschlichen oder tierischen Angreifer besser stehen.

Unter Fußballzuschauern bricht eine Panik aus; vor Notausgängen oder auf sinkenden Schiffen drängt sich, rücksichtslos trampelnd, kopflos, die Menge ... Eine losgelassene Menschenmasse kann einen ebenso tödlichen Angriff vortragen wie eine Herde Elefanten oder ein Rudel Wölfe — und das ist außerdem viel naheliegender.

Was kann man waffenlos und untrainiert tun, wenn man sich zu bedrängt fühlt? Die Lage ist jedesmal so verschieden, die körperliche Geschicklichkeit eines jeden so unterschiedlich, daß man höchstens kurz und entschlossen die Regel aufstellen kann: kurz und entschlossen Gegenwehr ausüben, wenn es zu Gedränge kommt.

DIE GEFAHR ERKENNEN

In dem Gebäude, in dem Sie sich aufhalten, laufen Menschen zusammen. Von der Tanzfläche her ertönen Schreie. Schritte folgen Ihnen. Das alles braucht Sie noch nichts anzugehen, Sie noch nicht direkt zu betreffen. Aber da Sie in der Nähe sind, können Sie im Nu in die Situation verwickelt werden.

Jemand, der die Gefahr *erkannt hat,* ist viel stärker als jemand, der ahnungslos hineingerät. Natürlich sind auch Betrunkene, Schlafende oder Bewußtlose schon ernsten Gefahren entronnen. Aber wenn Sie zur rechten Zeit gewarnt sind, pumpt der Körper Adrenalin in den Blutkreislauf. Adrenalin verengt die Blutgefäße, versetzt die Muskeln in Alarmbereitschaft und schärft Ihre Sinne. Die Veränderungen, die es blitzschnell im Körper bewirkt, können über Leben oder Tod entscheiden.

In kritischen Situationen verschärfen Sie Ihre Aufmerksamkeit. Seien Sie darauf gefaßt, daß Sie plötzlich davon betroffen sind. Handeln Sie.

SEIEN SIE VORBEREITET

1. Schlucken Sie Ihre Angst hinunter, lassen Sie keine Panik aufkommen.
2. Halten Sie sich heraus, wenn Sie nur irgend können.
3. Schauen Sie sich nach einem Fluchtweg um.
4. Versuchen Sie seitlich auszuweichen.
5. Wenn das nicht mehr geht, erbitterten Widerstand leisten.

SELBSTSCHUTZ

Von einer Menschenmenge bedrängt

Tun Sie so, als wären Sie eine Boje in rauher See, wenn die Flut kommt. Wenn Sie untergehen, ersticken Sie oder werden zertrampelt. Setzen Sie wie zu einem mächtigen Sprung an (siehe Abb.).

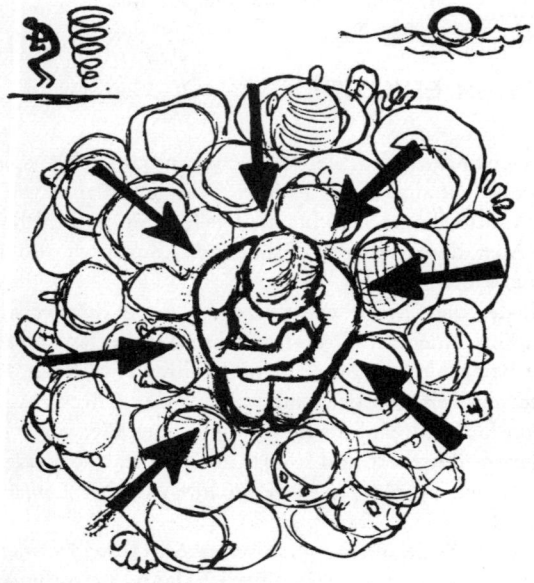

Abb. 10: Schutzstellung im Gedränge

1. Holen Sie tief Atem.
2. Spannen Sie Arm-, Schulter- und Rückenmuskulatur gegen den Druck an.
3. Verschränken Sie die Arme vor dem Bauch. So können Sie auch ein Kind schützen.
4. Heben Sie beide Füße vom Boden, damit Sie nicht getreten werden.
5. Bewegen Sie sich, wann immer es geht, in irgendeine Richtung.

Bei den ersten Anzeichen einer panikartigen Menschenansammlung laufen Sie weg von Wänden, Schranken oder Säulen.

In einer hysterischen, hin und her wogenden, angsterfüllten Menschenmenge können Sie nichts weiter tun. Achtung: Am gefährlichsten ist es, wenn Sie, die Hände in den Taschen, überrannt werden. Ebensowenig dürfen Sie mit gefalteten Händen dastehen.

Wo der Menschenauflauf übersichtlich ist, vor dem Notausgang eines schwachbesetzten Kinos etwa, versuchen Sie, keine Panik aufkommen zu lassen, indem Sie humorvolle Bemerkungen fallen lassen.

Schritte folgen Ihnen ...

... einer wehrlosen Frau.

1. Gehen Sie schneller. Wenn die Schritte immer noch folgen:
2. Laufen Sie. Wenn Ihnen jemand nachläuft:
3. Schreien Sie. Wenn Sie angegriffen werden, verteidigen Sie sich mit allen Mitteln.

Schreien genügt häufig schon, um den Angreifer abzuschrecken. Wenn nicht, kämpfen Sie wie eine Furie. Sie wollen am Leben bleiben. Seien Sie zu allem entschlossen.

Schon während Sie verfolgt werden und laufen, bereiten Sie sich auf den Angriff vor. Nehmen Sie von dem, was Sie bei sich tragen, einen Gegenstand als Waffe zur Hand — von einem Schuh mit hohen Absätzen bis zur Hutnadel.

a) Ein Schirm ist eine gute Waffe.
b) Einen Kamm mit den Zinken unter die Nase ziehen.
c) Eine Streichholzschachtel, die ein wenig aus der Faust herausragt, dem Angreifer mit aller Gewalt auf die Schläfe schlagen.
d) Mit Nagelfeile, Haarnadel, Sicherheitsnadel, Fingernägeln, Kugelschreibermine, Haarbürste kratzen.

e) Halten Sie einen Schlüsselbund so, daß die Schlüssel zwischen den Fingern hervorragen.

f) Stäuben Sie dem Angreifer Puder oder Haarspray in die Augen.

Wie man einen Griff bricht

Jedes Mittel ist recht: Stoßen Sie dem Angreifer das Knie in die Leisten. Treten Sie ihn gegen das Knie, das Schienbein der ganzen Länge nach hinunter, auf den Spann.

Verteidigen Sie sich aus nächster Nähe am besten mit dem Knie. Dabei verlieren Sie am wenigsten die Balance. Wenn Sie aus einiger Entfernung bei einem Angriff mit einem Messer, einer Flasche usw. mit dem Fuß zustoßen wollen, dann holen Sie nicht aus wie beim Fußballspiel; diesen Tritt würde der Angreifer kommen sehen. Verfahren Sie vielmehr so:

1. Heben Sie das Knie in Bauchhöhe.
2. Lehnen Sie sich zurück.
3. Schießen Sie das Bein blitzschnell waagerecht nach vorn. Dabei drehen Sie den Fuß seitlich.
4. Fuß sofort zurückziehen.

Mit dem Ellbogen stoßen; den Kopf in den Magen rammen; Finger, besonders den kleinen Finger, mit einem Ruck nach hinten reißen; den Griff an der schwächsten Stelle, den Daumen des Angreifers, brechen; mit der Handkante unter die Nase schlagen oder ununterbrochen drücken — jedes Mittel ist erlaubt.

Fahren Sie dem Angreifer mit gespreizter Hand in die Augen (Lassen Sie Zeige- und kleinen Finger wie bei einer Gabel hervorstehen).

Kommen Sie einem Angriff dadurch zuvor, daß Sie ein Taschentuch oder den Inhalt eines Aschenbechers in Richtung Augen schleudern. Das muß *sofort* geschehen, unmittelbar danach muß Ihr Angriff oder Ihre Flucht erfolgen.

Jemand legt von hinten den Arm um Ihren Hals. Wenn es der rechte Arm ist, wird wahrscheinlich der rechte Fuß vorgesetzt sein und knapp hinter dem Ihren stehen (umgekehrt beim linken Arm der linke Fuß). Treten Sie mit dem Absatz auf den Fußspann.

Würgegriff von hinten. Greifen Sie nach den Fingern und biegen Sie sie nach hinten. Dann reißen Sie die Hände seitlich weg.

Würgegriff von vorn.

a) Greifen Sie nach den Fingern und biegen oder zerren Sie sie *schnell* zurück und drücken Sie die Arme auseinander
oder

b) bringen Sie beide Arme dicht zusammen zwischen die **Arme des** Angreifers und drücken Sie diese auseinander. Treten Sie **gleich-**zeitig gegen das Schienbein und auf den Fußspann.

Abb. 11: Wie man einen Würgegriff bricht

Umklammerung von vorn. Bringen Sie einen Arm hoch, umfassen Sie das Kinn des Angreifers und stoßen Sie seinen Kopf nach hinten. Gleichzeitig rammen Sie ihm das Knie in den Bauch und treten ihn auf den Fußspann.

Umklammerung von hinten. Sofort, noch ehe der Angreifer fest zu-packen kann, Hände zurückschlagen. Wenn Ihre Oberarme blockiert sind, mit dem Kopf nach hinten stoßen. Dann nach den Fingern des Gegners fassen. Wenn der Griff bereits fest ist, bohren Sie Ihre Knöchel in seinen Handrücken.

Faustschlag vor die Brust. Ergreifen Sie die vorgestreckte Hand, lehnen Sie sich vornüber; dann treten Sie einen Schritt zurück und reißen die Hand nach unten.

Griff um Handgelenke und Unterarm. Winden Sie Ihre Arme in Richtung Daumen der Hände, die Sie festhalten (siehe Abb.) Wenn Sie die Hände hochgehalten haben, um das Gesicht zu schützen, und dabei Ihre Handgelenke umgriffen werden: reißen Sie die Arme sofort nach unten und außen und durchbrechen Sie den Griff gleichfalls bei den Daumen.

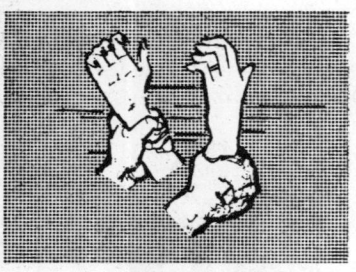 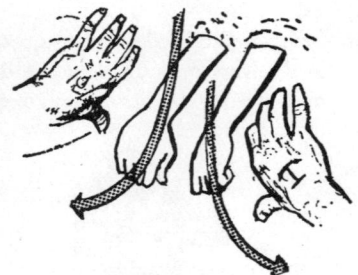

Abb. 12: Brechen eines Griffes in Richtung Daumen

Sind Ihre Hände bei diesem Griff unten, dann winden Sie Ihre Arme sofort nach oben und außen, wieder in Richtung Daumen des Angreifers.

Wenn Ihr Handgelenk mit zwei Händen umklammert wird, schieben Sie Ihre freie Hand zwischen die Arme des Gegners, ergreifen damit Ihre eigene Hand und entwinden Ihre Arme entweder nach oben oder unten.

Oder schlagen Sie, je nach den Umständen, dem Angreifer die andere Faust ins Gesicht oder in den Magen.

Verteidigung gegen Faustschläge, Fußtritte, Stöße usw. Versuchen Sie zuerst, mit dem Körper seitlich und nach unten auszuweichen, da die Reaktion mit dem Rumpf schneller ist als mit den Armen. Vielleicht geht alles so rasch, daß Sie so gut wie unfähig sind, sich zu verteidigen; aber:

a) Wenn jemand nach Ihren Rockaufschlägen langt, seien Sie darauf gefaßt, daß der Angreifer Sie mit dem Kopf rammt. Die einzig wirksame Verteidigung besteht in diesem Fall darin, daß Sie dem Stoß zuvorkommen, indem Sie schneller als Ihr Gegner Ihrerseits mit dem Kopf stoßen und ihn vielleicht an der Nase treffen.

b) Wenn Sie am Boden liegen und geschlagen oder mit Füßen getreten werden, versuchen Sie, sich beiseite zu rollen, und schützen Sie die Körperteile, auf die man schlägt, mit den Armen. *Aber immer zuerst den Kopf schützen.* Umfassen Sie den Hinterkopf mit beiden Händen und pressen Sie die Handgelenke und Unterarme gegen die Ohren. Ellbogen schließen. Ziehen Sie die Knie an und kreuzen Sie die Fußgelenke, um die Genitalien zu schützen.

Abb. 13: Kopf- und Nierenschutz bei Fußtritten

Bei jedem Angriff macht es sich bezahlt, wenn Sie mehr als nötig schreien, stöhnen und jammern, um Schmerz vorzutäuschen (besonders wenn Sie am Boden liegend geschlagen werden). Ihr Gegner läßt dann wahrscheinlich eher von Ihnen ab.

Schreien Sie auch, wenn Sie selbst zu Ihrer Verteidigung angreifen. Das feuert Ihren Kampfesmut an.

Der Angreifer ist bewaffnet

Haben Sie keine Möglichkeit mehr, auszuweichen oder die in diesem Falle ehrenvolle Flucht anzutreten, versuchen Sie Ihrem Gegner die Waffe wegzunehmen — es sei denn, er hat einen Revolver. Dann müssen Sie ihm die Waffe mit Worten aus der Hand winden oder, wenn die Umstände es erlauben, seine Aufmerksamkeit ablenken und blitzschnell handeln. Aber meist werden Sie darauf angewiesen sein, begütigend auf ihn einzureden.

Mit einem Revolver in der Hand fühlen sich manche so überlegen, daß sie leichtsinnig werden. Wenn es unbedingt notwendig ist, daß Sie entkommen (werden zum Beispiel Vorbereitungen getroffen, Sie in einen Sack zu schnüren, auf einen Lastwagen zu verladen, um Sie in einen Fluß zu werfen), dann greifen Sie auf Biegen oder Brechen an. Der alte Trick, den man manchmal in Wildwest-Filmen serviert bekommt, ist nicht zu unterschätzen. Blicken Sie über die Schulter des Schützen, als käme Hilfe von hinten. Seien sie geschickt, verbergen Sie sogleich Ihre „freudige Überraschung". Dieser alte Trick veranlaßt den Revolverhelden vielleicht dazu, sich umzudrehen.

Aber stürmen Sie niemals auf ein Messer los!

Halten Sie sich einen mit einem Messer bewaffneten Angreifer vom Hals. Benutzen Sie einen Stuhl, einen Spaten, einen Eispickel — irgendeinen handfesten Gegenstand. Verwenden Sie ihn eher wie eine Stichwaffe, schwingen Sie nicht wild damit umher. Passen Sie auf, daß der Messerstecher nicht mit der anderen Hand nach Ihrer Verteidigungswaffe greift.

Achten Sie darauf, wie er das Messer hält.

a) Wenn der Angreifer die Absicht hat, es auf Sie zu schleudern, wird er es wahrscheinlich von einer Hand in die andere nehmen, so daß Sie Sekunden vorher gewarnt sind.

b) Hüten Sie sich vor jemandem, der das Messer von unten nach oben hält. Sie haben wahrscheinlich einen geübten Messerstecher vor sich. Von unten nach oben geführt, gleitet das Messer leichter durch die Rippen.

c) Wenn Ihr Gegenüber im Gegenteil das Messer von oben nach unten richtet, kann das ein Zeichen dafür sein (muß es aber nicht), daß er keine Übung im Umgang mit Messern hat. In dieser Richtung ist der Stoß durch die Rippen sehr viel schwerer.

Es gibt verschiedene Methoden, sich gegen einen Messerstecher zu verteidigen. Teilweise weichen sie beträchtlich voneinander ab. Im folgenden drei zur Auswahl, die allerdings voraussetzen, daß das Handgelenk der bewaffneten Hand schnell genug festgehalten werden kann. Das ist der schwierigste Punkt der Verteidigung.

Wenn alle Mittel versagen, besonders, wenn Sie einem Betrunkenen gegenüberstehen, stoßen Sie blitzschnell den Fuß in die Genitalien. Zögern Sie aber nicht eine Sekunde, wenn Sie sich dazu entschlossen haben.

Abb. 14:
(Messer von unten nach oben
gehalten)

Abb. 15:
Abwehr eines Angriffs
bei nach oben gehaltenem Messer

Dieser Stoß verleiht Ihnen mehr Reichweite als dem Messerstecher, zumal dann, wenn Sie sich, um die Balance zu halten, beim Stoß in den Hüften zurückwerfen.

Die Bilder erläutern, was gemeint ist. Wenn der Angreifer das Messer in der rechten Hand aufwärts gerichtet hält, versuchen Sie, ihn am rechten Handgelenk mit Ihrer Rechten zu packen und seinen Arm quer über Ihren Körper zu ziehen. Zugleich werfen Sie Ihren Kör-

Abb. 16:
Vorziehen der Hand
bei einem Messerangriff

39

per scharf nach rechts, so daß Sie seinen Ellbogen mit dem Rumpf treffen und der Unterarm in seiner ganzen Länge vor Ihrem Körper liegt. Umgreifen Sie ihn mit dem linken Arm, bis er das Messer fallen läßt. Auf diese Weise können Sie den Arm sogar brechen.

Das Messer blitzt abwärts gerichtet in der Rechten: versuchen Sie, das Handgelenk mit Ihrer Linken zu ergreifen. Dann langen Sie mit Ihrer Rechten hinter seinem Ellbogen vorbei nach Ihrem eigenen Handgelenk. Drücken Sie seinen linken Arm so lange nach hinten, bis er das Messer fallen lassen muß oder Sie ihm den Arm brechen.

Eine weitere Methode ist, die bewaffnete Hand am Handgelenk mit beiden Händen zu fassen, sich nach links zu werfen und unter die Achselhöhle des Angreifers zu ducken und dann die Hand nach vorn zu reißen.

EVENTUELLE ANGREIFER

Einbrecher

Werden Sie nicht tätlich, es sei denn, zur Verteidigung. Der Mann ist vielleicht gewalttätig. Versuchen Sie, die Polizei anzurufen. Tun Sie das auch unmittelbar nachdem Sie festgestellt haben, daß Sie bestohlen worden sind.

Mitfahrer, der eine Waffe zieht

Goldene Regel: nie einen Anhalter mitnehmen.

Wenn Sie es dennoch tun und das Schlimmste eintritt, tun Sie etwas — was, hängt von den Umständen ab. Reden Sie mindestens beschwichtigend auf ihn ein und fahren Sie weiter. Aber denken Sie an Ihre Verteidigung. Erinnern Sie sich an die Fahrer, die sich nicht zur Wehr setzten und erschossen oder erstochen hinter dem Lenkrad aufgefunden wurden.

a) Flüstern Sie einem Tankwart zu, was passiert ist. Vielleicht hat Sie Ihr mit einem Revolver bewaffneter Mitfahrer aussteigen lassen und bedroht einen weiteren Insassen als „Geisel".

b) Fahren Sie vor einer Verkehrsstreife über den weißen Strich oder übertreten Sie sonstwie die Verkehrsregeln. Blinken Sie eine Streife mit der Lichthupe an usw.

c) Ziehen Sie heimlich den Choke heraus und erklären Sie, wenn der Motor rupft, das müsse an der Benzinpumpe oder am Vergaser liegen und Sie müßten nachschauen. Sobald Sie aus dem Wagen sind, *rennen* Sie davon. Wenn der Anhalter einen Revolver hat, laufen Sie im Zickzack auf die nächste Deckung zu.

d) Tun Sie, als ob Ihnen plötzlich schlecht würde: Insulinmangel bei Diabetikern, Herzanfall oder Blinddarmentzündung. Krümmen Sie sich oder fallen Sie zur Seite. Dann entweder den Fahrgast überwältigen und niederschlagen oder aussteigen und davonlaufen.

Eine wirksame Waffe ist hier der Ellbogen, den Sie dicht oberhalb der Taille in die Rippen stoßen. Bereiten Sie diesen Stoß dadurch vor, daß Sie sich etwas am Aschenbecher oder Scheibenwischer zu schaffen machen.

e) Wenn Sie einen Sicherheitsgürtel angelegt haben, und Ihr Mitfahrer, der Sie mit einem Revolver oder einem Messer bedroht, nicht, halten Sie ganz, ganz plötzlich, so daß er gegen die Windschutzscheibe prallt.

f) Als geübter Fahrer erhöhen Sie derart Ihr Tempo, daß Ihr ungebetener Insasse begreift, daß es einen fürchterlichen Unfall gibt, wenn er Ihnen am Lenkrad etwas antut.

Wenn Sie mit einer wertvollen Ladung unterwegs sind und von jemandem angehalten werden, der angeblich einen Platten hat, bei dem die Lichter ausgefallen sind, oder weil ein Unfall geschehen ist: verlassen Sie Ihr Fahrzeug nicht. Fahren Sie langsam weiter und überzeugen Sie sich davon, daß die Angaben stimmen.

Wenn Sie — wiederum mit wertvoller Ladung — von der Polizei gestoppt und gebeten werden, auszusteigen, tun Sie es nicht. Sagen Sie, Sie kämen gern mit zum nächsten Polizeirevier. Falsche Polizisten und Erkennungsmarken sind besonders im Dunkeln von echten kaum zu unterscheiden.

Ungebetener Zuschauer

Nicht angreifen, vielleicht steht in Rufweite ein zweiter Typ zweifelhaften Charakters, der gleichfalls seine Neugierde in Parks usw. befriedigt.

Wenn Sie in freiem Gelände, einem Wäldchen usw. parken, und am Fenster taucht ein Gesicht auf: bleiben Sie im Wagen. Die Türen sollten zu, die Fenster hochgekurbelt sein. Öffnen Sie das Fenster niemandem, der daran klopft. Vielleicht schiebt der draußen Stehende einen Revolver hindurch.

Die Tatsache, daß der ungebetene Zuschauer bemerkt worden ist, genügt gewöhnlich, ihn zu vertreiben. Fahren Sie auf jeden Fall davon.

In einem Haus mit Telefon rufen Sie die Polizei an. Lassen Sie sich einem völlig Unbekannten gegenüber nicht zu unbedachten Handlungen hinreißen.

Betrunkener

Humor ist hier die beste Verteidigung.

Wenn es schon zu Tätlichkeiten gekommen ist, hart in die Magengrube schlagen. Betrunkene entwickeln oft erstaunliche Kräfte.

Verrückter

Versuchen Sie es auch hier mit spaßhaften Bemerkungen. Verrückte können dreimal stärker sein.

Streitsüchtiger Autofahrer

Wenn ein anderer Kraftfahrer, den Sie z. B. geschnitten haben, an der nächsten Ampel wütend auf Sie zukommt, um Sie zu verprügeln: Verschließen Sie die Türen und weigern Sie sich auszusteigen.

Wenn er die Tür am Fahrersitz aufreißt, steigen Sie durch die andere aus.

Oder machen Sie schnell die Tür auf und springen Sie heraus. Aber handeln Sie schnell. Sitzen Sie nicht lange als Zielscheibe für Boxschläge auf Ihren vier Buchstaben.

Manchmal hilft auch beschwichtigendes Zureden. Aber seien Sie auf Gewalttätigkeiten gefaßt.

Vom Mob angepöbelt

Schon von dem kleinen Haufen aufgebrachter Zuschauer, der um Ihr Fahrzeug steht, weil Sie einen Fußgänger, einen anderen Wagen, den Karren eines Straßenfegers usw. angefahren haben, müssen Sie Ausschreitungen befürchten — geschweige denn von einer blutrünstigen Menge, die durch die Straßen tobt.

Machen Sie sich schleunigst aus dem Staub.

Wenn das nicht mehr möglich ist, wenigstens mit dem Rücken zur Wand stellen.

Setzen Sie alles daran, den ersten Angreifer abzuwehren und einigen Eindruck zu hinterlassen. *Vielleicht* überlegen es sich die anderen dann noch einmal, bevor Sie Ihnen zu nahe kommen.

Ertrinkender

Bleiben Sie in sicherer Entfernung, da Ertrinkende sich mit erstaunlicher Kraft an Sie anklammern können (siehe *„Zu naß"*). Brechen Sie seinen Griff, wie oben gezeigt, falls sich dennoch einer an Sie klammert.

Eingeborene

Suchen Sie Deckung, wenn Sie angegriffen werden. Vermeiden Sie einen Gegenangriff, es sei denn, Sie werden mit Giftpfeilen beschossen. Auch dann erst über die Köpfe schießen. Die wirklichen Schwierigkeiten fangen wahrscheinlich erst dann an, wenn Sie einen Eingeborenen töten.

Sie stehen auf einer Lichtung im Dschungel und haben das Gefühl, daß Sie beobachtet werden. Zeigen Sie sich mit leeren Händen von allen Seiten. Besteht weiterhin Grund zur Vorsicht, legen Sie Geschenke nieder und schauen nach einer Weile nach, ob sie noch da sind.

Stoßen Sie unverhofft auf eine Gruppe Eingeborener, zeigen Sie mit ausgebreiteten Armen und gespreizten Händen, daß Sie unbewaffnet sind. Benutzen Sie die Zeichensprache, um zu erklären, was Sie wollen oder nötig haben. Vielleicht nimmt man Sie mit ins Dorf.

a) Überstürzen Sie nichts. Hören Sie auf den Ton, in dem sich die Leute unterhalten. Zeigen Sie sich freundlich, arglos und unerschrocken. Lächeln Sie.

b) Lassen Sie sich zum Häuptling führen. Fragen Sie ihn, wenn Sie Hilfe brauchen. Wahrscheinlich kommen Sie mit der Zeichensprache aus. Fordern Sie nichts. Hinterlassen Sie Geschenke.

c) Gehen Sie nicht zu großzügig mit Gaben um. Geben Sie niemals Papiergeld, sondern nur Münzen. Auch Nahrungsmittel kommen in Frage. Versuchen Sie, das Vertrauen der Leute zu gewinnen. Halten Sie, was Sie versprochen haben.

d) Respektieren Sie die fremden Sitten und kommen Sie den Hütten, *Frauen* und sonstigen Besitztümern der Eingeborenen nicht zu nahe. Wenn die Eingeborenen Sie nicht in Ruhe lassen, machen Sie sich auf das Schlimmste gefaßt. Versetzen Sie sich in ihre Lage und überlegen Sie, was Sie an ihrer Stelle täten.

e) Mischen Sie sich unter die Leute, nehmen Sie keinen Anstoß daran, wenn Sie zur Zielscheibe ihres Spottes werden. Geben Sie sich Mühe, ihre Sprache zu lernen. Hüten Sie sich, einen Fauxpas, der offensichtlich Verwirrung hervorgerufen hat, noch einmal zu begehen.

f) Suchen Sie, so weit wie möglich, zu erfahren, woher die Eingeborenen Wasser und Nahrungsmittel beziehen, ferner, mit welchen Stämmen sie verfeindet sind; kurz, alles, was Ihnen weiterhelfen könnte.

g) Achten Sie darauf, daß Sie nicht bestohlen werden. Vermeiden Sie nach Möglichkeit, in den Hütten der Eingeborenen zu wohnen (wegen Ansteckungsgefahr) und bauen Sie, vielleicht unter Anleitung der Eingeborenen, Ihre eigene Hütte. Kochen Sie das Wasser ab, bereiten Sie sich selber Ihre Mahlzeiten. Aber sondern Sie sich nicht zu auffällig von den anderen ab.

Sie werden gefesselt

Vielleicht binden Eingeborene Sie an einen Pfahl. Es kann aber auch sein, ein Einbrecher überrascht Sie beim Fernsehen und bindet Sie am Stuhl fest. Wenn Sie dann etwas von den Künsten der Entfesselungstechnik gehört haben, werden Sie das begrüßen.

1. *Die Arme werden an den Körper gefesselt.* Atmen Sie tief ein. Ziehen Sie die Schultern nach hinten. Beugen Sie die Arme gegen die Fesseln. Versuchen Sie, die Arme übereinander zu legen, indem Sie so tun, als hätten Sie Schmerzen unter den Achselhöhlen. Reiben Sie die „wunden Stellen" und verschränken Sie dabei die Arme. Wenn der Kerl sich hinter Ihnen zu schaffen macht, ziehen Sie mit dem Mittelfinger so viel Schnur unter die Achselhöhle wie Sie nur können.

Beim Ausatmen Schultern nach vorne nehmen und Arme gegen den Körper pressen. Darauf lockern sich die Fesseln.

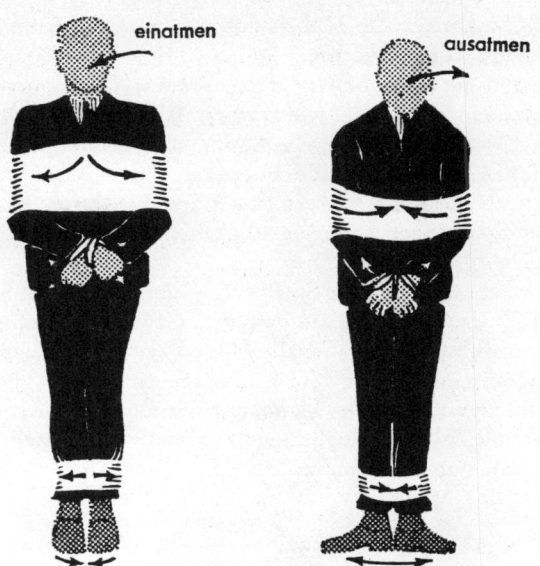

einatmen

ausatmen

Abb. 17: Wie man sich gegen Fesseln anspannt

2. *Fesseln an Hand und Handgelenk.* Straffen Sie die Hände in leichtem Bogen gegen die Fesseln. Wenn die Handgelenke gefesselt werden, drücken Sie sie auseinander, indem Sie die Fingerspitzen zusammenpressen und umgekehrt.

Befreien können Sie sich, indem Sie Hände und Handgelenke entspannen und so lange hin und her bewegen, bis die Fesseln über die Knöchel rutschen. Mit den Mittelfingern Schlaufen am Ende herunterziehen. Liegen die Knoten günstig, kann man auch die Zähne benutzen. Oder versuchen Sie, den Knoten an irgendeinem festen, herausragenden Gegenstand aufzubekommen.

3. *Fesseln um Beine oder Knöchel.* Oberschenkel, Knie und Waden gegen die Fesseln anspannen. Wenn die Knöchel gefesselt werden, Schuhspitzen und Knie zusammendrücken; Füße zusammenpressen und Beine unmerklich auseinander biegen, wenn Schenkel und Waden gefesselt werden.

Wenn Sie die Beine entspannen, lockern sich die Fesseln. Liegt der Knoten günstig, kann man auch die Knöchel unter Umständen dadurch befreien, daß man die Füße nach hinten biegt.

45

4. *Knebel.* An Mauer oder Möbelstück, am besten einer vorstehenden Ecke, loszuwerden versuchen.
5. *Sie werden an einen Baum, Mast oder Stuhl gebunden.* Wenden Sie dieselben Regeln an wie vorher. Wo nur möglich, spannen Sie die Gliedmaßen gegen die Schnur an. Gerade unregelmäßige Oberflächen wie Baumrinde bieten eine gute Chance, sich auf die angegebene Weise zu befreien, indem Sie dafür Sorge tragen, daß der Strick über Unregelmäßigkeiten läuft und danach desto schlaffer wird.

Schon ein, zwei Zentimeter Spielraum — und der Erfolg bleibt nicht aus, wenn Sie diese Anleitungen befolgen. Gewöhnlich können Sie sogar mehr herausholen, wenn Sie alle Möglichkeiten wahrnehmen.

Ein langes, mehrfach um Sie geschlungenes Seil ist günstiger als mehrere Fesseln an Knöcheln, Handgelenken, Brust und Armen.

Zum Schluß sei die Möglichkeit erwähnt, die Fesseln an einer scharfen Kante durchzuscheuern.

GEFAHREN VON TIEREN

Tiere sind unberechenbar.

Möglich, daß jemand in wildreichem Gebiet überlebt hat und nie ein gefährliches Tier zu Gesicht bekommen hat, die Tiere also auch ihn gemieden haben.

Aber das Tierreich bietet wirklich Gefahren, insbesondere dann, wenn Tiere in die Enge getrieben oder überrascht werden oder Junge haben. In vielen Fällen ist keine Provokation nötig.

Und diese Gefahren lauern nicht nur im Dschungel, sondern ringsum — in Parks, Naturschutzgebieten, auf Weideland, im Gebirge, am Badestrand und nicht zuletzt auf der Straße.

Bullen

Lassen Sie einen Bullen nicht aus den Augen. Leichtsinn und Geringschätzung der Gefahr sind häufig die Ursache für Unfälle und Verletzungen, denn das Verhalten von Bullen ist nicht vorauszuberechnen.

Wenn Sie auf eine Weide mit einem Bullen gehen *müssen*, halten Sie sich in der Nähe des Zaunes. Besser ist es, Sie laufen außen (am Zaun entlang) darum herum. Manchmal nehmen Bullen überhaupt keine Notiz von Eindringlingen, ein andermal greifen sie an. Sie können schneller laufen und die Richtung ändern als Rekordsprinter.

Und was tun Sie, wenn ein Bulle auf Sie zustürmt?

a) Laufen Sie davon. Ziehen Sie im Laufen ein Kleidungsstück aus (Jacke) und werfen Sie es ihm vor die Füße. Wahrscheinlich wird der Bulle stehenbleiben und den Köder untersuchen, bevor er die Verfolgung wieder aufnimmt. Dadurch gewinnen Sie Zeit, ein weiteres Kleidungsstück fallen zu lassen.

Abb. 18: Flucht vor einem Bullen

(Die Darstellung gibt sich optimistisch, was den Vorsprung angeht, den der Weglaufende gewonnen hat, zeigt aber das Prinzip. Bauern, die diese Technik kennen, gehen deshalb gewöhnlich mit einem Sack über dem Arm aufs Feld.)

b) Bullen lassen sich besonders mit hellen Farben ablenken, nicht unbedingt mit Rot.

c) Bullen gehen ungern ins Wasser, laufen Sie deshalb auf einen Fluß, Kanal usw. zu.

d) Wenn Sie unbegreiflicherweise mit Ihrer Familie auf die Wiese gegangen sind, lenken Sie den Bullen ab, während Frauen und

Kinder in verschiedenen Richtungen davonlaufen. Aber auch dann ist nicht sicher, ob das Tier nur Ihnen nachläuft.

e) Wenn Sie zu Boden geworfen werden, ziehen Sie am Nasenring (wenn es einen trägt) — die einzige Möglichkeit der Gegenwehr.

f) Noch eine Methode hat sich bewährt: stellen Sie sich tot, wenn Sie am Boden liegen.

Hunde

Schon ein gewöhnlicher Dorfköter in südlicheren Breiten stellt eine Gefahr dar, umso mehr, wenn er halb verwildert und hungrig ist oder die Tollwut hat. Dann kann sein Biß tödlich sein. Anzeichen für Tollwut: glasige Augen, Schaum vor dem Mund, unsicherer Gang.

Wenn Sie angegriffen werden, halten Sie ihn oder das Rudel mit Steinwürfen in Schach. Wenn er schon zu nahe ist: a) schlagen Sie *schnell und derb* auf die Nase. b) Winkeln Sie den Unterarm an und strecken Sie ihn dem Hund entgegen. Wenn er sich darin verbeißt, schieben Sie den Arm so weit wie möglich zwischen die Kiefer und legen Sie sofort Ihren anderen Arm (so, daß die knochige Kante nach unten zeigt), dem Tier in den Nacken. Dann stoßen Sie den Kopf des Tieres mit einem Ruck zurück.

Wölfe sind lediglich *verwandt* mit Hunden. Im groben ist ihre Anatomie ähnlich, aber der Wolf trägt eine schützende Halskrause.

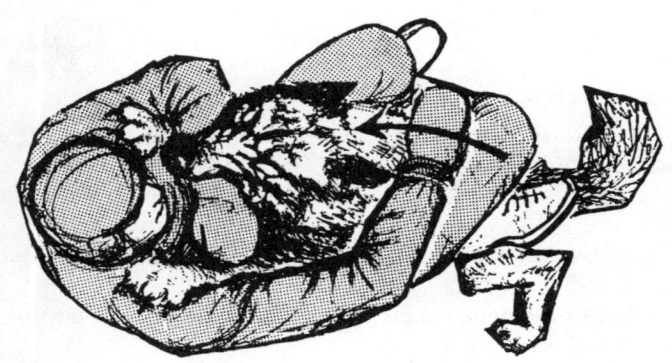

Abb. 19:
Kampf mit einem Wolf

Außerdem sind seine Rückenwirbel weiter oben dick verpackt in der Nackenmuskulatur. Die verwundbaren Stellen: Nase und untere Rippen seitlich. Wölfe reißen, greifen gewöhnlich an, wenn sie gejagt werden und schnappen nach den Gliedmaßen. Wenn Sie von einem Wolf angegriffen werden:

1. Gehen Sie mit ihm zu Boden und umklammern Sie sein Hinterteil mit gekreuzten Beinen.
2. Schlagen Sie ihn auf die Nase.
3. Pressen Sie mit aller Kraft die Beine zusammen, so daß der Wolf versucht, sich aus der Umklammerung zu winden. Dabei versuchen Sie, ihm die Hand ins Genick zu schlagen.

Bären

Sind auf der ganzen Welt gefährlich, in der Arktis wie im Yellowstone-Nationalpark in USA. Kommen Sie auch „zahmen" Bären nicht zu nahe, um sie zu füttern oder ein nettes Erinnerungsfoto von Ihrer „Liebsten mit Bär" zu schießen. Ohne Vorwarnung greifen Bären mitunter plötzlich an. Nehmen Sie die Warntafeln in Gebieten, wo Bären vorkommen, ernst.

Ein Eisbär, der auf Nahrungssuche Ihr befestigtes Lager umschleicht, muß abgeschossen werden. Es ist schwierig und gefährlich, Bären zu erlegen, aber die Tiere sind erbarmungslos in ihrer Neugierde. Zielen Sie auf den Hals, das Herz, das Genick oder ein Stück hinter die Schultern. Schüsse anderswohin richten wenig aus.

Tiger

Alle Großkatzen stehlen sich entweder davon oder greifen an. Wenn man unbewaffnet plötzlich einem Tiger, Leoparden oder Löwen gegenübersteht, gibt es folgende, häufig sehr wirkungsvolle Mittel der Gegenwehr: Reglos stehenbleiben, drohend anschauen oder fürchterlich schreien.

Schlangen

Schlangen beißen meist nur, wenn man sie überrascht. Schlagen Sie deshalb in schlangenverseuchten Gegenden mit einem Stock vor sich her, besonders, wenn Sie Baumstämme oder Felsbrocken übersteigen oder durch Dickicht gehen. Tragen Sie Stiefel, verstärken Sie dünnes

Schuhwerk mit Kleidungsstücken, die Sie (nicht zu dicht) um die Knöchel binden. Schlangen sind Nachttiere, stellen Sie deshalb nachts eine Kerze und einen Knüppel bereit. Schlafen Sie nicht auf dem Boden und achten Sie darauf, wohin Sie Ihre bloßen Hände legen.

Nach einem Biß versuchen Sie die Schlange mit einem Stein, Knüppel oder Gewehr zu töten — sofern Sie oder Ihre Kameraden die nötige Geistesgegenwart dazu besitzen. Wenn sie tot ist, fassen Sie sie nur am Schwanz an und nehmen Sie sie mit zum Arzt oder ins Krankenhaus, damit man weiß, um welches Gift es sich handelt. Wie man einen Schlangenbiß behandelt: siehe weiter unten.

Nur äußerst selten greifen Schlangen von allein an. Von über 2000 verschiedenen Arten sind nur 200 giftig. Und nicht immer wirkt das Gift tödlich. An einem Schlangenbiß stirbt man also nicht so schnell. In unseren Breiten ist die einzige Giftschlange die Kreuzotter.

Spinnen

In Gegenden, wo Spinnen vorkommen, greifen Sie mit bloßen Händen nicht unter Felsklötze, Baumstämme oder Erdlöcher, Löcher in Bäumen usw. Auch auf einem Bananendampfer nicht zu neugierig sein.

Die Schwarze Witwe produziert ein äußerst gefährliches Nervengift, das tödlich wirken kann. Die Tarantel ist im Vergleich dazu recht harmlos. Nicht oft ist der Biß einer Spinne tödlich, aber häufig verursacht er Schmerzen.

Die Berührung mit behaarten Spinnen ruft Hautentzündungen hervor.

Skorpione

Halten sich an dunklen Stellen auf. Machen Sie sich deshalb nicht mit bloßen Händen unter Baumstämmen, Steinen oder im Sand zu schaffen. Schütteln Sie Ihre Schuhe, Socken und Kleidungsstücke vor dem Anziehen kräftig aus. Bevor Sie sich zu Bett legen, untersuchen Sie es genau.

Das Gift ruft Störungen im Nervensystem hervor, Erbrechen, und kann, besonders bei Kindern, tödlich wirken. Kleinere Skorpione sind giftiger als große. Die Giftdrüsen befinden sich im Schwanz und in den großen Scheren.

Tausendfüßler

In den Tropen Bettücher und Kleidung daraufhin untersuchen. Tausendfüßler sind Nachttiere. Wenn des Nachts einer über Ihre Haut kriecht, lassen Sie ihn gewähren. Nicht wegschlagen. Der Stich ist sehr schmerzhaft.

Insekten

Im schlimmsten Fall sind sie Krankheitsüberträger (wie die Moskitos für Malaria und Gelbfieber). Schützen Sie sich deshalb mit allen Mitteln vor Insektenstichen.

a) Bedecken Sie das Gesicht, Arme, Hände und alle freien Hautstellen mit Schlamm.

b) Setzen Sie einen breitkrempigen Hut auf oder basteln Sie sich eine Kopfbedeckung mit breiter Krempe.

c) Machen Sie sich aus einem Hemd oder Unterhemd einen behelfsmäßigen Nackenschutz, indem Sie die Ärmel durch die Halsöffnung ziehen, oben zubinden und die herunterhängenden Enden in den Kragen stecken.

d) Tragen Sie, wenn möglich, zwei Lagen Kleidung übereinander. Stecken Sie die Hosen in die Socken, Schuhe oder Wickelgamaschen. Diese stellen Sie sich aus Kleidungsstücken oder Tüchern her, die Sie von den Knöcheln an aufwärts bis unter die Knie wickeln. Binden Sie die Hosen in Schuhwerk oder in den Socken mit Schnürsenkeln, Stricken oder Schlingpflanzen zusammen. Stecken Sie die Ärmel in Handschuhe; wenn Sie keine haben, machen Sie sich welche aus Socken.

e) Lassen Sie die Kleider nachts an. Improvisieren Sie aus irgendeinem Tuch ein Moskitonetz um das Bett herum.

f) Benutzen Sie insektenabweisende Salbe, Anti-Malariatabletten usw., wenn Sie welche haben.

Wichtig ist, daß Sie das Lager an der richtigen Stelle aufschlagen. Halten Sie Abstand von: 1. Sümpfen, Tümpeln oder moorigen Stellen, 2. feuchten Niederungen, 3. windgeschützten Stellen. Schlagen Sie deshalb, wenn irgend möglich, Ihre Zelte auf höherliegenden, dem Wind ausgesetzten Flächen auf.

Dichten Sie die Unterkunft so gut es geht gegen Insekten ab (mit Fallschirmtuch, Kleidungsstücken usw.). Im Inneren hilft Zigarettenrauch, Insekten zu vertreiben; besser ist jedoch ein starken Rauch entwickelndes Feuer.

Zünden Sie deshalb draußen ein Feuer an, in dem Sie, wenn es gut brennt, Laubwerk, Farn und Moos verbrennen, bis es stark qualmt. Ein paar qualmende Farnzweige legen Sie in den Hintergrund des Zeltes, damit der Rauch und damit die Fliegen durch den Eingang abziehen.

Ameisen

Machen Sie einen Bogen um Ameisenbauten und -zugstraßen. Passen Sie auch auf, wenn Sie in den Tropen auf Bäume steigen, da tropische Ameisen nicht nur am Boden leben. Untersuchen Sie die Stämme genau, ehe Sie sich hinsetzen oder zum Schlafen hinlegen. Speisereste nicht herumliegen lassen, sondern vergraben.

Sehen Sie sich plötzlich einem erbarmungslos vorrückenden Ameisenzug gegenüber, so brauchen Sie nichts weiter zu tun, als Ihre Habseligkeiten aus dem Weg zu räumen, da diese Züge schnurgerade vorwärtsziehen. Tun Sie das aber schleunigst.

Zecken

Klopfen Sie oft Ihre Kleider ab, besonders in Grasland. Dort halten sich Zecken, Läuse, Wanzen und andere zudringliche Wesen auf. Suchen Sie sich gegenseitig nach diesem Kleingetier ab. Zecken lassen sich durch leichtes Klopfen oder Abbürsten verscheuchen. Wenn Sie allerdings den Kopf schon in der Haut haben, vertreiben Sie sie, indem Sie Jod oder Alkohol darauftupfen oder eine brennende Zigarette in die Nähe bringen. Nicht den Körper herausziehen, sonst bleibt der Kopf darin stecken, und die Wunde eitert.

Blutegel reagieren auf Klopfen. Streuen Sie Salz auf oder berühren Sie die Sauger mit einer brennenden Zigarette. Gleichfalls nicht ziehen, wenn sie sich bereits festgebissen haben.

Flöhe, die unter die Zehennägel oder unter die Haut Eier gelegt haben, werden am besten mit einem im Feuer ausgeglühten Messer oder einer Nadel entfernt. Hinterher Jod anwenden.

Darüber hinaus gibt es noch eine Vielzahl von Parasiten, die unter die Haut schlüpfen, beißen, stechen oder gefährliche Krankheitskeime übertragen.

Bienen, Wespen, Hornissen

Haben Sie ein Nest, das ungefähr drei bis zehn Meter hoch in den Bäumen liegt, aufgestört, und sind Sie in einigen Metern Entfernung, bleiben Sie mehrere Minuten lang unbeweglich sitzen und kriechen dann sachte davon. Wespen fliegen nämlich auf Ziele, die sich bewegen. Werden Sie dennoch angegriffen, rennen Sie durch dichtestes Unterholz oder springen ins Wasser.

In von der Pest bedrohten Gebieten:

a) Lassen Sie zu Ihrem Schutz die Kleidung an. Öffnungen schließen.

b) Halten Sie Kleider immer sauber und trocken, besonders Socken und Strümpfe. Waschen Sie häufig und bessern Sie zerrissene Stellen aus.

c) Gehen Sie nie barfuß.

d) Wenn Sie in den Tropen ins Wasser fallen, gleichgültig wie sauber es aussieht, tun Sie unbedingt folgendes: Kleider auswringen, Schuhe trocknen, den ganzen Körper abtrocknen, trockene Kleidung anlegen oder, wenn das nicht möglich ist, warten, bis die nasse Kleidung an der Sonne getrocknet ist.

e) Vermeiden Sie, wenn es nur irgend geht, Flüsse zu durchwaten. Eine Vielzahl von Angreifern lauert auf Sie, von allen möglichen Würmern und Insekten, die sich in Ihre Haut bohren, bis zu Stachelrochen, Quallen, Barracudas, Wasserschlangen usw.

Krokodile und Alligatoren

Können wie Baumstämme im Wasser liegen, so daß nur die Augen herausschauen.

Überqueren Sie (schwimmend oder mit einem Floß) Buchten und Flußmündungen in den Tropen mit äußerster Vorsicht. Möglichst geringe Wasserbewegung hervorrufen. Nicht schreien. Kommen Sie den Tieren nicht zu nahe. Wenn Sie angegriffen werden, verlassen Sie so schnell wie möglich das Wasser. Bevor Sie in tiefes Wasser hineinsteigen, schauen Sie es sich sorgfältig an. Verlassen Sie sich nicht darauf, Krokodile mit Steinen verscheuchen zu können.

Haie

Verhalten Sie sich ruhig auf einem Floß. Halten Sie sich fern von Stellen, wo Blut, Erbrochenes, Überbleibsel von Fischen usw. auf dem Wasser treiben. Angeln Sie auch nicht in der Nähe von Haien. Tragen

Sie möglichst dunkle Kleidung und bedecken Sie die Gliedmaßen, da Fleischfarbe Haie anzieht.

Springen Sie nie über Bord kleiner Boote, ohne das Wasser ringsum und auch darunter geprüft zu haben. Bleiben Sie nahe beim Boot. Lassen Sie nicht die Hände oder Füße über den Bootsrand baumeln. Haie kommen oft ohne Warnung blitzschnell um das Boot herumgeschossen. Wenn ein Hai auf Sie zusteuert, seien Sie darauf gefaßt, daß er an das Boot stößt oder daran entlangreibt. Verhalten Sie sich ruhig und vermeiden Sie, daß sich helle Gegenstände bewegen. Dann wird der Hai höchstwahrscheinlich wieder abdrehen, da er nichts zu fressen findet.

Ein Hai greift Sie auf einem Floß an: Drehen Sie dem Hai niemals den Rücken zu. Sind mehrere Personen auf dem Floß, stellen Sie sich mit dem Rücken gegeneinander (bei rauher See aneinanderbinden). Stechen Sie nach dem Hai, mit einem Messer etwa, in die Kiemen, Augen oder Ohren. Mit einem Stock auf ihn einzudreschen ist sinnlos.

Einen Leichnam nur nachts über Bord werfen und schnell davonrudern. Wird jemand verletzt, dann ziehen Sie ihn aufs Floß und behandeln dort die Wunden.

Ein Gewehrschuß kann Haie vertreiben.

Schwimmen sollte man in mit Haien verseuchten Gewässern mit gleichmäßigen, kräftigen Stößen. Wildes Umherplantschen lockt den Fisch an. Weichen Sie auch Fischschwärmen aus. In deren Nähe sind oft Haie zu finden.

Wenn Sie sich auf kein Floß flüchten können und im Wasser von einem Hai angegriffen werden (oder von einem anderen gefährlichen Fisch wie einem Barracuda oder Schwertfisch): Schwimmen Sie mit dem Gesicht nach außen im Kreis und schlagen Sie das Wasser mit gleichmäßigen kräftigen Schlägen. Wenn Sie in einiger Entfernung die Dreiecksflosse sehen und der Hai Sie offenbar noch nicht wahrgenommen hat, machen Sie „toten Mann".

Wenn ein einzelner Hai auf Sie zustößt:

a) Ergreifen Sie nicht die Flucht, sondern schwimmen Sie ihm im Bogen entgegen.

b) Schwimmen Sie urplötzlich auf den Hai zu.

c) Wenn er dicht bei Ihnen ist, versuchen Sie ihn wegzustoßen oder mit den Händen wegzuschieben.

d) Schreien Sie unter Wasser.
e) Schlagen Sie mächtig ausholend auf die Wasseroberfläche.
f) Wenn Sie eine Waffe tragen, in die Kiemen oder Augen stechen.

WAS TUN BEI VERLETZUNGEN?

Ein Apoplektiker argumentiert heftig und bekommt einen Schlaganfall. Sie werden von einer Schlange gebissen, bekommen einen Faustschlag oder Fußtritt. Vielfältig können die Folgen der Sekunden sein, in denen Sie *zu bedrängt* waren.

Schock

Immer behandeln (siehe *„Zu einsam"*).

Blutungen

Ernsteste Art von Verletzungen, gefährlicher als Atemstillstand (siehe *„Zu naß"*).

Schnelles Handeln tut not, wenn jemand Blut verliert.

Auch kleinere Blutungen sehen mitunter recht gefährlich aus. Aber Blut wirkt antiseptisch und gerinnt von selber, solange es langsam heraussickert. Wenn eine Wunde nicht länger als 10 Minuten blutet, ist noch kein Grund zur Beunruhigung gegeben.

1. Drücken Sie mit den Fingern auf die blutende Stelle, es sei denn, ein Fremdkörper befindet sich in der Wunde.
2. Drücken Sie Mull (oder einen Stoffetzen, ein Taschentuch) gegen die Wunde, damit die Blutung aufhört oder sich wenigstens verlangsamt.
3. Legen Sie den blutenden Körperteil höher.
4. Transportieren Sie den Verletzten schnell zu einem Arzt oder ins Krankenhaus.

Wunde nicht auswaschen.
Schorf nicht abkratzen.
Aderpresse oder Verband nicht zu straff anlegen.
Blutgetränkten Verband nicht abreißen, sondern neuen darüber legen.

Ein sauberer Verband ist einem schmutzigen Stück Stoff natürlich vorzuziehen. Aber wenn aus einer Schlagader das Blut pulst, schauen Sie sich nicht lange nach einem hygienisch einwandfreien Verband um.

Die Stellen, die man bei Schlagaderblutungen zudrücken soll, vergessen Sie in der Aufregung bestimmt wieder. Drücken Sie die Wundränder mit den Fingern zusammen. Lassen Sie mit dem Druck nicht nach — wie erschöpft, blutbespritzt oder schreckensstarr Sie auch sein mögen.

Betten Sie ein blutendes Glied höher, dadurch wird die Blutung geschwächt.

Innere Blutungen

Entstehen bei schweren Unfällen, wenn man fällt, mit dem ganzen Körper aufschlägt. Innere Blutungen verraten sich meist durch rasch zunehmende Blässe, Atemnot und Spannung der Bauchdecken. Der Puls ist schwach, der Verletzte spürt starken Schmerz und empfindet Durst.

Gehen Sie auf Nummer sicher und geben Sie vorsichtshalber nichts zu trinken. Befeuchten Sie vielmehr die Lippen mit einem vollgesogenen Tuch. So wenig Bewegung wie möglich. Ärztliche Hilfe ist vonnöten.

Bewußtlosigkeit

Bewußtlosigkeit stellen Sie fest, indem Sie vorsichtig den Augapfel berühren. Wenn der Verletzte mit dem Auge zuckt, ist er bei Bewußtsein.

Einen Bewußtlosen niemals anschreien oder schütteln. Versuchen Sie nicht, ihm Flüssigkeiten einzuflößen, auch kein „Schlückchen Alkohol". Wenn die Wirbelsäule allem Anschein nach nicht gebrochen ist (siehe „Zu schnell"), dann:

1. Bringen Sie den Bewußtlosen in Halbseitenlage (Kopf und Rumpf).
2. Öffnen Sie ihm den Mund und wischen Sie Blut, Erbrochenes, Schlamm oder Erde mit den Fingern heraus. Künstliches Gebiß herausnehmen und dem Verletzten in die Tasche stecken.
3. Blutungen stillen.
4. Beengende Kleidungsstücke lockern, um Atmung zu erleichtern.
5. Taschen nach Ausweiskarte, Karte mit Angabe der Insulindosis bei Diabetikern durchsuchen.

Für Abtransport mit Bahre und ärztliche Hilfe sorgen.

Knochenbrüche

Knochenbrüche erkennt man an den Schmerzen, wenn der Verletzte das gebrochene Glied zu bewegen versucht, am Kraftverlust des Gliedes, an den Anzeichen des Schocks, an der Schwellung des Gliedes (ein Bein zum Beispiel mit dem anderen auf Dicke hin vergleichen).

Versuchen Sie *niemals,* einen Bruch wieder in die richtige Lage zu bringen. Die Folgen können schlimmster Art sein. Zwar haben manche Überlebende in ausweglosem Lage einen Bruch selber behandelt, zum Beispiel einen gebrochenen Knöchel in eine Astgabel gelegt und das Bein gerade gezogen. Aber normalerweise muß man einen Knochenbruch genau umgekehrt behandeln.

Einen Knochenbruch so wenig wie möglich bewegen, bis ärztliche Hilfe eingetroffen ist. Es ist gefährlicher zuviel zu tun als zu wenig. Das beste, was Sie tun können, ist, den Schmerz zu lindern.

Wenn der Verletzte vor Schmerzen schreit oder wegen Verbrennungs- oder Explosionsgefahr geborgen werden *muß:* Gebrochenes Glied vorsichtig in die bequemste Lage bringen. Behelfsmäßige Schiene aus gefalteten Zeitungen, aus Stöcken oder was gerade zur Hand ist, herstellen und Bruch damit abstützen. Mit Decken, Tüchern oder Laub weich auspolstern. In kalten Breiten kein Metall benutzen.

Mit provisorischen Bandagen aus Krawatten, Gürteln, Tuchfetzen usw. festbinden. Daran denken, daß der Körper selber die besten Schienen zur Verfügung stellt: Arm an Körper, Bein an Bein, Kiefer an Kiefer binden usw.

Abb. 20:
Ruhigstellung eines gebrochenen Gliedes

Wenn nicht unbedingt notwendig, *nicht* selber schienen, sondern auf Hilfe warten. Ein Schädelbruch (siehe unten), eine gebrochene Wirbelsäule (siehe *„Zu schnell"*), ein Beckenbruch darf *nie* bewegt werden, es sei denn, es ist absolut lebensnotwendig.

Wenn kein Verbandpäckchen zur Hand, Kleidungsstück in Streifen reißen (sorgfältig, so daß Sie es wieder zusammennähen können, wenn Sie es brauchen). Berühren Sie die Wunde nicht mit den Fingern, schon gar nicht, wenn Sie schmutzige Hände haben.

Sterilisieren Sie die Spitze eines Messers oder einer Nadel, indem Sie sie mit mehreren Streichhölzern erhitzen, bevor Sie einen Fremdkörper damit aus der Wunde holen.

Auf keinen Fall auswaschen! Darum herum eventuell mit Wasser und Seife waschen, aber von der Wunde weg, nicht auf die Wunde zu. Nicht mit Jod, Wundpuder oder Wundsalbe versehen. Jod kann verwendet werden, um die Umgebung der Wunde zu reinigen. (An der Luft trocknen lassen vor dem Anziehen.)

Wenn die Wundumgebung rein ist, ist gegen ein Auswaschen der Wunde nichts einzuwenden.

Seien Sie übertrieben sauber.

Ist die Wunde tief, hat sie aber geringe Oberflächenausdehnung, (Verletzung mit Messer, Nagel usw.) drücken Sie die Wundränder zusammen, damit Blut herauskommt und die Wunde reinigt.

Möglichst saubere Kleidung anlegen, aber nicht zu dicht.

Verrenkungen

Ungewöhnliche Lage der Gliedmaßen, Schmerzen, Kräfteverlust und Steifheit deuten auf Verrenkungen hin.
1. Verrenkte Gliedmaßen auf keinen Fall wieder einrenken.
2. In die bequemste Lage bringen. Nötigenfalls Abpolstern.
3. Nicht schienen.

Verstauchungen

Erkenntlich an der Schwellung des Knöchels oder Handgelenks nach einem Stoß.
1. Ruhigstellen, erhöht legen.
2. Feuchte Umschläge machen.

Bei Verstauchung des Handgelenks Arm in die Schlinge legen. Verstauchten Knöchel bandagieren.

Wenn die Schwellung zunimmt, Verband lösen, Umschlag befeuchten und wieder verbinden.

Verätzungen mit Chemikalien usw.

(Siehe *„Zu heiß"*).

Blaues Auge

Feuchte Umschläge.

Schlangenbiß

Verläuft selten tödlich. Schenken Sie Legenden von treuen Gefährten, die die Wunde ausschneiden und das Gift aussaugen, keinen Glauben. Wenn möglich, töten Sie die Schlange nach dem Biß.

1. Laufen Sie nicht aufgeregt umher.
2. Das Opfer eines Schlangenbisses muß sich hinlegen und darf sich nicht bewegen.
3. Glied zwischen Biß und Herzgegend abbinden. Bandage alle halbe Stunde für eine Minute lockern.
4. Bißwunde mit Wasser auswaschen, nicht reiben.
5. Schock behandeln, nichts zu trinken geben.
6. Schnellster Transport zum Arzt oder Krankenhaus; wenn möglich, tote Schlange mitnehmen.

Hundebiß

1. Mit Seifenwasser gut auswaschen.
2. Speichel restlos aus der Wunde waschen.
3. Wunde mit trockenem, sauberen Tuch bedecken.
4. Glied ruhigstellen, evtl. schienen.
   Arzt aufsuchen.

Ameisenbisse, Moskitostiche

Bei Schwellung feuchte Alkoholumschläge machen.

Bienen- oder Wespenstich

Versuchen Sie den Stachel mit einer Pinzette oder ausgeglühten Nadel herauszuholen. Kaltes Wasser darüberlaufen lassen. Bienenstich mit Seife einreiben, Wespenstich mit Essig oder Zitrone.

Wenn Sie von einem ganzen Schwarm gestochen worden sind, nehmen Sie ein kaltes Bad.

Kreislaufkollaps

Symptome: Plötzliches Festhalten an Tisch, Mauer usw., Atemnot Schmerz oben in der Bauchhöhle oder Brust, schmerzhafte Stiche in den Armen oder im Kopf und Genick. Möglicherweise auch Husten mit rosa Schaum.

Schnell ärztliche Hilfe holen.

Inzwischen:

1. So bequem wie möglich betten.
2. Kleidung lockern.
3. Patienten zudecken, aber nicht zu warm.
4. Nichts zu trinken geben.
5. Tief und langsam durch den Mund atmen.

Bei Atemstillstand Atemspende (siehe *„Zu naß"*).

Erstickungsanfälle

Wenn etwas in der Kehle steckengeblieben ist, nicht mit dem Finger herausholen wollen. Dadurch gerät der Fremdkörper meist noch tiefer in den Hals. Husten ist hier oft das beste.

a) Kleinkinder: An den Beinen nach unten halten und bis zu 6 kurze Schläge zwischen die Schultern verabreichen.
b) Kinder: Über das Knie legen, Kopf nach unten, Hand am Bauch oder der Brust, sonst wie bei a).
c) Erwachsene: Kopf beugen oder über einen Tisch, Baumstamm, Felsbrocken legen, sonst wie a).

Kopfverletzungen

Ein heftiger Schlag bei einem Autounfall, Sturz eines Betrunkenen, Fußtritt usw. kann die Ursache sein. Anzeichen: Benommenheit, Koma, Blutungen aus Mund, Nase und Ohren, Kopfschmerzen.

Verletzten hinlegen und zudecken. Nicht zulassen, daß er aufsteht und umhertaumelt. Wenn die Wirbelsäule nicht gebrochen ist (siehe *„Zu schnell"*) und das Gesicht rot angelaufen ist, Kopf mit zusammengefalteter Jacke, Mantel oder Pullover hochbetten. *Bei Blässe Kopf auf keinen Fall hochheben.*

Kopf und Körper vorsichtig (vorausgesetzt, das Rückgrat ist nicht gebrochen) zur Seite legen, damit Blut, Erbrochenes, Schleim herauslaufen kann. Bei Blutung leichtes sauberes Kleidungsstück um den Kopf wickeln, aber nicht zu fest, damit die Knochen nicht ins Gehirn gedrückt werden.

Beschränken Sie sich darauf, den Verletzten ruhig liegen zu lassen, auch wenn er bei Bewußtsein ist, bis ein Arzt kommt.

Notgeburt

Geraten Sie nicht in Panik. Die Situation ist gar nicht so selten wie Sie denken. Es handelt sich auch nicht um eine Verletzung, sondern um einen natürlichen Vorgang. Beschränken Sie sich darauf, der Natur Hilfestellung zu leisten.

1. Zerren Sie das Neugeborene nicht, ebensowenig die Nabelschnur oder die Nachgeburt am Ende der Nabelschnur.
2. Binden Sie die Nabelschnur ab, sobald das Kind heraus ist.
3. Nabelschnur nur trennen, wenn Hilfe unwahrscheinlich. Wird Hilfe erwartet, Nabelschnur abbinden, aber Nachgeburt daran lassen.
4. Das Neugeborene warm halten, z. B. zwischen die Beine der Mutter legen.

Die Geburt beginnt damit, daß sich der Uterus ungefähr alle halbe Stunde zusammenzieht. Wenn etwas Flüssigkeit austritt, wird die Sache ernst. Treffen Sie Vorbereitungen. Legen Sie die werdende Mutter flach hin, möglichst auf ein sauberes Tuch, Plastiktuch oder Zeitungen. Vorteilhaft, wenn heißes Wasser zur Hand ist. Hände sorgfältig waschen. Nase und Mund mit Taschentuch verbinden, wenn Sie helfen.

Ausgepolsterte Schublade, Pappschachtel, Wanne oder Zuber für das Kind bereitstellen. Schere gründlich auskochen. Legen Sie drei etwas mehr als eine Handspanne lange Stücke Schnur zurecht, um die Nabelschnur damit abzubinden.

Machen Sie es der Mutter bequem und warm. Wenn die Geburt unmittelbar bevorsteht, auf die linke Seite legen, Knie hoch, den Rükken nahe der Tischkante.

Erscheint Stuhlgang, zum Rückgrat hin, nicht in Richtung Geburtsweg wischen.

Bei der Geburt darf die Mutter schwer atmen und keuchen und soll es nicht unterdrücken. Wenn Kopf, Fuß oder Arm des Kindes erscheint, nicht daran ziehen, sondern sacht herausführen. Eine Haut über dem Gesicht zerschneiden. Liegt die Nabelschnur um den Hals des Kindes, dann lassen Sie sie vorsichtig über den Kopf gleiten. Wenn der Kopf zuletzt kommt und steckenbleibt, ziehen Sie behutsam, aber erst drei Minuten nachdem die Schultern erschienen sind.

Seien Sie äußerst sorgsam; wenn die Nabelschnur falsch behandelt wird, kann sich das Kind zu Tode bluten.

Legen Sie das Kind, das schlüpfrig ist wie ein Frosch (nicht fallen lassen!), der Mutter zwischen die Beine, *die Nabelschnur nicht straff ziehen,* den Kopf nach unten. Weiterhin:

a) Knöchel mit einem Tuch zusammenbinden.

b) Das Kind mit Hilfe dieses Bandes an einem Finger nach unten aufhängen. Flüssigkeit aus Mund und Nase ausfließen lassen, dazu Mund ein wenig öffnen und Kopf leicht zurückhalten.

c) Gesicht und Mund mit einem sauberen Stück Tuch zart abwischen.

d) Wenn das Baby schreit, neben die Mutter legen. Gesicht nicht nach unten!

e) Wenn es nicht schreit oder gurgelt oder atmet, geben Sie ihm keinen Klaps, sondern zwei Minuten lang behutsame Atemspende.

Etwa zehn Minuten später kommt die Nachgeburt. Die Mutter soll ihre Beine auseinanderbreiten und dabei helfen. Die Blutung kann oft verringert werden, indem man behutsam unterhalb des Nabels massiert. Fangen Sie die Nachgeburt *im ganzen* in einem Behälter auf.

Wenn der Arzt weit ist: binden Sie die Nabelschnur ab, und zwar 15 cm vom Nabel des Kindes entfernt, und nehmen Sie eine zweite Abbindung etwa 20 cm entfernt vor. Die Nabelschnur in der Mitte durchschneiden. Erscheint nach zehn Minuten kein Blut, dritte Abbindung in 10 cm Entfernung vom Nabel des Kindes.

Die Mutter waschen. Geben Sie ihr etwas Heißes zu trinken. Auf Schock hin behandeln. *Gratulieren Sie ihr.* Machen Sie ihr Mut. Beobachten Sie Atmung und Puls.

Zu trocken

Nichts ist schwerer zu ertragen als Durst. Er benimmt sich wie ein erbarmungsloser Gläubiger, wenn er Forderungen eintreibt, und kann seinen wahnsinnig gewordenen Schuldner dazu bringen, das Wasser aus Heizkörpern, Benzin oder Meerwasser zu trinken. Bei Hitze meldet er sich stürmisch, heimtückischer geht er bei Kälte vor: möglich, daß man seine Qualen erst dann spürt, wenn es bereits zu spät ist. Auch in kälteren Breiten braucht man jeden Tag ungefähr zwei Liter Wasser, um leistungsfähig zu bleiben; mehr als vier Liter sind es in den Tropen.

Bei Wassermangel, nach einem Schiffbruch etwa, läßt sich Durst eine Zeitlang dadurch in Schach halten, daß man ein frisches Blatt lutscht, was physiologisch gesehen keine Hilfe darstellt, und aufpaßt, daß man nicht zu sehr schwitzt — die einzig wirksame Hilfe. Über kurz oder lang *muß* man Wasser finden. Und dann versuchen, es trinkbar zu machen.

WIE MAN DURST HINHÄLT

Der Lutsch-Trick

Stecken Sie einen kleineren Gegenstand in den Mund und lutschen Sie daran. Abwarten, ob es hilft. Vielleicht haben Sie einen genommen, den man leicht verschlucken kann. Ein kleiner weicher, der sich nicht vollsaugt, ist gut geeignet: eine Nuß etwa, ein Kieselstein, ein Blatt oder ein Stück Gummi. Ausgezeichnete Dienste leisten eine Backpflaume oder ein Stück rohe Zwiebel.

Von Schnee oder Eis sollte man die Finger lassen. Man wird sonst noch durstiger — und hungrig obendrein. Wenigstens sollten Sie das Schmelzwasser eine Weile im Mund behalten, damit es sich erwärmt, bevor Sie es hinunterschlucken.

Auch Zigaretten können eine Hilfe sein, trocknen aber den Mund aus.

Im Zeitlupentempo bewegen

Sie müssen vor allem darauf achten, so wenig wie möglich zu schwitzen. Jeder Tropfen Schweiß, den Sie verlieren, muß ersetzt werden. Bewegen Sie sich deshalb bei großer Hitze im Zeitlupentempo. Der Wasserbedarf des Körpers steigt in astronomische Höhen, wenn man unter sengender Sonne sehr aktiv ist. Halten Sie das kostbare Naß im Körper fest, indem Sie sich genau überlegen, was Sie tun, und wie Sie es tun. Nichts überstürzen, nicht hetzen, keine Panikstimmung aufkommen lassen. Keinen Schritt umsonst tun!

Kälte hingegen erfordert, daß Sie sich beschäftigen. Bauen Sie ein Schutzdach, sammeln Sie Holz für ein Feuer oder Eis und Schnee, um Wasser herzustellen. Aber auch hier gilt: so wenig wie möglich schwitzen (siehe *„Zu kalt"*). Legen Sie häufig eine Pause ein und schlafen Sie, wann immer es geht. In einer Gruppe schichtweise arbeiten. Der größere Teil schläft, während die Minderheit arbeitet.

Richtig anziehen

Bei Hitze muß die Haut bedeckt bleiben, damit unnötiger Schweißverlust verhindert wird. Ziehen Sie sich also an, nicht aus! Kragen, Hemdärmel, Mantel öffnen. Nicht vergessen, die Beine und vor allem auch den Kopf bedecken (siehe *„Zu hell"*). Das kostbare Naß soll *in* oder wenigstens *auf* dem Körper bleiben. Bei starker Sonneneinwirkung weiße Kleidungsstücke darüber tragen, z. B. weißes Hemd über schwarzem Jackett. Das mag unbequem sein — reflektiert aber die Hitzestrahlen. Bei großer Hitze gibt es nur eine Möglichkeit, sich wohlzufühlen: Man muß den Schweiß rasch los werden, d. h. sich ausziehen. Und das ist, wenn Wasser nur schwer zu haben ist, ein Luxus, den man sich nicht leisten darf.

In eisiger Kälte kann der Schweiß gefrieren. In diesem Fall muß man zu starkes Schwitzen verhindern, indem man zu eng anliegende Kleidung lockert oder ein Kleidungsstück ablegt. Wieder anziehen, wenn normale Körpertemperatur erreicht ist (siehe *„Zu kalt"*).

Äußerliche Abkühlung

Äußerliche Kühlung kann man sich mit einem Tuch verschaffen, das man mit Meerwasser, Urin oder Alkohol anfeuchtet. Gesicht, Hände und Nacken damit einreiben. Auf einem Floß oder Rettungsboot die gesamte Kleidung mit Meerwasser befeuchten, aber nicht zu stark, wenn die Sonne sehr brennt. Ins kühle Naß zu springen ist gefährlich: es kann Haifische geben. Außerdem sind Sie vielleicht zu schwach und kommen nur mit großem Kräfteverlust wieder ins Boot.

Schatten aufsuchen

Unter brennender Sonne benötigt der Körper doppelt so viel Wasser wie im Schatten. Deshalb jedes noch so winzige schattige Fleckchen aufsuchen: Unter einem Fahrzeug, einem Baum oder Felsen, am Abhang einer Düne. Schatten verhindert, daß Sie zu sehr schwitzen und lindert das Durstgefühl, das Sie bei Bewegung in der Sonne nicht ruhen lassen würde. Gibt es keinen natürlichen Sonnenschutz, dann auf irgendeine Weise aus dem ersten besten Gegenstand, gleich aus welchem Material er ist, eine Art Zelt oder Sonnendach bauen. Schlafen! Bei allen Schutzdächern Luftschlitze anbringen, damit die Luft zirkulieren kann. Nicht hinlegen, sondern etwas erhöht setzen. Schon 30 cm über heißem Boden ist es mehrere Grade kühler. Isolieren Sie sich von der wabernden Bodenhitze mit jedem Ihnen zur Verfügung stehenden Mittel. Müssen Sie Entfernungen zurücklegen oder arbeiten, dann tun Sie das hauptsächlich bei Nacht. In der nächtlichen Kühle holen Sie aus einem halben Liter Wasser mehr Kilometer heraus als bei Tage, wenn die Sonne Sie wie in einer Riesenpfanne brät, aus der Sie nicht weglaufen können. Bei Nacht kann man ungefähr doppelt so weit marschieren wie am Tag. Voraussetzung ist natürlich, man muß es überhaupt.

Essen

1. Nichts essen, wenn nicht mehr als ein halber Liter Wasser pro Tag zur Verfügung steht.
2. Keine eiweißhaltigen Nahrungsmittel (Eier, Milch, Fleisch, Fisch, Käse) zu sich nehmen, wenn man nur weniger als 5 Liter Wasser pro Tag verbrauchen darf. Sonst verschwenden Sie zu viel Wasser bei der Verdauung. Essen Sie lieber Obst, Bonbons oder Kekse.

Trinken

Niemals Meerwasser trinken!

So viele gute Ratschläge man hier auch geben kann, die Versuchung wird im Ernstfall immer stärker werden, es doch zu probieren. Vielleicht ist ein Schiffbrüchiger, vom Durst gemartert, doch ein anderer

Mensch? — Vielleicht kann er es vertragen, ohne daß es ihm schadet? Es könnte doch sein! Und vage Erinnerungen stellen sich ein . . . Es gibt doch Leute, die Flüssigkeiten getrunken haben, die man eigentlich auf gar keinen Fall . . . So schlimm kann es doch nicht sein! . . . Und schon hat so ein armer Teufel den ersten Schluck im Mund. Natürlich macht er sich vor, es bliebe bei diesem einen . . . Und zunächst bleibt er der Sieger. Der salzige Trunk erfrischt, belebt, stillt den Durst. Eine ganze Weile sogar! Bis, ja bis er plötzlich wieder trinken muß, unbedingt muß. Und wieder. Und wieder. Und wieder und wieder — eine Schraube ohne Ende. Der Durst, wie gering er vorher gewesen sein mag, nimmt unmenschliche Ausmaße an. Und bald wird der arme Schlucker mit jagendem Puls, blau im Gesicht, mit glasigen Augen, furchtbarem Brechreiz, grausam betrogen, im Delirium sterben.

Meerwasser kann man gebrauchen: um sich äußerlich abzukühlen, etwa eine kühlende Kompresse auf die von der Sonne geblendeten Augen zu legen. Oder man kann damit salzverkrustete Persennings und Behälter abwaschen, wenn Regen bevorsteht und man keine Salzbrühe trinken will.

Doch Meerwasser nie, nie trinken!

Urin

Nicht trinken, da Salzgehalt zu hoch ist; macht noch durstiger. Gleichfalls nur dazu verwenden, um bei Hitze eine feuchte Packung damit zu machen oder bei Kälte unterkühlte Haut zu wärmen.

Alkohol

Vom Genuß wird abgeraten. Könnte in kritischen Situationen zu Kurzschlüssen verleiten.

Batteriewasser

Enthält giftige Zusätze von Blei, daher ungeeignet.

In Fischen enthaltenes Wasser

Keinesfalls trinken, auch dann nicht, wenn es harmlos aussieht. Oft ist es das in der Tat — aber es gibt Ausnahmen!

Pflanzenmilch

Nur ausnahmsweise genießbar (z. B. Kokosmilch). Hände weg von Flüssigkeiten, die weißlich fließen!

Schmelz- und Gletscherwasser

Schmelzwasser, das von Schneefeldern in den Bergen kommt, enthält zermahlenes Gestein in jeder Größe. Also Vorsicht! Meist ist in diesen Gegenden aber auch klares Wasser vorhanden.

Milchige, salzige, laugenartige Flüssigkeiten

Die Ausnahmen, Kokosmilch etwa, sind anderswo genannt. In der Regel nicht trinken!

WIE MAN MIT TRINKWASSER UMGEHT

Wenn Vorrat vorhanden ist

Immer dann trinken, wenn man durstig ist. Regel: wenig und oft ist besser! Glauben Sie nicht, Sie könnten den allein verfügbaren halben Liter Wasser in fünfzig kleine Schlückchen aufteilen und damit fünfzig Tage überleben. Ganz ohne Wasser bleibt man bei einer Temperatur von 20° C 10 Tage am Leben. Mit zwei Litern Wasser ungefähr — 11! Bei Wüstentemperaturen von ca. 50° C kann man ganze zwei Tage ohne Wasser auskommen. Mit einem halben Liter Wasser kommt man gleichfalls zwei Tage aus. Und auch wenn eineinhalb oder zwei Liter da sind: es reicht für höchstens zwei Tage. Erst bei mehr als vier Litern besteht Hoffnung, länger am Leben zu bleiben. Aber wenig mehr — als einen Tag!

Also immer dann trinken, wenn Durst sich einstellt. Auf das Naß im Körper kommt es an. *Sparen läßt sich Wasser allein dadurch, daß man nicht zu sehr schwitzt.* Haben Sie keine Angst, Sie könnten etwa zu viel trinken: Ihr Körper verträgt nahezu zwei Liter Flüssigkeit auf einmal. In der höllischen Wüstenhitze schwitzen Sie diese Menge in zwei Stunden aus. Außerdem verbrauchen Sie Wasser beim Urinieren, Stuhlgang, Erbrechen. Trinken Sie also genügend, besonders in kühleren Zonen, wo es vielleicht nicht notwendig erscheint. Sie brauchen auch hier Wasser, und ebenso wie bei Hitze ist es schädlich, dem

Körper etwas vorzuenthalten und streng zu rationieren, was reichlich zur Verfügung steht. Die „Wasserrechnung" kommt früher oder später!

Wenn zusätzliche Vorräte beschafft werden können

Kann man den Wasservorrat durch Regenwasser, aus einem Fluß oder einer Oase ergänzen, sollte man so viel wie möglich auf einmal trinken, bevor man wieder aufbricht. Bringen Sie Wasser in Ihren Körper wie Geld auf die Sparkasse, damit Sie für die Reise etwas auf dem Konto haben. Auf Fahrten durch die Wüste so viel Wasser mitnehmen wie nur menschenmöglich — auch wenn das auf Kosten anderer Ausrüstungsgegenstände gehen sollte (siehe *„Zu langsam"*). Der Transport muß in geschlossenen Behältern erfolgen.

Vor dem Aufbruch also weit mehr trinken als Sie für nötig halten, unterwegs häufig und in kleinen Mengen. Auf diese Weise sind Sie am Anfang der Reise mit genügend Wasser versorgt und kommen schnell voran, was Ihnen nachher zugute kommt, wenn das Wasser knapp wird.

WIE MAN SICH ZUSÄTZLICHEN WASSERVORRAT BESCHAFFT

Regen

Nach Wetterveränderungen Ausschau halten. Alle Vorbereitungen für den Regen treffen, z. B. unsaubere Behälter reinigen. Die meisten Materialien werden wasserundurchlässig, wenn man sie mit einer Kerze, mit Butter oder Wachs einreibt. Abdeckungen von Rettungsbooten, Sonnensegel oder Segel im Meer waschen, damit die Salzkruste verschwindet. Etwas Salz wird natürlich übrig bleiben, aber geringe Mengen schaden nicht. Wenn nichts anderes vorhanden, Kleidungsstücke ausbreiten, um das kostbare Naß aufzufangen. Überlegen, ob nicht in der Nähe Bäume mit großen Blättern, hohle Baumstämme oder Felsenwannen natürliche Wasserreservoire bilden. Steht genug Zeit zur Verfügung, ein Loch in den Boden graben und mit Kleidungsstücken, Segel- oder Plastiktüchern auslegen. Auch Ölpapier oder eine Schicht Blätter erfüllen diesen Zweck — alles, was verhindert, daß das Wasser sofort im Boden verschwindet — der ebenso durstig ist wie Sie.

Von schräg stehenden Bäumen und niederen Zweigen kann man Regenwasser durch ein längeres Tuch (vielleicht ein zerrissenes Kleidungsstück!), das man zu einer Art Docht dreht, in einen Behälter ableiten. In einem ausgetrockneten Flußbett einen Damm bauen oder, noch besser, die erwartete Flut in ein Steinbecken umleiten.

Tau

Kann selbst in Wüsten oder Trockengebieten in größeren Mengen fallen. Breiten Sie aus, was Tau auffangen könnte: Alles, was eine glänzende Oberfläche hat, wie z. B. die Rückseite eines Zeltbodens, Radkappen, Motorhauben von Flugzeugen, Blechdosen.

Hier eine Art „Falle" für den Tau: Graben Sie ein Loch in den Boden, und legen Sie es mit Segeltuch, Kleidungsstücken oder Plastiktüchern aus. Dann mit sauberen Steinen anfüllen, die man gewöhnlich unter dem Wüstensand findet. Auf ihnen bildet sich Tau, der sich dann am Boden sammelt. Den Tau in Behälter umfüllen oder einfach aufwischen. Überlegen: könnte er sich auch auf Pflanzen und Steinen in der Umgebung niederschlagen? Früh genug einsammeln!

Schnee

Ungenießbar, wenn mit Spritzwasser aus dem Meer durchtränkt. Nur dann zu sich nehmen, wenn kein frisches Wasser oder Eis zu haben ist. Wassergewinnung aus Schnee ist unwirtschaftlich wegen des hohen Wärmeverbrauchs. Für eine geringe Menge Wasser gehen viel Brennstoff und Zeit verloren. Und Sie wissen: Pro Person brauchen Sie täglich zwei Liter.

Man kann auch Schneebälle formen und sie in der Hand mit Hilfe der Körperwärme schmelzen, aber Vorsicht: Erfrierungen können auftreten.

Schnee in den Kochtopf (oder die Konservendose, den Kanister usw.) nur in kleinen Mengen einlegen, nicht gleich den ganzen Behälter auf einmal füllen. Jedes Mal fest hineindrücken. Am besten, es ist schon vorher ein wenig Wasser im Topf. Wenn Sie aufhören zu trinken, lassen Sie ein wenig Wasser für die nächste Zubereitung darin übrig. Das Gefäß über dem Feuer schwenken.

Schnee aus unteren Lagen ist für die Wassergewinnung geeigneter, weil er fester ist als der lockere Schnee an der Oberfläche.

Schneeklumpen schmelzen unter der Sonne auf dunklen Kleidungsstücken, die man auf Felsen oder Steine breitet. Entstehende Wasserpfützen in Gefäß auffangen oder einfach — auflecken.

Günstigste Zeit für Wasserzubereitung: beim Kochen, dann nutzt man das Feuer doppelt aus.

Eis

Liefert ausgezeichnetes Wasser. Aber keinen Brennstoff verschwenden, wenn anderes Wasser zur Hand ist.

Lernen Sie altes Treibeis von neuem zu unterscheiden und verwenden Sie nur altes, weil es weniger salzhaltig ist. Lutschen Sie auf jeden Fall ein Stück und schmecken Sie den Salzgehalt.

Altes Treibeis sieht blau aus, splittert und hat stumpfe Kanten. Neues Eis ist kantig, voller Zacken und weist eine milchig-trübe Färbung auf.

Eis von Eisbergen gibt sehr gutes Wasser ab, ist aber schwer zu bekommen. Da Eis unter Wasser schneller schmilzt als darüber, können Eisberge auch dann kentern, wenn sie zu Packeis zusammengefroren sind.

Wassereinschlüsse im Packeis gewöhnlich brauchbar, aber nur in altem Eis. In Wassernähe könnte es Spritzwasser enthalten, also aufpassen!

Wasser an der Erdoberfläche

Vegetation bedeutet nicht immer Wasser. Auch nach anderen Anzeichen Ausschau halten: nach Vögeln etwa, die aufgeregt an einer Stelle flattern, über etwas kreisen. Tierfährten, Wildwechsel, Handelsstraßen verfolgen. Löcher im Boden — auch ein einzelnes unscheinbares! — untersuchen: es könnte ein Brunnen oder Wasserloch sein. Wenn möglich, in einer Oase bleiben. Sie sind gewöhnlich durch Handelsstraßen miteinander verbunden.

Schlamm

Kleidungsstück, Taschentuch oder Schwamm sich vollsaugen lassen und ausdrücken.

Pflanzen

Kaktusartige Pflanzen enthalten oft Wasser, wie unergiebig die ledernen Gebilde auch aussehen mögen. Ist kein Messer zur Hand, Spitze abschlagen und ausdrücken. Eventuell mit einem Stein oder an Felsen einen Brei daraus herstellen. Austretende Flüssigkeit bei milchiger Färbung nicht trinken!

Setzen Sie auf keinen Fall zu viel Mühe und Schweiß daran, um bei einem verloren dastehenden kümmerlichen Busch herumzukratzen und nach wasserhaltigen Wurzeln zu suchen. Es gibt solche Wurzeln — vielleicht verlaufen sie strahlenartig von einigen Wasserbäumen aus — aber man darf sich auf keinen Fall darauf verlassen, sie zu finden. Nur in geringem Abstand von den „Bäumen" sind Grabungen mitunter von Erfolg gekrönt.

Dschungelpflanzen können frisches Wasser enthalten, probieren lohnt sich. Junger Bambus enthält manchmal das heißbegehrte Naß; ist er gelb verfärbt und splittert, kann sich Regenwasser darin gesammelt haben. In diesem Fall eine Kerbe unterhalb jeder Verknotung schlagen. Bambusstöcke geben ausgezeichnete Wasserbehälter ab.

Schlingpflanzen, Lianen etc. sind hervorragende Durststiller. So hoch wie möglich langen, nur die dicksten nehmen. Kappen und unteres Ende anspitzen. Ausfließendes Wasser in Gefäß auffangen. Achtung: die Berührung mit diesen Pflanzen kann die Haut reizen, besonders die empfindlichen Schleimhäute. Wenn kein Gefäß zur Hand, deshalb Wasser direkt in den Mund strömen lassen. Tritt weißliche Flüssigkeit aus, ist sie ungenießbar!

Frische Kokosnüsse enthalten etwa einen Liter wohlschmeckende Milch. Wie kommt man an sie heran? In die zwei „Augen" am oberen Ende der Frucht mit einem spitzen Gegenstand hineinstechen oder Schale kurz unterhalb der Augen mit einem Stein zertrümmern. Um die Schale ohne Messer zu entfernen, verfahren Sie so: das Ende eines kräftigen Stockes mit einer breiten Schneide, einer Art „Axtschneide", versehen, in den Boden stecken und Nuß darauf spießen. Schale in Stücken abbrechen.

Wasser unter der Erdoberfläche

Vergeuden Sie keine Kraft damit, nach Wasser zu suchen, das hier und da unter der Erde verborgen sein könnte — es sei denn, konkrete Anzeichen sprechen dafür. Oder Sie verstehen sich aufs Wünschelrutengehen. Schweiß und Mühe sparen, niemals aufs Geratewohl drauflosbuddeln!

Folgende Anzeichen sprechen für Wasservorkommen (besonders wenn der Boden unterschiedliche Färbung aufweist, feucht oder gar naß ist):

a) Höhlen in Kalksteingegenden (siehe „Zu niedrig"/„Zu hoch"). Spalten und Risse im Gestein. Feuchte Flecken.

b) In Lavaformationen können Klippen, die wie Orgelpfeifen aussehen, mit Wasser vollgesogen sein.

c) Täler führen häufig Flüsse, Quellen oder Sickerwasser, z. B. ein Fluß, der ein Lavafeld durchschneidet oder eine in Sandstein geschnittene Schlucht, an deren Seiten Wasser herunterrinnt.

d) Hügeliges Gelände verschafft zunächst einmal eine gute Übersicht. Unterhalb der üppigsten Vegetation an den Hängen einen Graben ziehen und abwarten, ob er sich mit Wasser füllt. Vegetation in flacher Wüste hat hingegen nicht viel zu bedeuten.

e) In ausgetrockneten Flußtälern besteht die größte Aussicht, auf Wasser zu stoßen, am tiefsten Punkt der Außenseite von Krümmungen. Terrassen oberhalb des Tales können Wasser führen.

f) Gegenden, in denen Sedimentgestein, Schiefer, Lehm etc. vorkommt, sind oft ergiebig für den Spaten — besonders am Fuße von Steilküsten. Ebenso an feuchten Stellen.

g) Sanddünen am Meer: Am tiefsten Punkt zwischen den Ausläufern zweier Dünen graben. Stößt man auf feuchten Sand, nicht zu tief an der Feuchtigkeit vorbeigraben — sonst trifft man auf Salzwasser! Rechtzeitig aufhören und warten, bis das Loch sich mit Wasser gefüllt hat. Mehrere Löcher anlegen, einige knapp unter dem Hochwasserpegel.

Wenn das Wasser zu schmutzig ist

Alles Wasser behandeln, als sei es unrein. Auch kristallklares Wasser ist möglicherweise verseucht, sogar Leitungswasser ist unsauber. Schmelzwasser kann an einem hochgelegenen Dorf vorbei oder über ein totes Schaf geflossen sein. Ansteckung mit Cholera, Typhus, Ruhr, Darmkatarrh oder Schistosomiasis möglich, obwohl mancher schon die zweifelhaftesten Flüssigkeiten getrunken hat, ohne daß Folgen auftraten.

Folgende Grundregeln gelten in der Behandlung unsauberen Wassers:

a) Wasser durch ein Tuch oder zusammengefaltetes Taschentuch filtern, um grobe Verunreinigungen zurückzuhalten
und

b) wenigstens 1 Minute lang (je länger desto besser!) sprudelnd kochen. Schmutz sich setzen lassen. Eine Prise Salz kann den Geschmack verbessern. Ist keines zur Hand, Wasser von einem Behälter in den anderen kippen
oder

c) 5 Tropfen Jodtinktur auf 1 Liter Wasser (doppelte Menge auf stark getrübtes) geben. Eine halbe Stunde stehen lassen, den Ausguß des Behälters sterilisieren und 20 Minuten warten.

d) Wasserreinigungstabletten anwenden (Halazone z. B.). Gebrauchsanweisung beachten.

Wasserdestillation

Mit einem etwa 2 × 2 m großen Plastiktuch läßt sich Wasser gewinnen — vorausgesetzt, man hat mitten in der Wüste eins bei sich. Das geht zwar nicht überall, aber an vielen Stellen kann die Ausbeute einen halben Liter täglich oder mehr betragen.

An einer Stelle, die nicht schattig sein darf, ein Loch von etwa einem Meter Durchmesser graben. Es muß so tief sein, daß ein Wassereimer (oder ein anderer Behälter mit *weiter* Öffnung) hineinpaßt und von dem Tuch, das man über das Loch legt und das in der Mitte durchhängen soll, nicht berührt wird. Der Abstand zwischen Eimer-

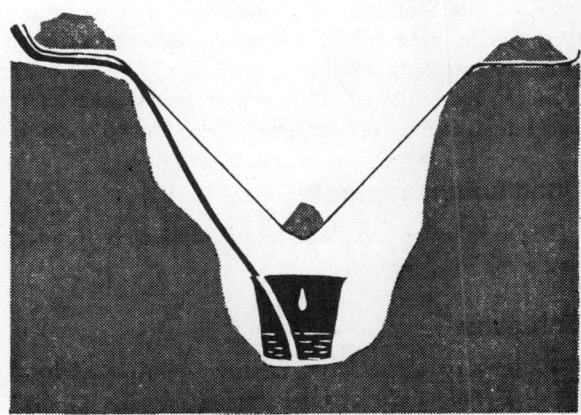

Abb. 21:
Wasserfalle

73

rand und der durchhängenden Tuchmitte sollte nicht mehr als 5 cm betragen. Das Loch sollte sich nach unten, zum Eimer zu, verjüngen. Tuch mit Erde und Steinen am Rand beschweren. Faustgroßen Stein in die Mitte legen, um Tuch niederzuhalten. Wenn man die Unterseite des Plastiktuches mit Sand aufrauht, können die Wassertropfen besser abfließen. Aber darauf achten, daß der Sand sauber ist. Mit einem kleinen Schlauch läßt sich das Wasser aus dem Behälter an die Oberfläche bringen, ohne daß das Tuch abgedeckt werden muß.

Die „Wasserfalle" arbeitet folgendermaßen: Die Sonne läßt die Temperatur unter dem Plastiktuch wie in einem Backofen ansteigen und verdunstet das Wasser, das im Boden enthalten ist. Ist die Luft unter dem Plastiktuch gesättigt, bilden sich Tröpfchen darunter, weil es kälter ist als die Luft, die es umgibt. Die Tröpfchen sammeln sich in dem Gefäß. Der Vorgang geht nachts vonstatten, wenn der Boden noch warm und das Plastiktuch kühl ist.

Darauf achten, daß das Tuch nirgendwo den Boden oder den Eimer berührt, sonst würde kostbares Naß im Boden versickern. Wasserdampf unter dem Tuch zeigt die beginnende Kondensation.

Mit einiger Geduld kann man auf diese Weise in 24 Stunden einen halben Liter Wasser, manchmal auch die doppelte Menge, gewinnen. Das Wasser ist destilliert und schmeckt fade. Deshalb Salz zusetzen oder von einem Behälter in den anderen umschütten.

Natürlich fängt das Tuch auch Regen auf. Oder wird Kleintieren, Fröschen, Schlangen etc., die sich nicht mehr daraus befreien können, zum Verhängnis — zusätzliche Nahrung!

Nicht alle Stellen sind gleich ergiebig. Über einer Steinschicht ist dem Boden bald alle Feuchtigkeit entzogen. Gute Plätze bringen einen Monat lang täglich 1 Liter ein. Läßt die Ergiebigkeit nach, weiterziehen. Eine „Falle" würde bei sengender Hitze auch nicht ausreichen, aber zwei oder drei können einer Person das Leben retten.

Destillationsapparate

Die aufblasbaren Bälle am Rettungsboot festbinden und treiben lassen, wenn die Sonne scheint.

Entsalzer

Nicht verwenden: wenn Destillationsapparat zur Verfügung steht, wenn die Sonne scheint, oder wenn es regnet.

74

Zu naß

Eine reißende Strömung, ein Wehr oder heftige Brandung können auch einem geübten Schwimmer zum Verhängnis werden. Und auch für einen Durchschnittsschwimmer kommt es mitunter einem Todesurteil gleich, wenn er auf das Meer oder eine Flußmündung hinausgetrieben wird. Manche Nichtschwimmer gar, die plötzlich den Boden unter den Füßen verloren haben, sind schon, vor lauter Angst wild um sich schlagend, ertrunken — samt ihrem Retter. Denn ein Ertrinkender entwickelt in der Panik erstaunliche Kräfte.

Schwimmen und Rettungsschwimmen kann man niemandem schriftlich beibringen. Aber ob nun Schwimmer oder nicht, jeder kann einmal im oder auf dem Wasser in lebensgefährliche Situationen geraten und sollte dann wissen, was man tun kann. Zuerst: tief Luft holen und — hoffentlich überleben!

WENN NOCH ZEIT FÜR VORBEREITUNGEN BLEIBT

Schuhe, Gummistiefel oder Stiefel und zu enge und zu schwere, vor allem wollene Kleidung auszuziehen.

Gegenstände, die Auftrieb geben, z. B. Bälle, Schwämme, Plastikflaschen, Blechdosen usw., in die Taschen stecken.

Beachten Sie: Eimer, Kisten, Gummistiefel usw. lassen sich verwenden, wenn man sie verkehrt herum hält, mit der Öffnung nach unten.

Ein „Floß" benutzen: Schiffsplanke, Wagensitz, Reserverad oder Reifenschlauch.

Schwimmgürtel oder Schwimmweste nicht vergessen anzulegen.

Auf dem Wasser treibende Gegenstände nicht übersehen. Treibholz hat schon manches Leben gerettet.

Ein Schwimmer sollte die abgelegten Kleidungsstücke, einen Regenmantel etwa, nicht wegwerfen, sondern mit ins Wasser nehmen. Diese lassen sich nämlich zu luftgefüllten Ballons falten, die die Wirkung von Schwimmgürteln haben (s. u.).

WENN SIE NICHT SCHWIMMEN KÖNNEN...

1. Vor dem Sprung ins Wasser tief Luft holen.
2. Beim Untergehen Zähne aufeinander beißen.
3. Nicht in Panik geraten.
4. Versuchen Sie sich vorzustellen, Sie seien eine mit Luft gefüllte Flasche, der im Wasser nichts passieren kann.
5. Schlagen Sie nicht wild um sich.
6. Lassen Sie sich vom natürlichen Auftrieb nach oben tragen.

Aus- und einatmen, sobald der Mund an der Oberfläche ist. Versuchen Sie nicht zu schwimmen. Nicht die Arme heben! Lassen Sie sich wie eine verkorkte, mit Luft gefüllte Flasche treiben, was ohne weiteres möglich ist, solange Sie nicht in Panik geraten. Es gibt drei Methoden, als Nichtschwimmer über Wasser zu bleiben:

a) Mit dem Gesicht nach oben: Kopf zurückwerfen und über Wasser halten, Körper senkrecht nach unten. Atem so lang wie möglich anhalten. Handflächen dicht unter der Oberfläche niederdrücken, wenn Sie nach Luft schnappen, damit der Mund auf jeden Fall über Wasser ist. In schneller Folge kräftig aus- und einatmen.
b) Mit dem Gesicht nach unten: Hinterkopf aus dem Wasser, Körper liegt schräg nach vorn geneigt. Beim Atmen Gesicht mit Beinstößen und Herunterpressen der Handflächen nach oben bringen. Rasch hintereinander aus- und einatmen. Kopf wieder untertauchen usw.
c) Mit angezogenen Knien: Knie mit beiden Händen umklammern und an die Brust drücken. Der gekrümmte Rücken liegt über dem Wasser, der Kopf bei den Knien unter Wasser. Kopf heben und schnell aus- und einatmen.

Der dringendste Rat, den man einem Nichtschwimmer geben kann, lautet: *Auf keinen Fall Panik aufkommen lassen!* Leider gibt es wohl kaum einen Nichtschwimmer, der nicht wild um sich schlägt, wenn er sich nicht irgendwo anklammern kann.

WENN SIE SCHWIMMEN KÖNNEN...

Für Schwimmer bedeutet ein Sprung ins Wasser zwar keine unmittelbare Lebensgefahr, aber bei einem Schiffsuntergang, bei einer Havarie, beim Kentern eines Segelbootes drohen von anderer Seite Gefahren...

Strudel, umherfliegende Trümmer, Schiffsschrauben

Entfernen Sie sich so schnell wie möglich im Kraul- oder Brust-stil aus der kritischen Zone. Nehmen Sie mit, was Auftrieb hat: Schiffsplanken, ein Faß usw.

Brennende Öllachen, näherkommendes Boot oder Schiff, Gewehrfeuer

Hier muß man sich durch Tauchen in Sicherheit bringen. Wasser-treten und dabei, wenn Sie eine Schwimmweste tragen, die Luft aus dieser herauslassen. Starken Beinschlag ausführen und aus dem Was-ser schnellen, dann Zehen ausstrecken, Beine zusammenpressen, Körper straffen und senkrecht untertauchen. Unter Wasser Arme ausgestreckt (Handflächen nach außen) von den Oberschenkeln im Bogen über den Kopf führen. Wenn Sie tief genug sind, zusammenkrümmen und vorwärtsschwimmen.

Unter Wasser ist jeder Stil erlaubt, aber langsam schwimmen. Da-bei beachten:

a) Arme besonders kräftig bewegen — bei jedem Schwimmstil.
b) Vor dem nächsten Armschlag Arme langsam zur Seite führen. In klarem, tiefem Wasser gibt es noch eine andere Tauchmethode, ohne daß man Gefahr läuft, von Hindernissen unter Wasser ver-letzt zu werden: aus den Hüften heraus scharf abknicken, Arm-schlag wie beim Brustschwimmen, Beinstoß erst dann, wenn die Beine unter Wasser sind.

In brennenden Öllachen im Bruststil gegen den Wind schwimmen. Flammen von Kopf und Armen wegschlagen.

Wehre

Auf den Grund des Flußbettes tauchen!

Das tosend über die Staustufe stürzende Wasser bildet gefährliche Wirbel. Kommen Sie zu schnell an die Oberfläche, geht das Wasser mit Ihnen wie mit einem Pingpong-Ball um.

Am Grund des Flußbettes ist die Wasserbewegung nicht mehr so stark. Schwimmen Sie daher unter Wasser stromabwärts und kom-men Sie weiter unten wieder ans Tageslicht.

Stromschnellen

Verhalten im Kanu: siehe unten.

Beim Schwimmen: In die glatte Wasserzunge (in V-Form; die Spitze zeigt stromabwärts), die von gischtendem Wasser gesäumt wird, hineinschwimmen und in das tiefe Wasser an der Spitze oder in Totwasser hinter Felsen überwechseln.

Am besten erkundet man den tieferen Kanal von der Höhe eines Felsens aus, von wo aus man die Stromschnellen überblicken kann.

Die stehenden Wellen am Ende einer solchen V-förmigen Zunge werden gewöhnlich dadurch verursacht, daß schnell dahinschießendes Wasser auf langsames und tieferes Wasser trifft. Entschlossen durchschwimmen.

Abb. 22: Wie man ein Wehr hinunterschwimmt

Baumüberhang über schnellfließendem Wasser

Gefährlich, auf jeden Fall meiden. Kräftig schwimmen, paddeln oder rudern und versuchen, daran vorbeizukommen. Wenn das Kanu, Falt- oder Ruderboot sich dennoch breitseits in Weiden verfängt, lehnen Sie sich stromabwärts und stemmen den Fahrzeugboden der Strömung entgegen, damit das Wasser nicht oben hereinläuft. An den Zweigen entlanghangeln.

Brandung

Werden Sie von einer Strömung aufs Meer hinausgetragen (die Brandung strömt gewöhnlich nicht an einem geraden Strand zurück, sondern an Landvorsprüngen und Stellen, an denen verschiedene Brandungsrichtungen sich überlagern), versuchen Sie nicht, gegen die Strömung anzugehen. Sie würden Ihre Kraft sinnlos vergeuden.

Strecken Sie den Arm hoch als Notzeichen. Ruhe bewahren und treiben lassen oder Wasser treten, bis Hilfe von der Strandwache oder einem Schwimmer mit Gürtel und Leine kommt (siehe unten).

Wenn keine Hilfe zu erwarten ist, noch ruhiger bleiben, keine Panik aufkommen lassen. Brust oder Seite schwimmen, um Kraft zu sparen.

a) Parallel zur Küste schwimmen, bis Sie die Brecher aufs Land zuschwemmen.

b) Reiten Sie auf dem Rücken einer kleinen Brandungswelle. Bevor sie bricht, flach durchtauchen.

c) In starker Brandung nur in den Wellentälern landwärts schwimmen. Wenn eine große Welle sich nähert, auf Grund gehen und in den Sand krallen, damit Sie nicht weggerissen werden. Ist die Welle über Sie hinweggerollt, vom Boden abstoßen und weiterschwimmen.

Landung an Steilküste

Lassen Sie die Linie nicht aus den Augen, wo das Wasser die Felsen hochschlägt. Meiden Sie die Stellen, an denen es explosionsartig hochschießt. Langsam näherschwimmen und Kraft sparen für den Zeitpunkt, wenn es gilt, die Felsen kochzuklettern.

Gehen Sie auf Ihr Ziel im Gefolge einer großen Welle los. Ins Wasser „setzen" und Füße wie Puffer anheben. Prallen Sie beim erstenmal ab, mit den Armen schwimmen und für den nächsten Versuch fertigmachen. Möglich, daß Sie das Manöver einige Male wiederholen müssen.

Über Seetang ist das Wasser ruhiger. Schwimmen Sie nur im Kraulstil darüber hinweg und ziehen Sie sich an den strähnigen Pflanzen weiter.

Müssen Sie von einem Floß, Ruderboot oder Flugzeugwrack aus an Land schwimmen, lassen Sie die Schuhe und wenigstens eine Lage Kleidung an. Rettungsgürtel oder Schwimmweste sind das wichtigste Requisit bei einer Landung an felsiger Küste.

Inmitten steiler Klippen an der Küste

Wenn die Flut Sie im Watt an der Küste überrascht, und Sie um Ihr Leben schwimmen müssen, steuern Sie auf Felsen zu. Kleidung und Stiefel, Schuhe oder Sandalen für die Landung anlassen.

Wenn möglich, zerrissene Handtücher, Gürtel, Hemden usw. zu einem Seil drehen, das so lang sein muß, daß es von Fels zu Fels reicht. Besser ist natürlich eine richtige Leine, die man wie beim Klettern handhabt (siehe *„Zu tief"*).

Der beste Schwimmer bindet sich vor dem Start ein Ende des Seiles um den Bauch. Der Mann, der die Leine festhält, muß fest am Felsen verankert sein, damit er, wenn der Schwimmer von einer Welle ergriffen wird, nicht hinterher gerissen wird.

Hat der erste Schwimmer einen Felsen erreicht, verankert er sich seinerseits dort, bevor er den nächsten Schwimmer an der Leine heranholt.

Von Treibeis umgeben

Versuchen Sie mit aller Kraft, aus dem eisigen Wasser herauszukommen. Schwimmen Sie auf alles los, auf das Sie hinaufklettern könnten: Boot, Faß, festes Eis etc. In eiskaltem Wasser kann man kaum länger als eine halbe Stunde überleben.

Wenn das Wasser zwar kalt, aber nicht so kalt ist, daß Sie vor Kälte darin erstarren: sparen Sie Kraft, indem Sie sich so wenig wie möglich anstrengen (— es sei denn, Land ist in der Nähe!) und kein Kleidungsstück ablegen. Nicht zu weit schwimmen. Wenn möglich, an Treibholz festhalten.

Wenn man einen Krampf bekommt

Aufsteigende Panik im Keim ersticken. In Rückenlage treiben lassen, nicht anstrengen.

a) Krampf im Fuß: Fußzehen ergreifen und gegen das Schienbein drücken.

b) In der Wade: Bein ausstrecken, Zehen in Richtung Knie, Fuß in Richtung Schienbein beugen. Dabei Ferse wegdrücken.

c) Im Oberschenkel: Knie beugen und Schenkel nach vorn ausstrecken.

Läßt der Krampf nach, die Muskeln kneten, bis die Härte verschwunden ist.

Was man wissen muß: Das Ausstrecken der Glieder verhindert den Krampf. Spüren Sie plötzlich einen stechenden Schmerz in einem Muskel, strecken Sie ihn sofort.

Tunnel, Höhle, Unterführungen etc. unter Wasser

Wenn das Wasser die Decke erreicht, untertauchen. Dies aber nur dann, wenn

a) Sie sicher sind, daß die überschwemmte Strecke kurz ist und es auf der anderen Seite wieder Atemluft gibt.
b) es unbedingt notwendig ist, und die einzige Rettungschance darin besteht, durch das Wasser zu waten oder zu schwimmen.

Der beste Schwimmer geht zuerst und muß darauf gefaßt sein, umzukehren, wenn es keinen Ausweg gibt. Tief einatmen, Weg ertasten.

Dabei:

1. Kleidung ablegen, die zuviel Auftrieb gibt und Sie unter die Decke schwemmen würde.
2. Leine aus Gürteln, Schals, Schlipsen, Kleidungsstücken usw. verfertigen und Kontakt miteinander aufrechterhalten.

Signale an der Leine:
Einmal ziehen: „Alles in Ordnung"
Zweimal ziehen: „Leine einholen"
Dreimal ziehen: „Leine geben"
Viermal ziehen: „Ich bin angekommen".

Eine Strömung trägt Sie auf offene See hinaus . . .

Auch hier gilt die Kardinalregel: keine Panik aufkommen lassen, sich nicht unnötig abarbeiten. Versuchen Sie, auf sich aufmerksam zu machen — winken Sie mit einem Stück Treibholz oder einem Kleidungsfetzen, rufen Sie (siehe *„Zu einsam"*). Treiben lassen, Wasser treten, langsam schwimmen. Prüfen Sie nach, ob Sie noch über dem Strandsockel sind, indem Sie Wasser treten und dann tauchen. Es lohnt sich, das immer wieder auszuprobieren — auch in weiter Entfernung von der Küste.

Stellen Sie fest, in welche Richtung Sie die Strömung entführt. Sind Sie noch auf dem Strandsockel, dann schwimmen Sie diagonal *mit* ihr, um weiter unten am Strand herauszukommen. Schwimmen

Sie Ihren bevorzugten Stil und ruhen Sie sich aus, wann immer Sie Anzeichen von Erschöpfung spüren.

Auf einer Luftmatratze: *bleiben Sie unbedingt darauf liegen* und paddeln Sie liegend mit den Händen. Kämpfen Sie nicht direkt gegen die Strömung an, sondern lavieren Sie diagonal dazu, indem Sie abschätzen, wie weit draußen Sie sind, und wie schnell die Strömung Sie trägt.

WENN MAN UM SEIN LEBEN SCHWIMMEN MUSS

Grundregel: Kraft sparen! Bruststil, in Seitenlage oder auf dem Rücken schwimmen.

Schwimmen Sie in dem Tempo, das ihnen am meisten liegt. Gehen Sie kräftig und entschieden, aber niemals direkt gegen Flut, Strömung oder Wind an, sondern diagonal dazu. Die Seitenlage ist bei kabbeliger See (unruhige, kleine, kurze Wellen) wahrscheinlich die beste, weil man so am leichtesten Luft holen kann.

Schlagen die Wellen über Ihnen zusammen: tief Luft holen, sobald das Gesicht frei ist. Machen Sie sich nicht fertig, indem Sie ohne Unterbrechung schwimmen. Geben Sie niemals auf! Nerven behalten und häufig ausruhen: sooft wie möglich in Rückenlage treiben lassen, mit dem Gesicht nach unten oder Wasser treten.

In kabbeligem Wasser mit dem Gesicht nach unten treiben lassen (siehe oben). Der Körper liegt in Schräglage nach vorn, der Hinterkopf schaut aus dem Wasser. Zum Luftholen mit den Händen paddeln und Kopf hochheben.

Häufig Wasser treten und auf diese Weise das Wasser die meiste Arbeit tun lassen. Im Bruststil schwimmen, Armschlag dicht unter der Oberfläche ausführen.

Mit Hilfe eines Schwimmgürtels kann man sich ohne Mühe noch länger über Wasser halten. Aber auch wenn Sie keinen haben, ist das bei richtiger Technik möglich — vor allem in Salzwasser. Auch können Sie sich selbst „Schwimmkissen" bauen: Aus Ihrer Kleidung!

„Schwimmkissen" aus Kleidungsstücken

Kleidungsstücke kann man mit einigem Geschick so falten, daß sich die Luft darin verfängt und eine Art Schwimmkissen entsteht. Solche selbstgebauten Ballons . . .

a) müssen über Wasser gefaltet werden.
b) erfordern große Sorgfalt im Umgang. Werden sie zu tief ins Wasser gedrückt, entweicht die Luft schneller durch den Stoff.
c) können eigentlich nur von Schwimmern benutzt werden. Am besten, man hat schon Praxis im Bau solcher Auftriebshilfen. Aber auch Nichtschwimmer, die ohne Schwimmweste oder Rettungsring ins Wasser springen müssen, sollten sich daran versuchen. Gut geeignet sind Regenmäntel, Nylonhemden oder Blusen.

Was man ausziehen sollte

Schwere, enganliegende und wollene Kleidungsstücke ablegen.

Was als Schwimmkissen dienen kann (ein Regenmantel zum Beispiel), nicht wegwerfen, sondern auf der Wasseroberfläche schwimmen lassen und Luft damit einfangen.

Schuhwerk ausziehen. Aber vergessen Sie nicht, daß Gummistiefel, verkehrt herum gehalten, ausgezeichnete Schwimmer abgeben. Auf ähnliche Weise kann ein Hut verwendet werden.

Ideal für unsere Zwecke sind: Hemden, Blusen, Kleider, Nachthemden, Schlafanzüge aus Kunstfasern, Leinen oder Baumwolle. Mit Wasser vollgesogen hält Stoff die Luft am längsten.

Glauben Sie nicht, Sie müßten sich vollständig ausziehen. Die Kleidung schützt Sie auch im Wasser vor Kälte. Also nur das ablegen, woraus sich ein „Schwimmkissen" herstellen läßt.

Beim Ausziehen erst Reißverschluß, Knöpfe und Haken öffnen. Dann tief Luft holen und

a) das aufgeknöpfte Hemd wie einen Mantel ausziehen — nicht über den Kopf streifen, weil Sie sich sonst unter Umständen darin verheddern.
b) Ist das Hemd nicht durchgeknöpft, reißen Sie es unten einfach auf oder
c) ziehen Sie es nach unten über die Beine.
d) Reißen Sie das Hemd auch dann auf, wenn die Knöpfe sich nur mit Mühe öffnen lassen.
e) Die aufgeknöpften Hosen bis zu den Knien herunterstrampeln, dann tief Luft holen und das Bündel mit den Beinen kräftig wegschleudern.

Wie man Kleidungsstücke mit Luft füllt

Knöpfen und binden Sie das Kleidungsstück so weit zu, daß nur noch eine Öffnung bleibt. Bei Hosen zum Beispiel beide Hosenbeine zubinden und Bund schließen.

Öffnungen entweder zuknoten oder mit Krawatte, Gürtel, Socken oder Strumpfbändern zubinden.

Das Kleidungsstück füllen Sie nun mit Luft, indem Sie es mit der Öffnung nach vorn schnell durch die Luft schwingen, so daß sich die Luft darin verfängt, die Öffnung unter Wasser zuhalten und nach Möglichkeit zuschnüren oder zudrehen.

Im einzelnen verfahren Sie so:

a) Ergreifen Sie das vorbereitete Kleidungsstück so, als wollten Sie damit einen Schmetterling fangen und schwingen Sie es schnell von hinten über den Kopf nach vorn oder — bei Seitenwind — von einer Seite zur anderen gegen die Wasseroberfläche. Die Öffnung halten Sie unter Wasser auf.

b) Blasen Sie in die nach unten zeigende Öffnung, damit das Luftvolumen größer wird und den Auftrieb erhöht.

c) Schöpfen Sie mit der einen Hand Luft unter Wasser und fangen Sie die hochsteigenden Luftblasen mit dem Kleidungsstück auf.

d) Versuchen Sie, mit dem Mund Luft durch das nasse Tuch zu pressen.

Wie man die „Schwimmkissen" verwendet

Blasen Sie Ihr Schwimmkissen auf, wenn Sie eine Ruhepause einlegen. Beim Schwimmen lassen Sie die Luft heraus und binden es um den Bauch.

Im folgenden einige Beispiele:

Einen weiten *Rock* anlassen, in Rückenlage treiben lassen. Dann ziehen Sie ihn an sich hoch und schlagen ihn, als würden Sie die Knie bedecken wollen, über Wasser mit einem Ruck nach unten, um die Luft einzufangen. Den Rocksaum drehen Sie unter Wasser zusammen, damit die Luft nicht entweichen kann.

Ein *Kleid* ausziehen, Hals- und Ärmelöffnungen zubinden, dann wie oben beschrieben mit Luft füllen. Halten Sie sich mit den Händen daran fest oder klemmen Sie es zwischen die Beine.

Hosen mit den wie Würste aufgeblasenen Beinen nach oben halten, Kinn zwischen die Hosenbeine legen, am Bund zuhalten oder zuschnüren und mit Hilfe des Gürtels in Höhe des Nabels festbinden. *Oder:* Arm zwischen die Beine wie in eine Krücke hineinlegen und mit der Hand Hosenbund festhalten, in Seitenlage schwimmen. *Oder:* Schwimmen Sie in Rückenlage und klemmen Sie die Hosenbeine zwischen die Beine — dadurch bekommen Sie die Hände frei, um eventuell ein weiteres Kleidungsstück mit Luft zu füllen.

Bei einem *Hemd* Manschetten zubinden oder -knoten. Am Kragen und unten anfassen und auf diese Weise das Hemd mitsamt den Ärmeln mit Luft füllen.

Mit einem *Regenmantel* wie mit einem Hemd verfahren; er gibt einen besonders großen Luftsack ab.

Abb. 23:
Hosen und Rock
als Auftriebshilfe

Abb. 24:
Hemd oder Regenmantel
als Auftriebshilfe

SCHIFFBRUCH UND FLUGZEUGABSTURZ

Ihre Rettung hängt davon ab, daß Sie nicht in Panik geraten. Beteiligen Sie sich an den Rettungsübungen und leisten Sie im Ernstfall den Anweisungen der Schiffsbesatzung Folge. Legen Sie Ihre Schwimmweste an und helfen Sie anderen, die mit ihr nicht zu Rande kommen.

Wenn Sie in allgemeinem Chaos über Bord springen müssen, schwimmen Sie so schnell wie möglich aus der Nähe des sinkenden Schiffs, damit Sie nicht vom Sog erfaßt werden oder Ihnen jemand auf den Kopf springt. Aber halten Sie vor und nach dem Sprung Ausschau nach auf dem Wasser schwimmenden Gegenständen. Wenn

Sie keine sehen, werfen Sie unter Umständen erst welche ins Wasser und springen dann hinterher. Aus einer Anzahl geeigneter Gegenstände läßt sich ein Floß bauen (siehe „Zu langsam").

Hoffentlich ist das alles unnötig, weil ein Rettungsboot Sie sofort aufnimmt.

Flugzeugabsturz

Wenn die Maschine über Wasser niedergeht: Hemdkragen öffnen, Krawatte lockern, Brille abnehmen, eventuell Gebiß herausnehmen, scharfe oder zerbrechliche Gegenstände und Schuhe mit hohen Absätzen beiseite legen. Bereiten Sie sich auf den Aufprall nach den Regeln vor, die im Kapitel „Zu schnell" gegeben werden.

Wenn Sie dazu aufgefordert werden, legen Sie die Schwimmweste an. Füllen Sie sie nicht schon in der Kabine mit Luft, damit Sie nicht bewegungsunfähig werden. Abwehrstellung einnehmen, bis das Flugzeug zum Halten gekommen ist — nach mehr als einem fürchterlichen Stoß wird es noch eine Weile dahinschlittern.

a) Sicherheitsgurt öffnen.
b) Befolgen Sie die Anweisungen der Besatzung.

Erst wenn Sie draußen sind, Schwimmweste aufblasen. Patronen an Kinderschwimmwesten vor dem Anlegen zur Explosion bringen, damit das Kind nicht erschrickt.

Halten Sie sich an die Platzeinteilung in den Rettungsbooten, kümmern Sie sich selbst nach Kräften um die Boote, senden Sie Notsignale, vergewissern Sie sich, daß alle Boote die eisernen Rationen und Erste-Hilfe-Ausrüstung enthalten (siehe „Zu langsam").

Kentern mit einem Faltboot

Bleiben Sie bei Ihrem Boot, es hält sich viel leichter über Wasser und kann vom Ufer aus viel besser gesehen werden. Wenn möglich, Paddel auflesen.

Nicht auf das Faltboot klettern oder versuchen, es aufzurichten, sondern an ein Ende schwimmen und es ans Ufer schleppen oder schieben.

Droht von Wehren, Stromschnellen oder Felsen stromabwärts Gefahr, verlassen Sie es rechtzeitig und schwimmen Sie ans Ufer.

Anzeichen von Gefahr sind: ein donnerndes Geräusch voraus, Sprühregen in der Luft, eine silberne Linie quer über den Fluß (die Schwelle
eines Wehrs).

Wenn Sie in Stromschnellen kentern:

a) Halten Sie sich an dem Ende des Faltbootes, das stromaufwärts
   zeigt, fest und schwimmen Sie, das Boot voraus, die Stromschnellen
   hinunter. Auf diese Weise steuern Sie am besten an Untiefen vorbei. Scheren Sie sich nicht darum, wenn Sie das Paddel verlieren —
   vielleicht hebt es jemand für Sie auf.
b) Schwimmen Sie im rechten Winkel zur Strömung früh genug auf
   eine Sandbank zu.

Kentern mit einem Ruderboot

Bleiben Sie auch hier beim Boot und halten Sie sich daran fest
oder setzen Sie sich rittlings darauf — es sei denn, Sie treiben neuen
Unannehmlichkeiten entgegen, wie Felsen, Riffen, Wellenbrechern etc.
Dann müssen Sie es rechtzeitig verlassen.

Wenn Sie es schaffen, ein Rettungsboot oder Floß wieder aufzurichten, umso besser. Aber wenn Sie sich dabei zu sehr anstrengen,
lassen Sie es lieber bleiben und geben Sie nur Notsignale.

Rettungsboote mit flachem Boden lassen sich leicht wieder aufrichten. Und zwar so:

Kriechen Sie auf das gekenterte Boot hinauf und ergreifen Sie die
Leine, die rings um das Boot läuft. Dann gleiten Sie zurück ins
Wasser und ziehen an der Leine, bis das Boot überkippt.

Manchmal befindet sich auch am Kiel ein Handgriff.

Ist eigens eine Leine zum Aufrichten am Boot befestigt, schleudern Sie sie quer über das Boot, schwimmen auf die Gegenseite und
ziehen Sie daran, die Füße am Boot eingestemmt, bis es überkippt.

Haben Sie einen Gürtel (eine Krawatte oder ein Seil) zur Hand,
bringen Sie ihn anstelle einer solchen Leine am Boot an.

Wieder hinein kommen Sie am besten, indem Sie sich in der Boots-
mitte über den Rand wälzen.

Ein größeres Boot sollte ein Mann auf einer Seite niederdrücken,
während die anderen auf der entgegengesetzten Seite hineinklettern.
Wenn Sie allein sind, klettern Sie an einem Ende hinein. Richten Sie
das Boot dazu so, daß Sie das Manöver mit dem Wind ausführen.

Auto unter Wasser

Viele Autos (samt Insassen) sind schon von Sandbänken, Straßenrändern oder Kaianlagen aus ins Wasser gefallen.

Deshalb lautet der erste Rat: Stellen Sie Ihren Wagen immer parallel zum Ufer ab. Wo das aus Platzmangel nicht möglich ist, Handbremse fest anziehen und ersten Gang einlegen. Außerdem sollten Sie wissen, daß Sicherheitsgurte die Überlebenschancen auch beim Sturz ins Wasser erhöhen.

Wenn Sie trotzdem unbedingt mit vier Rädern ins Wasser wollen:

1. Der Wagen schwimmt länger, wenn die Fenster geschlossen sind.
2. Man kommt nur schwer aus dem Wagen, wenn das Wasser durch die geöffneten Fenster hereinfließt. Außerdem läßt sich die Tür nicht öffnen, weil der Wasserdruck von außen zu stark ist. Das geht erst dann, wenn der Wagen nahezu voll ist.

Gelingt es Ihnen, schon dann zu handeln, wenn das Wasser noch nicht die untere Fensterkante erreicht hat (kaum jemand hat so viel Geistesgegenwart), und schwimmt der Wagen brav mit den Rädern nach unten, dann kurbeln Sie natürlich das Fenster so rasch wie möglich herunter und winden sich so schnell wie möglich durch.

Normalerweise versinkt der Wagen zu schnell in den Fluten, als daß man Zeit hätte, so auszusteigen. Verlieren Sie nicht den Kopf und tun Sie geistesgegenwärtig folgendes:

1. Sofort Fernlicht einschalten (damit man Ihren Wagen unter Wasser besser sieht).
2. Fenster hochkurbeln.
3. Türen nicht aufmachen.
4. Halten Sie sich am Türgriff fest.
5. Warten Sie ab, bis das Wasser ans Kinn gestiegen ist.
6. Dann tief Luft holen, Tür öffnen und nach oben tauchen.

Während das Wasser — bei geschlossenen Fenstern! — langsam in den Wagen strömt, stellen Sie fest, in welcher Lage er sich befindet. Kinder heben Sie in den Luftsack über dem Wasserspiegel. Ist das Wasser erst bis zum Kinn gestiegen, dringt es beim Öffnen der Tür mit geringem Druck ein. Klemmt die Tür, versuchen Sie, die andere aufzukriegen oder zwängen Sie sich durch das heruntergekurbelte Fenster. Geht auch das nicht, treten Sie die Windschutzscheibe, das Rück- oder ein Seitenfenster mit den Füßen ein.

Alle Insassen sollten den Wagen gleichzeitig verlassen — vorausgesetzt, er hat vier Türen. Andernfalls bilden Sie eine Kette und halten einander an Händen, Kleidern oder Haaren fest, damit die Tür nicht zufällt und jemanden einsperrt.

WIE ÜBERQUERT MAN EINEN FLUSS?

Jedes Jahr ertrinken in der ganzen Welt Hunderte von Menschen beim Durchwaten von Flüssen. Deshalb überlegen Sie zuerst: ist es überhaupt notwendig, daß ich diesen Fluß überquere? Gibt es keinen anderen Weg?

Beantworten Sie die Frage besten Gewissens mit „Nein", müssen Sie wissen, was zu tun ist.

Wann am besten?

Suchen Sie nach Anzeichen (am Ufer, Wetterlage am Himmel), ob der Wasserpegel sinkt oder steigt. Bäche und Flüsse mit Hochwasser sind außerordentlich gefährlich, nicht zuletzt deswegen, weil sie Holz- und Gesteinstrümmer führen. In diesem Fall müssen Sie abwarten, bis das Wasser gefallen ist.

Führt ein Fluß noch kein Hochwasser, drohen aber Regenwolken am Himmel, überqueren Sie ihn so schnell wie möglich.

Merken Sie sich: Flüsse mit Steilufern verändern ihren Wasserstand schneller als solche, die gemächlich in Windungen dahinströmen.

Wo am besten?

Es ist lebenswichtig, daß Sie sich diese Frage genau beantworten. Die Zeit, die Sie mit der Suche nach der geeignetsten Stelle zubringen, ist auf keinen Fall verschwendet. Halten Sie Ausschau nach

a) Sandbänken über Wasser. Hier können Sie leicht wieder umkehren, wenn unerwartete Schwierigkeiten auftauchen.
b) einem gleichmäßig breiten Flußbett ohne Hindernisse.
c) einem Übergang, in dem keine Baumstämme, Wirbel, Strudel, Riffe, Gegenströmungen usw. vorhanden sind — besonders auch weiter flußabwärts.

d) Nur an einer Stelle mit schwacher Strömung durchwaten. Dort, wo der Fluß am breitesten ist oder wo er sich in mehrere Arme spaltet, ist diese Bedingung erfüllt.

e) Auch die Wassertiefe spielt eine Rolle, wählen Sie deshalb die flachste Stelle.

Es ist aber nicht ausgeschlossen, daß Sie trotzdem schwimmen müssen.

Wie am besten?

Behalten Sie Ihre Kleidung an, um sich vor Kälte zu schützen. Aber sie darf Sie nicht am Schwimmen hindern. Schuhe wegen Rutschgefahr, scharfkantigen Löchern und Geröll anlassen. Wenn Sie aller Voraussicht nach nicht schwimmen müssen, tragen Sie einen Rucksack. Das Gewicht auf dem Rücken gibt besseren Halt beim Auftreten. Wenn er gut gepackt ist, schwimmt er sogar. Trotzdem müssen Sie schnell aus den Gurten, wenn Sie hinfallen.

Wandeln Sie die folgenden Regeln je nach den örtlichen Gegebenheiten ab:

a) Gehen Sie mit kurzen, schleifenden Schritten, den Blick auf das jenseitige Ufer gerichtet. Treten Sie auf das Geröll über oder wenig unter Wasser. Ist die Strömung zu stark, blicken Sie stromabwärts und gehen diagonal zu ihr vorwärts — vorausgesetzt, die Bodenbeschaffenheit erlaubt es.

b) Benutzen Sie einen kräftigen Stock als drittes Bein. Stützen Sie ihn ein wenig voraus und stromaufwärts auf, dann drückt ihn die Strömung fest an den Boden.

c) Unerfahrene oder gebrechliche Personen fassen Sie unter den Arm, wobei diese in der Mitte der Reihe gehen.

Abb. 25: Flußüberquerung mit gebrechlicher Person

d) Unter idealen Umständen benutzen Sie eine lange Stange, an der Sie sich alle, Ellbogen untergehakt, festhalten. Nehmen Sie die schwächste(n) Person(en) in die Mitte und gehen Sie in einer Linie parallel zum Ufer ins Wasser. Die kräftigste Person geht am oberen Ende. Wenn jemand stolpert oder hinfällt, können ihn die anderen auffangen.

Benutzen Sie ein Seil nur im Notfall. Soll es als Handlauf Verwendung finden, muß es hoch genug gehalten werden, damit man sich wirklich daran festhalten kann.

Verwenden Sie es nicht über sehr breiten oder Hochwasser führenden Flüssen, wo es ins Wasser durchhängen kann. Es kann auch jemand zur Erkundung vorausgehen, indem er sich ein Seil um den Leib bindet, woran ihn die anderen vom Ufer aus festhalten (siehe „Zu langsam"). Am Ufer muß allerdings stromabwärts Platz genug sein. Denn bei einem Sturz muß man erst Leine geben und den Gestürzten dann im rechten Winkel zum Ufer heranziehen, nicht etwa stromaufwärts und schon gar nicht unter Wasser!

RETTUNGSSCHWIMMEN

Immer wieder bezahlen beherzte Leute, die einem Ertrinkenden zu Hilfe kommen wollen, ihren Mut mit dem Leben. Leider gehört zum Rettungsschwimmen neben dieser Tugend besondere körperliche Gewandtheit und auch Übung.

Deshalb ist es für manchen vernünftiger, einem Ertrinkenden nicht zu nahe zu kommen. Das heißt nicht, daß man nicht auf anderem Wege versuchen kann, ihn zu retten.

Selbst ein Nichtschwimmer kann das etwa dadurch, daß er dem Ertrinkenden eine Stange etc. hinhält oder irgendeinen Gegenstand hinwirft, der auf dem Wasser schwimmt und woran der Unglückliche sich festhalten kann.

Für einen geübten Schwimmer ist es ein leichtes, mit einem Stock in die Nähe des Ertrinkenden zu schwimmen und diesen dazu zu bewegen, sich daran festzuhalten — solange er dazu die Kraft hat und dem Retter nicht zu nahe kommt.

Die Todesangst verleiht allen in scheinbar ausweglosen Lagen Befindlichen außergewöhnliche Kräfte, die dem ungeübten Retter zum Verhängnis werden können. Auch ein guter Schwimmer muß sich unbedingt in sicherer Entfernung von einem Ertrinkenden und seinem eisernen Griff halten. Er *muß* den Verunglückten dazu bringen, den Stock, den Zweig usw. zu ergreifen, den er ihm entgegenstreckt.

Auch ein Nichtschwimmer kann folgendes tun:

1. Wenn der Ertrinkende nicht weit vom Ufer entfernt ist: Flach auf den Boden werfen und mit ausgestreckten Armen nach ihm langen. Fassen Sie ihn am Handgelenk und lassen Sie ihn nur an Ihrem Handgelenk anpacken! Ist er etwas weiter draußen, strecken Sie ihm eine Stange, einen Zweig, ein Brett usw. hin.

2. Ist er noch weiter draußen, werfen Sie ihm ein Seil oder einen Gegenstand hin, der schwimmt:
Wasserball, Wagensitz, Reserverad oder Schlauch (daran können sich bis zu acht Personen festhalten), Brett, Zweig, Schachtel, Holzstuhl.
Es gibt eine Menge Dinge, die auf dem Wasser schwimmen. Holen Sie schnell etwas herbei, aber beeilen Sie sich, damit der Verunglückte nicht denkt, Sie würden ihn im Stich lassen. Dann gerät er vielleicht in Panik.

3. In seichtem Wasser kommen Sie schneller vorwärts, wenn Sie waten. Benutzen Sie die Stange, mit der Sie zu Hilfe eilen, wie oben beschrieben als drittes Bein (siehe *„Wie überquert man einen Fluß"*).

4. Mit einem Ruderboot oder Faltboot etc. kommen Sie natürlich am schnellsten vorwärts, wenn die Hilferufe ziemlich weit vom Ufer entfernt herkommen. Schon der Anblick des näherkommenden Bootes wird dem Ertrinkenden Kräfte verleihen, sich länger über Wasser zu halten.

Wichtig ist hierbei folgendes: nähern Sie sich dem Verunglückten nicht mit der Breitseite des Bootes — das er sonst zum Kentern bringen könnte —, sondern sagen Sie ihm, er möchte sich am Heck oder Bug festhalten. Von dort ziehen Sie ihn dann ins Boot.

Rettungsschwimmen bei fehlender Übung

Hinderliche Kleidungsstücke ausziehen, es sei denn, Sie müssen nur eine kurze Strecke zurücklegen. Wie schnell Sie an der Unglücksstelle sind, ist oft entscheidend.

Mit den Füßen zuerst ins Wasser springen (siehe *„Zu hoch"*), wenn Sie die Wassertiefe nicht kennen oder ein Hindernis unter

Wasser sein kann. Gehen Sie mit Ihrer Kraft beim Schwimmen sparsam um, damit Sie nicht zu erschöpft ankommen.

Die Luftlinie ist nicht immer die kürzeste Verbindung. An einem schnell dahinfließenden Fluß ist es ratsam, eine Strecke stromabwärts zu laufen, um dem Ertrinkenden den Weg abzuschneiden, wenn er vorbeigetrieben wird. Sie dürfen auf keinen Fall völlig ausgepumpt am Unglücksort ankommen.

Nehmen Sie eine Stange, einen Stock oder Zweig mit, woran der Verunglückte sich festhalten kann. Ein geübter Schwimmer weiß selber, welcher Stil ihm am besten liegt, aber zu empfehlen ist bei längeren Entfernungen auf jeden Fall Seitenlage: man kann die Lage wechseln, verbraucht verhältnismäßig wenig Kraft und kann in kabbeliger See leichter atmen.

Bleiben Sie in sicherer Entfernung von dem Ertrinkenden, hüten Sie sich davor, daß er sich an Sie klammert. Brechen Sie seinen Griff mit Gewalt, wenn es dennoch geschieht (weiteres siehe *„Zu bedrängt"*). Nur ein ausgebildeter Rettungsschwimmer sollte dicht an den Verunglückten heranschwimmen.

WENN DAS KIND INS WASSER FÄLLT,

nicht schwimmen kann und weit und breit nichts zur Hand ist, das man ihm zuwerfen könnte:

a) Ist die Mutter Nichtschwimmerin, sollte sie ins Wasser springen, sich am Ufer festhalten, flach auf das Wasser legen und Arme und Beine nach dem Kind ausstrecken.

b) Kann die Mutter schwimmen, ergreift sie den Kopf des Kindes von hinten und schwimmt in Rückenlage, den Oberkörper des Kindes auf Brust und Unterarme abgestützt, das Gesicht hochgehoben.

KÜNSTLICHE BEATMUNG

Von Mund-zu-Mund-Beatmung

1. Scheintoten auf den Rücken legen.
2. Es kommt auf Sekunden an. Schauen Sie nicht erst nach, ob Fremdkörper im Mund liegen, es sei denn, Sie können sie mit einem schnellen Griff entfernen. Dazu Finger mit Taschentuch umwikkeln.

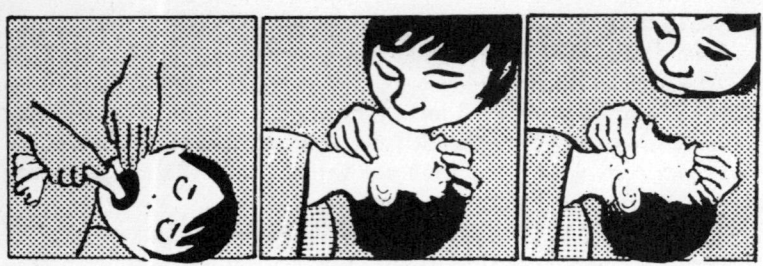

Abb. 26: Von-Mund-zu-Mund-Beatmung

3. Kopf des Scheintoten im Nacken nach hinten beugen und Unterkiefer nach oben schieben.
4. Nasenlöcher mit der Wange oder mit den Fingern zudrücken.
5. Tief Luft holen, Mund weit aufreißen und fest auf den Mund des zu Rettenden pressen.
6. Kräftig in die Lungen pusten. Beobachten, ob sich der Brustkorb hebt. Wenn dies der Fall ist, Gesicht von dem des anderen abheben.
7. Während Sie erneut tief einatmen, beobachten Sie, ob der Brustkorb einsinkt. Dabei soll das Entweichen der eingepusteten Luft zu hören sein.
   Wenn das nicht geschieht, Kopf des Scheintoten im Nacken weiter beugen und erneut versuchen.
8. Den Vorgang wiederholen. Nach erneutem Einatmen sechs bis zwölf kräftige Pustestöße schnell hintereinander, dann eine halbe Minute Pause, anschließend im Eigenrhythmus weiter beatmen. Für einen Erwachsenen zehnmal pro Minute, für ein Kind zwanzigmal pro Minute.
   Oft ist es nach den ersten sechs Atemstößen möglich, den Mund des zu Rettenden schnell zu säubern. Darauf wie oben fortfahren.

Abb. 27: Künstliche Beatmung

9. Gelingt es Ihnen nicht, den Mund des Verletzten zu öffnen oder freizumachen, pressen Sie Ihren Mund auf die Nasenlöcher. Im übrigen genau wie oben verfahren.

Wenn der Scheintote schwere Gesichtsverletzungen hat, benutzen Sie folgende Methode:

Schnell handeln!
1. Verletzten auf den Rücken legen.
2. Schultern mit Jacke, Pullover, Schwimmgürtel abpolstern.
3. Mund schnell freimachen, Kopf im Nacken beugen.
4. Über den Kopf des Verletzten knien und Handgelenke ergreifen.
5. Arme über dem unteren Teil des Oberkörpers kreuzen.
6. Mit ausgestreckten Armen Arme des Verletzten auf den Brustkorb pressen.
7. Zurücklehnen und Arme des Scheintoten nach oben ausbreiten.
   Durch das Nachlassen des Drucks auf den Oberkörper wird bewirkt, daß die Luft von selber in die Lungen des Verletzten einströmt.
8. Ungefähr zwölfmal pro Minute wiederholen.

Zu hell

Zu helles Licht bedeutet Gefahr durch Blendung: grelles Scheinwerfer- oder Sonnenlicht, Blitze, Benzinbrände, gleißender Schnee usw. können ernste Schäden, im Extremfall, bei ungenügendem Schutz der Augen, vorübergehend Blindheit hervorrufen (siehe *„Zu dunkel"*).

Manchmal gibt es eine Vorwarnung: eine Schlagzeile kündigt nukleare Auseinandersetzungen an, dunkle Gewitterwolken ziehen am Horizont auf. Seien Sie auch bei wiederholter Blendung durch Autoscheinwerfer oder starker Lichtreflexion an Schnee, Wasser usw. vorsichtig. In vielen Fällen bleibt also genügend Zeit, geeignete Schutzmaßnahmen gegen zu starken Lichteinfall zu ergreifen.

WAS TUN, WENN MAN GEBLENDET WIRD?

Lichtblitze

Ein Lichtblitz ist der Vorbote einer gleich darauf oder in gewissem Abstand folgenden Explosion. Daher: Flach auf den Boden werfen. Umstehende, besonders Kinder und alte Leute, mit sich zu Boden ziehen. Gibt es Deckung in der Nähe, laufen Sie geduckt dorthin: unter ein Fenster, in einen Graben, hinter einen Baum. Warnen Sie weiter entfernt Stehende durch Zuruf.

Auch wenn Sie in Deckung sind, Kopf abwenden und Hände vor Augen halten. Bereiten Sie sich auf die Detonation vor, indem Sie die Hände im Genick verschränken und dabei mit den Unterarmen die Ohren zuhalten. Ellbogen auf den Boden stützen, Augen weiterhin fest geschlossen halten. Finger fest verklammern, Kopf tief am Boden lassen. Langsam bis hundert zählen. Dann *eine* Hand vor Augen halten und zwischen den Fingern durchblinzeln. Diese Vorsicht ist angebracht, denn der Lichtblitz einer Wasserstoffbombe dauert zwanzig Sekunden; weitere sechzig Sekunden kann es dauern, bis die Druckwelle einsetzt. Deshalb mit der anderen Hand den Kopf weiterhin schützen.

Beim Autofahren tun Sie sicher instinktiv das Richtige: Bremsen,

Augen schließen und Hände vor das Gesicht halten. Haben Sie dabei nicht vor Schreck einen Unfall gebaut und sind heilgeblieben, Kopf so weit wie möglich unter die Windschutzscheibe beugen, blinzeln, an die Seite fahren und anhalten. Auf den Boden des Fahrzeugs kauern und Druckwelle abwarten.

Die durch Blendung hervorgerufene Blindheit dauert gewöhnlich zwischen zehn Sekunden und einer halben Stunde. Längere Dauer ist gelegentlich möglich, wenn der Lichtblitz in völliger Dunkelheit erfolgt.

Länger andauerndes Blendlicht

Vor der gefährlichen Lichtreflexion an Schnee, Wasser oder Sand müssen Sie ihre Augen unbedingt schützen. Verfahren Sie auch bei bedecktem Himmel so wie unten angegeben, da die Helligkeit trotzdem zu stark und damit schädlich sein kann.

Auch dann, wenn Sie zu denen gehören, die sich durch Blendung nicht belästigt fühlen, müssen Sie bei starkem Lichteinfall etwas dagegen tun. Meist folgt bei Unterlassungssünden die Strafe auf dem Fuß: Ihre Scharfsicht, Ihre Fähigkeit, Entfernungen zu schätzen, erleidet Einbuße. Auch Nachtblindheit kann auftreten.

Die unten beschriebenen Methoden haben sich als wirksam erwiesen. Um ganz sicher zu gehen, sollte man auf jeden Fall Methode a) *und* b) und irgendeine weitere anwenden.

a) Schirmmütze, Hutkrempe, Helm usw. tief ins Gesicht ziehen.

b) Gesichtspartie um die Augen bis zu den Wangenknochen mit Schuhcreme, Schlamm, Schmierfett, angebranntem Korken oder sonstwie schwärzen, damit Reflexion auf der Haut verhindert wird.

c) Schutzbrille aus Papier, Pappe, Filmstreifen, Ledergurt, Holz oder Plastik herstellen. S- oder X-förmige Schlitze hineinschneiden und mit Bindfaden, Schuhriemen, Gummiband usw. um den Kopf binden.

d) Auch Haare, Blätter, Gras, Schilf oder Moos geben eine Art „Sonnenbrille" ab. Binden Sie sich daraus eine Art Schleier um den Kopf.

e) Fertigen Sie sich eine Gesichtsmaske aus durchsichtigem Material, z. B. einem Taschentuch.

f) Echte Sonnenbrillen oder mit Rauch geschwärzte Gläser haben Nachteile. An den Seiten und von unten tritt Licht herein; außerdem können sie zerbrechen, anlaufen oder mit Reif beschlagen.

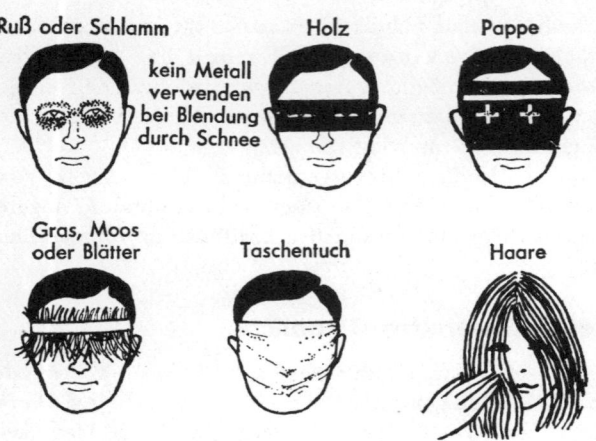

Ruß oder Schlamm   Holz   Pappe

kein Metall
verwenden
bei Blendung
durch Schnee

Gras, Moos
oder Blätter   Taschentuch   Haare

Abb. 28: Verschiedene Methoden, die Augen zu schützen

Die flatternden Enden eines Augenschutzes, eines Taschentuches über dem Gesicht z. B., festbinden, damit die Lichtreflexion nicht noch verstärkt wird.

Ist man einmal in seinem Leben schneeblind gewesen, ist besondere Vorsicht angebracht, auch wenn sich die Augen längst wieder erholt haben. Dann muß man immer einen Augenschutz tragen, auch an trüben Tagen.

Denken Sie daran, daß Licht, das zuviel ultraviolette Strahlung enthält, die Haut schädigt, bevor sie die Gelegenheit hat zu bräunen. Deshalb müssen Sie die Haut bedecken, statt sie zu entblößen!

Abb. 29: Kopfbedeckung der Araber

a) Hemdsärmel *nicht* aufkrempeln, *lange* Hosen tragen, damit Arme und Beine bedeckt sind.
b) Hemdkragen hochstellen und zuknöpfen.
c) Eine Kopfbedeckung, ähnlich wie sie die Araber tragen, herstellen.

Weist Ihre Haut noch keine Bräunung auf, setzen Sie sie der Sonne nicht länger als fünf Minuten am Tag aus. Auch danach keine allzu ausgedehnten Sonnenbäder nehmen.

Unterbrochenes Blendlicht

Kann von Scheinwerfern, Spiegeln oder Taschenlampen etc. herrühren. Plötzliche Blendung hierdurch kann hypnotisch wirken und Sie im Augenblick der Blendung in die Lichtquelle hineinlaufen lassen.

Blicken Sie nach rechts unten, Fußgänger auf der linken Straßenseite nach links.

WENN BLENDLICHT SICH ANKÜNDIGT

Kernwaffenangriff

(Siehe auch *„Zu heiß"* und *„Zu voll")*

In Krisenzeiten Radio-, Fernseh- und Zeitungsberichte aufmerksam verfolgen. Nehmen die internationalen Spannungen zu? Sie sollten die Sirenensignale im Verteidigungsfalle kennen:

a) Bei unmittelbarer Gefahr von Luftangriffen oder Kernwaffenbeschuß:
1 Minute auf- und abschwellender Heulton.
b) Bei unmittelbarer Gefahr von radioaktiven Niederschlägen, biologischen Kampfmitteln oder chemischen Kampfstoffen:
2× unterbrochener auf- und abschwellender Heulton von 1 Minute Dauer.
c) Ende der unmittelbaren Gefahr: 1 Minute Dauerton.

Mit einem Lichtblitz, einem Feuerball ungeheurer Helligkeit, beginnt die Explosion einer Kernwaffe, einer Atom- oder Wasserstoffbombe. Dann folgt mehrere Sekunden lang eine Hitzestrahlung, die in der Nähe alles zerglüht, in weiterem Umkreis zu schweren Verbrennungen führt und leicht brennbare Stoffe entflammt. Es folgt mit Überschallgeschwindigkeit eine ungeheure Druck- und Sogwelle, die Gebäude wie Kartenhäuser einstürzen läßt. Und endlich, noch heimtückischer, die radioaktive Strahlung, die mit unseren Sinnen nicht wahrnehmbar ist. Übelkeit, Erbrechen, Kräfteschwund, Tod — das sind die Folgen der radioaktiven Anfangsstrahlung. Sie kann unter Umständen erst nach Tagen, Wochen oder gar Jahren ihr Werk vollenden (siehe auch *„Zu voll"* und *„Zu heiß"*).

Was man bei Blendung durch den überhellen Lichtblitz tun soll, haben wir schon besprochen (siehe *„Zu hell"*).

Wenn Luftalarm oder ABC-Alarm gegeben wird, laufen Sie schnell nach Hause, sofern Sie nicht weiter als fünf Minuten von daheim entfernt sind und suchen Sie dort Ihren Keller auf. Wenn Sie zu weit weg sind, schnellstens anderen Schutzraum aufsuchen. Umgekehrt müssen Sie anderen auch den eigenen Keller zur Verfügung stellen. Wenn Sie bereits in einem geschlossenen Raum sind, bleiben Sie dort. Im Freien suchen Sie Deckung:

1. Unter einem stabilen Gegenstand.
2. In einem Graben, einer Wasserrinne oder auch im Rinnstein.
3. In einer Ackerfurche oder Bodensenke.
4. Wenigstens müssen Sie sich flach auf den Boden werfen.

Die ungeschützte Haut an den Händen, im Gesicht, an Kopf und Nacken irgendwie bedecken. Eventuell Mantel über Kopf und Hände ziehen und mit den Ellbogen am Boden festhalten.

Wenn nach mehreren Minuten keine Explosion eintritt und besserer Schutz in der Nähe ist, laufen Sie geduckt dorthin.

Wenn Sie den auf- und abschwellenden Heulton der Sirene *im Auto* hören, fahren Sie von der Straße herunter oder wenigstens an den Rand. Dabei nach Möglichkeit keine enge Seitenstraße, keinen Hydranten etc. versperren, damit Feuerwehr, Zivilschutz usw. nicht behindert wird. Lassen Sie das Auto stehen, suchen Sie den nächsten Schutzraum auf oder suchen Sie sonstwie Schutz (siehe oben).

In geschlossenen Räumen

Unter einem Tisch, im Keller — wenn Schutzraum vorhanden, dann natürlich dort — oder im Treppenhaus vor dem Lichtblitz und der nachfolgenden Hitzestrahlung Schutz suchen. Stellen Sie sich minde-

stens unter oder zwischen die Fenster auf der Seite, auf der der Lichtblitz erwartet wird, wenn keine Zeit mehr bleibt. Warten Sie ab, bis
die Druckwelle vorüber ist.

Wenn mehr Zeit zur Verfügung steht

Leisten Sie den Anweisungen Folge, die durch Zeitungen, Radio und
Fernsehen gegeben werden. Nutzen Sie die Zeit, um Vorbereitungen
zu treffen (siehe auch *„Zu voll"* und *„Zu heiß"* wegen weiterer Vorbereitungen gegen die Druckwelle und radioaktive Strahlung und
Niederschlag).

a) Untersuchen Sie das Dach, ob es Ritzen zwischen den Dachziegeln
gibt, durch die Licht- und damit auch Hitzestrahlung durchschla-
gen könnte. Verstopfen Sie die Ritzen mit nicht brennbarem Material.

b) Auf Dachböden, in der Nähe von Ventilatoren oder Fenstern mög-
liche Brandherde (Altpapier, Kleider, Gerümpel usw.) beseitigen.

c) Alle Fenster sorgfältig weiß tünchen, vor allem in den oberen
Stockwerken, damit die Licht- und Hitzestrahlen reflektiert werden. Vielleicht zertrümmert dann die Druckwelle die Fenster, aber
Sie haben durch den weißen Anstrich möglicherweise die Blendung
durch den Lichtblitz oder einen Feuerausbruch verhindert.

d) Werkzeuge für Feuerbekämpfung bereithalten (siehe *„Zu heiß"*).

e) Alle leicht brennbaren Gegenstände im Haus beiseite räumen. Wenn
Sie in einem freistehenden Bungalow oder im oberen Stockwerk
eines Hochhauses wohnen, sollten Sie versuchen, bei Verwandten
oder Freunden Unterschlupf zu finden. (In Bürohäusern sind die
mittleren Stockwerke die sichersten, es sei denn, das Haus hat nur
vier Stockwerke. Dann ist das Erdgeschoß zu bevorzugen.)

Gewitter

Wie Gewitterwolken aussehen, weiß jedes Kind. Wußten Sie schon,
daß vor einem Gewitter manchmal die Haare knistern, sich sträuben,
Funken sprühen? Daß das Metall an Eispickeln, Spaten und Scheren
singt?

Wann und wo Blitze niedergehen, läßt sich nicht berechnen. Sie
werden bis zu vierzig Kilometer lang und schlagen häufig immer
wieder an derselben Stelle ein. (Zum Beispiel wird das Empire State
Building jedes Jahr von mehreren Blitzen getroffen.)

In einem Jahr gehen auf der Erde ungefähr zwanzig Millionen Gewitter nieder. Die Chancen, von einem Blitz getroffen zu werden, stehen 1 : 2 750 000.

Die folgenden Ratschläge sollen das Verhältnis für den Blitz noch ungünstiger gestalten, ihn noch öfter „abblitzen" lassen.

In geschlossenen Räumen

Fernsehstecker herausziehen, Messer und Scheren aus der Hand legen. Nicht vor die Fenster stellen, sondern alle Fenster schließen, denn Glas ist ein schlechter Leiter für Elektrizität. Setzen Sie sich in die Zimmermitte, ein Platz, der fast hundertprozentig sicher ist. Auch ein Auto (wenn es nicht gerade einen Platten hat!) ist ein sicherer Aufenthaltsort.

Alte Scheunen auf freiem Feld geben einen ausgezeichneten Schutz ab. Flaches Gelände ist besser als hügeliges: schon eine kleine Bodenwelle ist gefährlich. Wenn Sie Gummisohlen tragen, hocken Sie sich nieder und ziehen Sie den Kopf ein. Unterbrechen Sie die Isolierung nicht, indem Sie sich mit einer Hand an einer Wand, am Boden, der Höhlenwand usw. abstützen.

Abb. 30:
Kauerstellung
bei Gewitter

Im Freien

Halten Sie sich fern von besonders exponierten Stellen, von senkrechten Wänden, Höhleneingängen usw. In Höhlen kann die ionisierte Luft Blitze anziehen. Schon deswegen sind Sie dort nicht sicher, weil ein Blitz auch durch Felsspalten schlägt. Nasse Oberflächen erhöhen die Gefahr. Stellen Sie sich keinesfalls unter Fels-, Schnee- oder Erdüberhänge, die wie riesige Zündkerzen wirken. Zwischen dem Rand des Überhangs und dem Boden zünden Blitze mit Vorliebe.

Nicht unter Bäume stellen, insbesondere nicht unter Eichen, Pappeln und Ulmen. Und halten Sie sich in respektvoller Entfernung von Beton- oder Stahlbrücken und hohen Schornsteinen.

Beim Autofahren

Ob Sie sich nun als Autofahrer oder Fußgänger nachts, bei Nebel oder Schneefall auf die Straße begeben, denken Sie daran: Blendung durch Scheinwerfer stellt eine ernste Gefahr dar. Es dauert mindestens vier Sekunden, bis sich die Augen bei Dunkelheit von grellem Licht erholt haben. Bei 80 km/h legt ein Kraftfahrzeug in dieser Zeit eine Strecke zurück, die vierzig aneinandergereihten Särgen entspricht. Wenn Sie geblendet werden, müssen Sie deshalb die Geschwindigkeit drastisch verringern. Sehen Sie gar nichts mehr, dann halten Sie an!

Geben Sie auf den Straßen keine Kriegserklärungen ab. Wie sehr Sie geblendet werden, hängt nicht zuletzt davon ab, in welchem Maße Sie die anderen blenden.

Provozieren Sie keine Vergeltungsmaßnahmen, wenn andere Scheinwerfer vielleicht heller strahlen als Ihre.

a) Blenden Sie nicht auf, wenn Sie glauben, der andere hätte nicht abgeblendet.
b) Fahren Sie nicht mit aufgeblendeten Scheinwerfern hinter anderen Fahrzeugen her.
c) Fahren Sie nicht ständig mit Fernlicht.
d) Achten Sie auf die richtige Einstellung der Scheinwerfer, damit Sie andere nicht unwissentlich blenden.

Zu d): Schauen Sie hin und wieder bei einer Werkstätte vorbei, die eine Überprüfung der Scheinwerfereinstellung in der Regel kostenlos vornimmt. Vergessen Sie nicht, so viel Personen mitzunehmen wie normalerweise mitfahren. Vor Antritt einer Ferienreise bei der Überprüfung alles Gepäck zuladen!

DIE FOLGEN EINER BLENDUNG

Blindheit

Die durch einen Lichtblitz bei einer Kernwaffenexplosion hervorgerufene Blindheit geht gewöhnlich rasch vorüber; ebenso Schneeblindheit (siehe *„Zu dunkel"*).

Verbrennungen

Starke elektrische Entladungen können die Haut so sehr schwärzen, daß die Verletzung gefährlicher aussieht als sie ist. Legt man die
ganze Hautpartie frei, stellt sie sich häufig als nicht so schwerwie-
gend heraus (siehe *„Zu heiß"*).

Sonnenbrand

Die ultraviolette Strahlung rötet die Haut und läßt Blasen entstehen, bevor sie bräunt. Das kann nicht nur sehr weh tun, sondern Ohnmacht oder sogar einen Schock hervorrufen. Deshalb dürfen Sie die Haut nicht länger als fünf Minuten pro Tag starker
Sonnenstrahlung aussetzen und müssen sie in der früher geschilder-
ten Weise bedecken. Es gibt verschiedene Mittel gegen ultraviolette
Strahlen auf dem Markt.

Ein Sonnenbrand verlangt nach Schatten, Ruhe und Kühle. Viel
trinken. Keine fetthaltige Salbe verwenden. Haut auf keinen Fall
vor vollständiger Heilung wieder der Sonne aussetzen. Keine anregen-
den Mittel einnehmen.

Luftspiegelungen

Hitzestrahlung kann über Wasser, Schnee oder Sand Luftspiege-
lungen erzeugen. Dann sieht hitzeflimmernder Sand plötzlich wie
sanfter Wellenschlag aus oder Städte entstehen in Wolkenbänken. Sie
sehen marschierende Soldaten statt einer Reihe Büsche, eine Flotte
Segelschiffe statt Vögeln. Lassen Sie sich durch solche Erscheinungen
nicht irritieren. Eine Änderung des Standorts und Blickwinkels lassen
die Halluzinationen meist in Nichts zerfließen.

Zu dunkel

Was tun, wenn das Licht ausgeht? Wie sich im Finstern zurechtfinden? Wie mit der lähmenden Angst fertig werden, die einen befällt?

Die Möglichkeiten, nichts mehr zu sehen oder gar zu erblinden, sind häufiger als Sie vermuten ... Gleißende Schneefelder setzen Ihren Augen zu, Lichtblitze von Explosionen; Säurespritzer oder eine Ladung Pfeffer treffen Sie ins Gesicht, Splitter von platzenden elektrischen Birnen fliegen umher; Sie geraten in dichten Qualm, die Windschutzscheibe vereist, alle Lichter gehen aus ... Gibt es größere Schrecken?

Und der Schrecken vervielfältigt sich, wenn andere Erschwernisse hinzukommen: Klirrende Kälte, ein fremdes Zimmer, undurchdringlicher Wald, kenternde Eisschollen. Oder: Sie rasen mit einem Wagen dahin, treiben auf offener See, das Hotelzimmer brennt ...

WENN ES DUNKEL WIRD

Bringen Sie sich in Sicherheit

Sind Sie bereits an einem sicheren Ort, dann bleiben Sie am besten dort. Wenn nicht, überlegen Sie: Gibt es eine Stelle in der Nähe, die sicherer ist? Versuchen Sie, sich dorthin zu tasten. Gebrauchen Sie ihr Gedächtnis: Wie sah der Weg dorthin aus? Gibt es Hindernisse, etwa einen Wassergraben, elektrische Leitungen, verschüttete Chemikalien, unsicheren Boden? Können, seit ich nicht mehr sehe, neue Hindernisse entstanden sein?

Beim Autofahren so schnell wie möglich anhalten ohne zu schleudern. Wahrscheinlich bewahrt Sie Ihr Reaktionsvermögen vor einem Frontalzusammenstoß, denn als geübter Fahrer halten Sie sicherlich automatisch auf der rechten Fahrbahnseite an. Ist die Straße frei, nicht zu scharf bremsen. Das Auge hält die Eindrücke etwa eine zwanzigstel Sekunde fest. Seien Sie trotzdem auf einen Zusammenstoß gefaßt (siehe *„Zu schnell"*).

Bleiben Sie auf einem Fleck

Suchen Sie Taschen, Handtaschen und unmittelbare Umgebung auf Lichtquellen hin ab. Erinnern Sie sich, horchen Sie aufmerksam in die Runde. Rühren Sie sich nur von der Stelle, wenn es unbedingt sein muß, wenn Sie z. B. Feuer oder Wasser ausweichen müssen. Bestehen Aussichten auf baldige Rettung oder ist zu erwarten, daß das Licht bald wiederkommt, dann bleiben Sie da und richten sich ein. Ist keine sofortige Hilfe von außen wahrscheinlich, schmieden Sie Ihren eigenen Rettungsplan. Überlegen Sie, wie Sie sich Ihrer Umwelt bemerkbar machen können. Welcher Ausweg ist der beste? Gibt es einen Notausgang, ein Fenster, eine Felsspalte?

Tuchfühlung halten

Sind Sie mit mehreren Personen in der gleichen Lage, sondern Sie sich nicht voneinander ab, sondern bleiben Sie in Tuchfühlung miteinander. Müssen Sie sich vorwärts bewegen, dann bilden Sie eine Kette. Gürtel, Krawatten, Handtücher oder dgl. können Zwischenglieder sein.

Nerven behalten

Lassen Sie sich nicht aus der Fassung bringen — nichts kann leichter geschehen als das! Seien Sie auf Überraschungen aller Art gefaßt. Ein faulender Baumstamm im Dschungel kann unheimlich phosphoreszieren, Spinnenaugen leuchten im Kerzenlicht auf, Wasser tröpfelt oder gluckert. In Höhlen kann sich Wasserplätschern wie menschliche Stimmen anhören. Fledermäuse huschen, der Wind klagt, Eulen, Katzen und Vögel schreien, Gras raschelt geheimnisvoll usw.

Solche einschüchternden Geräusche machen einem mehr zu schaffen als die Dunkelheit selber. Dauert sie länger an, muß man seine Angst irgendwie bekämpfen. Unterhalten Sie sich (notfalls mit sich selber!), rufen oder pfeifen Sie laut, spielen Sie Radio, beten Sie.

WIE KOMMT MAN IM DUNKELN WEITER?

Auch wenn man nichts mehr sieht, ist man nicht gänzlich hilflos. Neben dem Gesicht haben Sie noch andere Sinne, die ungefähr in dieser Reihenfolge einspringen können: 1. natürlich jede noch so kleine Lichtquelle ausnutzen, um doch etwas zu sehen, 2. tasten, 3. sich erinnern, 4. hören, 5. riechen. Die Umstände können auf andere Reihenfolge drängen. In dichtem Rauch z. B. ist es sinnlos, etwas sehen zu wollen — dafür muß man sich auf seinen Tastsinn verlassen. Manchmal wird man am besten mit Hilfe des Gehörs weiterkommen, etwa, indem man Stöckchen, Steine oder Münzen auf den Weg wirft, um die Bodenbeschaffenheit zu erkunden.

Sehen

Schwaches Feuer entfachen (siehe „Zu kalt"). Notfalls mit Schuhnägeln Funken schlagen. Auch Blitzlichtbirnen lassen sich verwenden. An batteriegespeiste Lichtquellen denken (Diabetrachter, batteriebetriebenes Kinderspielzeug). Jedes winzige Lichtfünkchen hebt den Mut — sogar das matt schimmernde Zifferblatt der Armbanduhr.

So wenig Licht wie nur gerade nötig benutzen. In leichtem Gelände genügen Mondschein oder Sternenlicht, um sich sicher vorwärts zu bewegen. Taschenlampenlicht verbraucht die Batterie, die Birne kann kaputtgehen, und außerdem beeinträchtigt es Ihre Fähigkeit, bei Nacht zu sehen. Augen ans Dunkel gewöhnen, Pupillen weit offenhalten, um jeden noch so winzigen Lichtstrahl aufzufangen. In der Dunkelheit schärfen sich auch die anderen Sinne. Verwenden Sie daher zusätzliche Lichtquellen nur, um sich Mut zu machen.

Gehen Sie sparsam mit dem Licht um. Nicht ein kostbares Streichholz nach dem anderen anzünden, Feuerzeug oder Taschenlampe nicht zu lange brennen lassen, sondern sparen, sparen, nochmals sparen! Etwa so:

a) Der Streichholzvorrat läßt sich mit Hilfe kleiner Papierfidibusse strecken. Bei einiger Übung kann man sie aus etwa 5 cm langen Papierstreifen herstellen, indem man Daumen und Zeigefinger befeuchtet und eine Ecke des Papierfetzens leicht hin- und herrollt. Es rollt sich dann diagonal auf, und zwar wenn man es richtig macht, hart wie Draht. Den so gewonnenen Fidibus mit verlöschendem Streichholz anzünden.

b) Streichholz, Feuerzeug, Taschenlampe in kurzen Abständen aufflammen lassen, bzw. einschalten. Nutzen Sie die Tatsache aus, daß das Auge seine Eindrücke eine Weile festhält. Verfahren Sie deshalb folgendermaßen: Streichholz anzünden — umherschauen — und noch ein paar Meter zurücklegen, wenn es bereits ausgegangen ist. Das wird von Mal zu Mal besser gehen.

c) Taschenlampenbatterien halten länger, wenn man sie nur kurz einschaltet. Nicht gebrauchte Batterien dicht auf dem Körper tragen, da Wärme sogar nahezu verbrauchte Batterien wieder auflädt.

d) Eine Uhr mit Leuchtziffern kann so viel Licht abgeben, daß man, hält man sie dicht davor, sogar Kleingedrucktes lesen kann (Telefonnummer, Adresse auf einem Briefumschlag). Auch eine Botschaft kann man eventuell in ihrem Schein niederschreiben. In dunklem Raum kann man sie als Orientierungshilfe gebrauchen. (Am Kamin, beim Ventilator, Fenster usw. niederlegen.)

Niemals darf man sich bei ungewissem Licht unbedenklich auf seine Eindrücke verlassen. Irrtümer können lebensgefährlich werden. Was von oben wie eine harmlose 3 m tiefe Senke aussieht, ist vielleicht eine 1000 m abfallende Steilküste; ein Schacht im Boden kann das trügerische Bild einer Pfütze liefern; in der Außentür eines dahinrasenden Zuges kann sich die WC-Tür spiegeln ...

Tasten

Arme so weit wie möglich ausstrecken und mit angewinkelten Händen nach Hindernissen tasten. Finger nicht schließen — damit Sie nicht etwa eine elektrische Leitung umklammern. Statt dessen

a) mit dem Handrücken fühlen
oder

b) Faust ballen und Knöchel vorstrecken. Bei Berührung Drehbewegung ausführen, so daß eine elektrische Leitung sofort abrutschen würde.

Auf allen vieren sollte man nur dann kriechen, wenn man anders auf keinen Fall mehr vorwärtskommt. Schneller, sicherer, kräftesparender ist es, sich aufrecht die Wand entlangzutasten. Nur wenn Rauch- oder Dampfschwaden den Raum vernebeln, kann es notwendig werden, sich kriechend vorwärts zu bewegen. Am Boden ist die bessere Atemluft, und es ist dort nicht so heiß.

Sind Sie nicht allein, bleiben Sie in Verbindung mit den anderen. Fassen Sie sich an der Hand, an der Taille oder — beim Kriechen — an den Fersen.

Auch eine Stange, eine Billardqueue oder ein Zweig geben einen Fühler ab. Seien Sie besonders vorsichtig, wenn zu vermuten ist, daß elektrische Leitungen herumliegen oder -hängen.

In dunklem Raum nicht ziellos hin und her rennen, sondern methodisch vorgehen. An der Wand bis zur Tür oder einem Fenster entlangtasten. Denken Sie daran, daß Ihre Armbanduhr Orientierungshilfe sein kann.

Wenn Sie zeitweilig blind geworden sind (etwa durch einen Lichtblitz) und die Umgebung kennen, aber dennoch einen Ortswechsel vornehmen müssen, benutzen Sie einen langen Stock als Fühler. Nicht mit eingezogenem Kopf gebückt dahinschleichen, sondern aufrecht gehen und jedem Schritt mit dem Stock vorfühlen. Die Stelle abtasten, auf die Sie den Fuß setzen wollen, dann rechten Fuß daraufsetzen, mittlerweile mit dem Stock „Landeplatz" für den linken Fuß erkunden. Trifft der Stock dann auf ein Hindernis, eine Stufe etc., können Sie sich bei einiger Körperbeherrschung mühelos auf den Beinen halten und vor dem Straucheln bewahren. Probieren Sie es einmal aus! Noch ein Tip: Erst Ballen, dann Ferse aufsetzen!

Gebrauchen Sie Ihr Gedächtnis

Man kann sich zwar nicht bedingungslos darauf verlassen, aber in vertrauter Umgebung kann es eine Hilfe sein. Verläßlicher ist das oben beschriebene Tasten mit ausgestreckten Armen und Handrücken, denn es ist beinahe unmöglich, Entfernungen in der Dunkelheit richtig zu schätzen.

Hören

Das Gehör ist ein noch trügerischerer Wegweiser. Es kann nicht annähernd so feine Unterscheidungen treffen wie das Gesicht. Der heranbrausende Kraftwagen oder Zug, der Steinschlag, den Sie näherdonnern hören, ist möglicherweise nicht der einzige (— vielleicht kommt auch ein Auto oder Zug aus der Gegenrichtung). Mit dem Gehör läßt sich das nicht feststellen. Je geräuschvoller die Umgebung ist, desto schwieriger wird es, sich allein mit dem Gehör zurechtzufinden.

Einige Geräusche sind allerdings von unschätzbarem Wert. Brandung, Stromschnellen, Stauwehre sprechen eine unüberhörbare Warnung aus, Vogelschreie an einer Stelle kommen möglicherweise von einem Brutplatz usw.

Seien Sie selber leise, wenn Sie sich fortbewegen. Schreien Sie nicht, um sich Mut zu machen (— das hilft wirklich!), sondern gehen Sie so leise wie möglich vorwärts, damit Geräusche Sie leiten oder warnen können.

Achten Sie auf Echos, die etwas über die Umgebung aussagen. Und:
a) Es ist etwas dran am sechsten Sinn des Blinden. Nach verbreiteter Meinung arbeitet er ähnlich wie ein Echolot. Der Blinde hört mit Hilfe veränderter Klangqualitäten, ob Gegenstände in der Nähe sind oder leerer Raum um ihn ist (natürlich kann man auf diese Weise keine Stufen, Schächte oder Bodenspalten feststellen).
b) Prüfen Sie jedesmal nach, wenn Ihr sechster Sinn sich meldet. Werfen Sie z. B. Steine, Münzen und dgl. in die betreffende Richtung. Die Sekunden, die der Stein braucht, um den Boden des Loches zu erreichen, brauchen Sie nicht zu zählen — Sie merken auch so, ob es tiefer als ein, zwei Meter ist.

Haben Sie die Tür in einem raucherfüllten Raum gefunden, warten Sie davor auf Rettung. Rufen und pfeifen Sie mehrere Male hintereinander, damit die Retter den Weg zu Ihnen finden.

Riechen

Der Geruchssinn gibt nur sehr ungefähre Auskünfte. Brand- oder Gasgeruch ist natürlich eindeutig, auch Sümpfen kann man auf diese Weise ausweichen. Brände sind kilometerweit zu riechen. Bis zu einem gewissen Grade kann der Modergeruch von Moorgegenden oder Mangrovensümpfen, von verfaulender Vegetation oder der kräftige Geruch von Ozon eine Hilfe sein.

WAS TUN, WENN MAN NICHTS MEHR SIEHT?

Durchsuchen eines dunklen Raumes

Einen dunklen oder verqualmten Raum muß man planmäßig durchsuchen, wenn die Vermutung besteht, daß sich jemand darin befindet. Machen Sie z. B. von der Tür aus einen Rundgang die Wände entlang und fühlen Sie in bzw. unter Betten, Tischen, Schränken, ob dort jemand ohnmächtig oder eingeklemmt liegt. Zum Schluß gehen Sie quer durch den Raum und vergewissern sich, daß niemand auf dem Boden liegt. Hierbei muß man besonders aufpassen. In brennenden Häusern ist die Dielenmitte ein gefährlicher Platz: sie stürzt am ehesten ein.

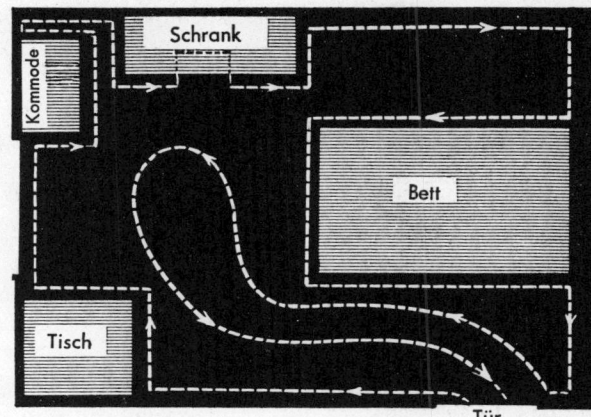

Abb. 31:
Durchsuchen
eines dunklen
Raumes

Umgang mit Feuerwerkskörpern, Leuchtraketen etc.

Verfügbares Licht benutzen, um Gebrauchsanweisung zu lesen. Beim
Anzünden in Armlänge entfernt halten und das Gesicht abwenden.
Pyrotechnische Artikel sollten Sie in Kästen, nicht in der Hosentasche
transportieren und immer nur einzeln herausnehmen.

Auf dem Wasser

Landen Sie mit einem Rettungsboot, Floß usw. nach Möglichkeit
nicht im Dunkeln an einer unbekannten Küste, sondern warten Sie bis
zum Morgen.

Auf hoher See reflektieren Wolkenbänke mitunter darunterliegen-
des Land. Ein dunkelgrauer Schatten auf der Unterseite einer Wolken-
schicht kann Land bedeuten, heller Schein Eis oder Schnee. Achten
Sie auf Vogelstimmen, die vielleicht aus ein und derselben Richtung,
einem Brutplatz an der Küste, kommen. Überhören Sie die Brandung
nicht und hören Sie genau hin, ob das Wasser auf Sandbänke oder
Felsenriffe schlägt.

Im Gebirge

Auch in unbekanntem oder gefährlichem Gelände sollten Sie den
Tagesanbruch abwarten und unterdessen Schutz vor der Witterung
suchen (siehe *„Zu kalt"*). Folgen Sie keinem Wasserlauf bergab,
denn er kann Fälle bilden. Die Bodenbeschaffenheit läßt sich aufgrund unterschiedlicher Schattierung nicht beurteilen. Steigen Sie in der

111

Dunkelheit keine Felsstufen hinab, denn es ist unmöglich, ihre Höhe richtig einzuschätzen.

Bei Schneefall

In verschneitem Gelände gehen vor bedecktem Himmel manchmal sämtliche Konturen und Kontraste verloren. Dann läßt sich nicht mehr feststellen, wie das Terrain aussieht. Unter der weißen Decke können sich Grate, Fels- oder Gletscherspalten und Wächten verbergen. Da der Horizont verschwunden ist, fehlt jeder Maßstab für die Größe der Gegenstände. Was wie eine weggeworfene Konservendose aussieht, ist vielleicht in Wahrheit ein weiter entfernt stehendes Ölfaß.

Deshalb sollten Sie so besonnen wie möglich bleiben und abwarten, bis die Umrisse wieder deutlich werden (siehe *„Zu kalt"*).

Im Dschungel, Wald usw.

Jeder Wald sieht im Dunkeln größer aus als er tatsächlich ist. Das Blätterdach verstärkt die Dunkelheit noch. Schlingpflanzen oder Zweige sehen wie Schlangen aus. Knarrende Äste, Tier- und Vogelstimmen klingen lauter, unheimlicher als bei Tage.

Wenn möglich, entfachen Sie schwaches Feuer. Achten Sie dabei darauf, daß kein Waldbrand entsteht. Der Bau eines Zaunes um das Lager vermittelt ein größeres Gefühl der Sicherheit.

In Höhlen, Bergwerks-, Kanalisationsanlagen usw.

Wichtig ist, daß Sie sich von Anfang an diszipliniert verhalten. Seien Sie auf alle Arten von Wassergeräuschen, die unter der Erde beklemmend wirken, gefaßt: auf Tröpfeln, Rauschen, unheimliches Gurgeln. Nicht gleich Licht anmachen, denn die Augen sollen sich an die Dunkelheit gewöhnen. Beim Weitergehen nicht rufen. In Ruhepausen dagegen sind laute Rufe ein wirksames Ventil für Angstgefühle.

Machen Sie Taschenlampen und Lichter häufig aus und schauen Sie sich immer wieder um. Der zurückgelegte Weg läßt sich auf vielfältige Weise markieren: Mit nach rückwärts gerichteten Pfeilen aus Pappe, mit Wachstropfen auf dem Boden, mit Schnüren, Bändern, Seilen etc. Vermeiden Sie aber, Naturschönheiten (in Kalksteinhöhlen z. B.) zu zerstören und eine Spur der Verwüstung hinter sich zu lassen. Also nicht die Wände zerkratzen, Stalaktiten abbrechen usw., sondern eine andere Methode der Markierung anwenden. Waten Sie in unterirdischen Gewässern nicht zu schnell und seien Sie immer darauf gefaßt, daß Sie plötzlich schwimmen müssen, wenn der Boden unter den Füßen verschwindet. Ein „flacher Tümpel" kann sich als außerordentlich tief herausstellen.

Im Dunkeln sich zurechtfinden

Zuverlässig weisen Sterne die Richtung im Dunkeln.

Auf der nördlichen Halbkugel

Machen Sie den Nord- oder Polarstern aus, der weniger als 1° vom Himmelsnordpol abweicht. Suchen Sie dazu das Sternbild des Großen Wagens (oder Großen Bären). Die etwa fünffache Verlängerung der Hinterachse dieses Sternbildes trifft auf den Polarstern, den Mittelpunkt des nördlichen Sternenhimmels.

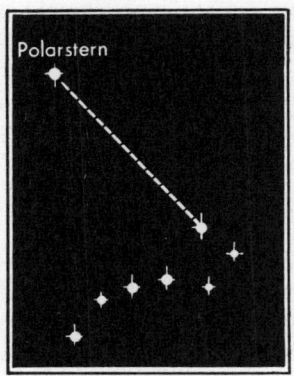
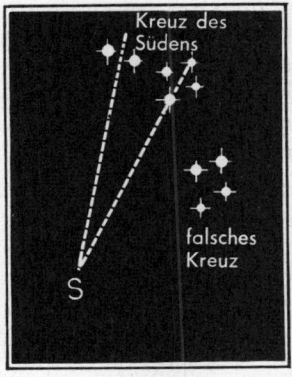

Abb. 32:
Großer Bär mit Polarstern

Abb. 33:
Kreuz des Südens

Auf der südlichen Halbkugel

Hier ist der Große Wagen nicht zu sehen, dafür gibt es das Kreuz des Südens. Verwechseln Sie aber seine hellen, dicht beieinander stehenden Sterne nicht mit dem falschen Kreuz aus schwächeren, weiter auseinander stehenden Sternen zur Rechten. Die Linie vom Kreuz gerade abwärts zeigt nach Süden, einem fast sternlosen Himmelsabschnitt, der als der „Kohlensack" bekannt ist.

Auch bei bedecktem Himmel kann man sich nach der Sonne richten (siehe *„Zu langsam"*). Um den Stand der Sonne festzustellen, hält man eine Messerklinge, Nagelfeile oder einen ähnlichen glänzenden Gegenstand auf dem Daumennagel oder einer anderen glatten Fläche und dreht sich langsam um die eigene Achse. Wenn es nicht außergewöhnlich dunkel ist, wirft die Sonne einen schwachen Schatten auf die glatte Fläche. Am Mittag erhält man kaum ein Ergebnis, ebensowenig unter Bäumen.

DUNKELHEIT AUF DEN STRASSEN

Sehr viel mehr Unfälle ereignen sich bei Nacht als bei Tage. Die Zahl der Verkehrsunfälle steigt bei Nebel, Schneefall oder Regen sprunghaft an.

Die Gefahrenquellen verdoppeln sich, wenn es *zu dunkel* ist. Bei Dunkelheit *und* Nässe muß man auf das Schlimmste gefaßt sein. Man hat herausgefunden, daß Fußgänger bei Vollmond doppelt so sicher sind.

Unfallträchtige Zeiten: nach Büro- und Ladenschluß an Werktagen, besonders am Freitag, und am Samstag nach den Kino- und Theatervorstellungen.

Als Fußgänger

Ist kein Gehweg vorhanden, auf der linken Straßenseite gehen. Helle Sachen tragen, ersatzweise ein Taschentuch um den Hals binden oder in den Gürtel stecken.

Kritisch wird es auf offener Landstraße, wenn sich von vorn und hinten gleichzeitig ein Fahrzeug nähert. Am besten tritt man dann ganz an den Straßenrand und bleibt stehen, bis die Autos vorüber sind. Denken Sie daran: die Geschwindigkeit eines Kraftwagens ist in der Dunkelheit nicht abzuschätzen.

Beim Überqueren von Straßen in geschlossenen Ortschaften nach Möglichkeit Übergänge, Unterführungen usw. benutzen. Den Übergang nicht eher betreten, als bis Fahrzeuge wirklich angehalten haben (siehe das Bild des Mädchens, das auf eine Motorhaube springt, in *„Zu langsam"*).

Beim Autofahren

Sind Sie sicher, daß Ihr Gesichtsfeld keinen toten Winkel aufweist? Sie können das ohne große Umstände folgendermaßen feststellen: Mit dem Rücken an eine Wand stellen, die Arme wie Flügel ausgebreitet, geradeaus schauen. Daumen vorstrecken, dann beide Fäuste gleichmäßig etwa 15 cm vorstrecken. Dabei weiter geradeaus schauen! Sind beide Daumen im Blickfeld? Besonders der linke? Wenn nicht, geben Sie besonders acht, wenn Sie sich in den Verkehrsstrom einordnen oder ausscheren. Ist der blinde Fleck sehr groß, ist es ratsam, einen Augenarzt oder Optiker aufzusuchen.

Verursacht etwa auch (nur) Ihr Brillengestell tote Winkel? Gläser bei Nachtfahrten besonders gut putzen. Auch der Blick vom Fahrersitz aus sollte so wenig tote Winkel wie möglich haben.

Scheinwerfer, Rücklichter, alle Scheiben häufig säubern, besonders natürlich die Windschutzscheibe (und zwar auf beiden Seiten!). Am besten tut man das mit einem feuchten Tuch, aber auch zusammengeknülltes Zeitungspapier ist geeignet.

Wenn Sie keinen Schaber zur Hand haben, läßt sich mit der Rückseite eines Kamms die Eisschicht, der Reif oder Schnee entfernen.

Scheibenwischer bei der Reinigung nicht vergessen. Verhindern Sie, daß das Wasser in der Scheibenwaschanlage gefriert, indem Sie dem Wasser Spiritus oder einfach Waschpulver zusetzen. Fallen bei Regenwetter die Scheibenwischer aus, dann unterbrechen Sie die Verbindung von Wischern und Wischermotor, binden am oberen Ende des linken Wischers eine lange Schnur fest, führen sie durch das linke Ausstellfenster in den Wagen, aus dem rechten Fenster wieder heraus und binden das andere Ende am rechten Scheibenwischer fest. Ein Mitfahrer kann dann mit Hilfe dieser endlosen Schleife die Wischer bedienen, bis Sie eine Werkstätte erreicht haben.

Wenn die Windschutzscheibe von einem Stein getroffen wird und so weit splittert, daß man nicht mehr hindurchsehen kann, schlagen Sie oberhalb des Lenkrads ein Loch hinein.

Geht das Glas eines Rücklichts bei Dunkelheit, Nebel oder Schneefall kaputt, bemalen Sie die Birne mit Lippenstift, damit sie weiterhin rot brennt. Auf diese Weise sind Sie weiterhin gesichert und kommen den gesetzlichen Vorschriften nach.

Müssen Sie schnell zurückstoßen und ist kein Rückfahrscheinwerfer am Fahrzeug, schalten Sie die Blinker abwechselnd an und aus.

Im Notfall (Reifenpanne, Unfall, Rad im Graben) reflektieren Sie das Scheinwerferlicht mit einer gesäuberten Radkappe an die gewünschte Stelle.

Drei Situationen sind äußerst gefährlich, wenn es *zu dunkel* ist:

a) Sie biegen mit Ihrem Wagen oder einem landwirtschaftlichen Fahrzeug aus einem Feldweg in die Hauptstraße ein, so daß die Rücklichter von der Hauptstraße aus nicht sichtbar sind. Eine unbeleuchtete Wand aus Stahl schiebt sich auf die Fahrbahn.

Was tun?

Beifahrer auf die Straße schicken, damit er sich nähernde Fahrzeuge warnt und nötigenfalls stoppt. Auf jeden Fall Fernlicht einschalten und hupen. Am besten ist natürlich ein Warnlicht auf dem Dach des Fahrzeugs.

b) Linksabbiegen bei dichtem Nebel auf verkehrsreichen Straßen.

Was tun?

Motor ausschalten und hören, ob sich ein Fahrzeug nähert. Dann Scheinwerfer aufblenden, Blinker einschalten und hupen.

c) Sie haben in dichtem Nebel die Orientierung verloren und kommen von der Straße ab oder auf die falsche Fahrbahnseite.

Was tun?

Alle Lichter einschalten, hupen. Beim Zurückstoßen Blinker betätigen.

Fahren bei Nebel

Beugen Sie sich über das Lenkrad vor — Sie fahren ja ohnehin (hoffentlich!) nicht so schnell, daß Sie, müßten Sie plötzlich bremsen, durch die Windschutzscheibe segeln. Bei Tag *und* Nacht mit Abblendlicht fahren. Standlicht ist zu wenig, Fernlicht wird von der Nebelwand reflektiert. Die beste Lösung ist natürlich eine gute Nebellampe, die eher auf den Fahrbahnrand als auf die Mitte gerichtet sein sollte. Sie muß so tief wie möglich angebracht werden — je tiefer, desto besser.

Bleiben Sie bei Nebel auf belebten Straßen oder hinter einem LKW — natürlich in respektvollem Abstand (etwa so weit, daß Sie seine Schlußlichter gerade noch erkennen können). Der Fahrer eines LKW hat die bessere Sicht, außerdem reißt sein Fahrzeug die Nebeldecke auf. Versuchen Sie nicht, ihn auf einer weniger nebligen Geraden zu überholen — Sie fahren vielleicht geradewegs in die nächste Nebelwand hinein!

Legen Sie Ihrem Temperament Zügel an. Orientieren Sie sich rechts und links von der Straße. Windschutzscheibe und Brille sauberhalten!

Nachts unterwegs

Wenn Sie aus einem hellerleuchteten Gebäude, einem Innenraum auf die Straße treten, schließen Sie die Augen eine kurze Weile, bevor Sie losfahren. Sie sollen sich an die Dunkelheit gewöhnen. Fahren Sie mit aufgeblendeten Scheinwerfern nicht schneller als 80 km/h, auch nicht in klaren Nächten ohne Gegenverkehr (was der Idealfall ist!), mit Abblendlicht nicht schneller als 60 km/h. Auf gewöhnlichen Straßen (eine Ausnahme bilden Autobahnen), d. h. den meisten Bundesstraßen und Straßen geringerer Ordnung, muß das die Höchstgeschwindigkeit bleiben. Sogar weniger als halb so schnell kann gefährlich werden, wenn Sie von entgegenkommenden Wagen geblendet werden, wenn es neblig oder regnerisch ist. Dann muß die Geschwindigkeit mitunter drastisch reduziert werden.

Wie kann man auf langen Nachtfahrten munter bleiben? Verändern Sie die Stellung Ihres Sitzes, unterhalten Sie sich mit Ihrem Beifahrer (möglichst keinem Anhalter), stellen Sie das Radio an, oder halten Sie an und legen Sie sich kurz hin. Gehen Sie ein wenig auf und ab. Suchen Sie eine Raststätte, Gaststätte usw. auf.

Fahren Sie nicht länger als zwei Stunden hintereinander. Folgende Anzeichen müssen Sie warnen:

Muskelverkrampfungen

Zuckungen

Sie sprechen unvermittelt lauter.

Sie rucken am Lenkrad.

Sie bremsen zu plötzlich.

Der Kopf nickt nach vorn.

Sie müssen gähnen,

blinzeln, zwinkern,

erhöhen die Geschwindigkeit ohne sichtlichen Grund,

klopfen nervös am Lenkrad, an der Lenksäule,

am Armaturenbrett.

Allein unterwegs muß man wissen, was diese Anzeichen zu bedeuten haben. Beifahrer, die darauf aufmerksam werden, sollten den Fahrer dazu bewegen, anzuhalten. Aber was tut man mitten auf der Autobahn? Wie kann man munter bleiben, bis man einen Parkplatz erreicht hat?

Kopf dreimal hin- und her drehen. Tief einatmen. In kurzen Stößen durch geschlossenen Mund ausatmen. Das hilft, aber nur kurze Zeit.

WENN DAS AUGENLICHT ERLISCHT...

Sonnenblindheit

Wird durch übermäßige Lichtreflexion an Schnee, Wasser, Sand oder durch direkte Strahlung hervorgerufen. Vielleicht haben Sie Ihre Augen nicht ausreichend geschützt (siehe „Zu hell"). Die Augen schmerzen, tränen, brennen, schwellen an, fühlen sich an, als wäre Sand darin.

Mit einem feuchten Umschlag (aber nur bei Temperaturen über Null!) kann man sich etwas Linderung verschaffen. Kalte Umschläge wiederholen. Keine Augentropfen oder Salbe verwenden. Zeit ist hier der beste Arzt, vielleicht ist nach 24 Stunden alles wieder gut. Aber danach sind die Augen so empfindlich wie ein hochsensibler Film — deshalb immer schützen!

Blindheit durch Lichtblitz

Dauert gewöhnlich nicht lange. Wenn der Verletzte nicht gleich zum Arzt gebracht werden kann, die Augen mit sauberem, trockenem Tuch bedecken und — abwarten. Gewöhnlich sind beide Augen betroffen. Sieht der Verletzte also nur auf einem Auge nicht, ist die Verletzung wahrscheinlich anderer Natur (Splitter z. B.).

Fremdkörper im Auge

Nicht reiben. Vielmehr blinzeln, zwinkern, viele Male hintereinander. Sind Sie allein, versuchen Sie, den Gegenstand mit Hilfe eines Spiegels zu entdecken. Wenn es nicht zu weh tut, ist er wahrscheinlich unter dem unteren Augenlid. Können Sie den Fremdkörper nicht sehen, oberes Lid über unteres ziehen und festhalten, bis Auge tränt und der Fremdkörper weggespült wird. Nase kräftig schneuzen, Nasenloch auf der anderen Seite zuhalten. Taschentuchzipfel befeuchten und Fremdkörper damit herausholen. Wenn Sie jemandem helfen:

Lassen Sie den anderen in die Höhe schauen und ziehen Sie das Unterlid vorsichtig herunter. Dann soll er nach unten blicken, dabei ziehen Sie das Oberlid hoch. Niemals einen Fremdkörper, der mitten auf dem Augapfel sichtbar ist, auch nur berühren — nur wenn er am Augenlid oder dem Weiß des Augapfels zu sehen ist. Mit sauberem Wasser Spülungen machen.

Wenn der Fremdkörper zu hartnäckig ist, Auge mit sauberem Tuch bedecken und ärztliche Hilfe herbeiholen.

Säuren, Pfeffer, Chemikalien im Auge

Hier heißt es schnell handeln. Auge mit nächstbestem sauberen Wasser (es muß unbedingt sauber sein!) ausspülen. Gegebenenfalls ganzen Kopf in Eimer tauchen und Augen ausspülen. Diese dabei offenhalten und in Abständen mehrere Minuten lang zwinkern. Unverletztes Auge währenddessen mit Tuch abdecken. Schnelle Hilfe ist hier geboten.

WIE MAN EINEN BLINDEN FÜHRT

Nicht kopflos handeln, wenn jemand blind geworden ist und Sie ihn in Sicherheit bringen müssen. Folgende Hinweise mögen Ihnen helfen, Ihre Aufgabe richtig anzupacken:

1. Einen Blinden niemals vorwärtsstoßen oder ihm sonstwie Gewalt antun — es sei denn, es ist lebenswichtig. Lassen Sie ihn vielmehr Ihren Arm nehmen oder seine Hand auf Ihren Rucksack, Ellbogen, Fußknöchel legen.
2. Sagen Sie dem Blinden ganz genau, wohin Sie ihn führen, ohne ein Detail auszulassen. Manches mögen Sie für überflüssig halten — sagen Sie es trotzdem.
3. Reden Sie einen Blinden stets mit Namen an.
4. Das Vertrauen des Blinden in Sie wird von Ihrem Ton der Ermutigung und Ihrem Sachverstand abhängen.
5. Überrumpeln Sie einen Blinden nicht, wenn er glaubt, er sei allein.
6. Vermeiden Sie eine Änderung im Aufbau des Lagers, der Möblierung eines Zimmers usw. Muß sie dennoch sein, erklären Sie dem Blinden die Änderung in allen Einzelheiten.

Blinde haben vielleicht kurz zuvor einen Berg erstiegen, sind Kanu gefahren oder haben sich sonstwie unter harten Bedingungen sportlich betätigt. Denken Sie daran, wenn Sie jemandem gegenüberstehen, der plötzlich nicht mehr sehen kann, und ihm helfen wollen.

Vergessen Sie auch nicht, daß Blinde Ortswechsel scheuen. Das trifft natürlich besonders für jemanden zu, der gerade erst sein Augenlicht verloren hat — also für den Fall, mit dem Sie es wahrscheinlich am ehesten zu tun haben. Schließen Sie ab und zu die Augen und versetzen Sie sich so in die Lage eines Blinden. Auf diese Weise werden Sie ihn am verständigsten behandeln können.

Abb. 34: Grimassenschneiden, um Erfrierungen vorzubeugen

Zu kalt

Nicht nur die sprichwörtliche sibirische Kälte ist tödlich. Auch in unseren Breiten kommt es in jedem strengen Winter zu Todesfällen durch Erfrierungen („Rentner im Bett erfroren aufgefunden"). Die Hinweise, die in diesem Kapitel gegeben werden, sind also nicht allein für Polarforscher, Astronauten und Mount-Everest-Bezwinger bestimmt.

Was tut man, wenn einem *zu kalt* ist? Wichtig ist vor allem, daß man sich der Gefahr bewußt ist. Große Vorbereitungen sind gar nicht notwendig, um tödliche Kälte zu überleben. Man muß die Warnzeichen kennen (Zittern, Zähneklappern), sie ernst nehmen und einige Faustregeln beachten.

VERSCHAFFEN SIE SICH BEWEGUNG

Warten Sie nicht, bis Sie anfangen zu zittern. *Bewegen Sie sich, und bleiben Sie, soweit es die Umstände erlauben, in Bewegung.*

Stampfen Sie auf. Machen Sie Luftsprünge. Schlagen Sie die Arme übereinander. Hauchen Sie die Hände an oder schieben Sie sie in Taschen, in die Ärmel oder Achselhöhlen. Bewegen Sie Zehen und Fußgelenke.

Schneiden Sie Gesichter. Schlagen Sie die Hände vors Gesicht. Knöpfen Sie den Mantelkragen hoch. Rufen Sie. Lockern Sie enganliegende Kleidungsstücke. Ziehen Sie sich an den Ohren, an der Nase, an den Lippen. Ballen Sie die Hand zur Faust. Bewegen Sie die Schultern. Ziehen Sie, auf einem Floß beispielsweise, ein, zwei Minuten lang die Zehen an. Kauern Sie sich zusammen.

Suchen Sie Schutz vor Regen und Wind. Die Gefahr zu erfrieren ist dann schon sehr viel geringer.

Der Sturz in eiskaltes Wasser kann bei strenger Kälte einem Todesurteil gleichkommen. Wälzen Sie sich im Schnee. Springen Sie auf und rollen Sie sich erneut im Schnee. Tun Sie das so oft, bis Sie völlig durchwärmt sind und der Schnee die Feuchtigkeit aufgesaugt hat.

Gießen Sie kein Benzin auf die bloße Haut. Berühren Sie Metall nicht mit bloßen Händen. Stecken Sie schneeverkrustete Handschuhe nicht in die Hosentaschen. Setzen Sie sich auf irgend etwas anderes als auf Schnee. Wunde Hautstellen nicht reiben oder massieren.

Sobald Ihnen warm ist, halten Sie sich warm, indem Sie arbeiten. Bauen Sie sich eine Unterkunft und seien Sie auf der Hut, daß Sie nicht wieder abkühlen.

ZIEHEN SIE SICH RICHTIG AN

Ziehen Sie möglichst viele Kleidungsstücke übereinander.

Zeitungspapier isoliert unübertrefflich. Wickeln Sie sich deshalb mehrere Lagen Zeitungen um den Leib. Oder legen Sie sich darauf. Das Papier muß allerdings ganz trocken sein, bei Nässe also Kleider darüberziehen.

Wenn Sie sich ausruhen, ziehen Sie Papiertüten wie Handschuhe an. Schneiden Sie Schlitze für die Augen hinein und stülpen Sie sich eine größere über den Kopf. Gerade den Kopf muß man warm halten, um keine Körperwärme zu verlieren. Papier- oder Plastiktüten, Schal oder Socken über den Kopf ziehen.

Wenn nötig, Kleider in anderer Reihenfolge anziehen: es ist besser, wenn ein Pullover unmittelbar auf der Haut getragen wird.

Einen langen Schal um Hals und Bauch wickeln. Socken geben Handschuhe ab und umgekehrt; eine Strickjacke kann man auch hinten zuknöpfen. Hosenaufschläge nach unten klappen und mit Bindfaden zuschnüren.

Die besten Handschuhe, wenn die Finger steif sind vor Kälte: ein totes Tier aufschneiden und Hände tief hineinlegen.

Geben Sie acht auf die Körperteile, durch die man besonders leicht Wärme verliert: auf Kopf, Finger, Handgelenke, Knie und Fußgelenke. Wenn Sie sich also zum Feuermachen hinknien, legen Sie etwas unter die Knie.

Unterbinden Sie nicht die Blutzirkulation, wenn Sie Öffnungen an Kleidungsstücken zubinden. Nirgendwo darf etwas zu eng anliegen.

Wenn die Kleidung naß geworden ist, Unterwäsche auswringen und Oberbekleidung gefrieren lassen. Der Eispanzer schützt vor Verlust der Körperwärme.

Besonders wichtig ist die uneingeschränkte Blutzirkulation in den Füßen. Zu viele Socken, so daß der Schuh drückt, sind schlechter als gar keine. Schnürsenkel nicht zu stramm binden. Füße immer wieder bewegen und darauf achten, daß die Zehen nicht taub werden.

Wenn Sie sich lange Zeit in naßkaltem Klima aufhalten, halten Sie die Füße so trocken wie möglich. Trocknen Sie die Socken über Nacht. Wenn das Schuhwerk zerfällt oder die Füße ununterbrochen naß sind, stellen Sie sich selbst eine Fußbekleidung her.

Starkes Leinentuch, Fallschirmseide oder Sackleinen um die Füße wickeln. Zwischen die Schichten zur Isolierung trockenes Gras oder Polsterfüllung aus den Autositzen, Zeitungspapier usw. legen. Isolierung immer wieder auflockern.

Steht das Wasser in den Schuhen, Schuhe bei außerordentlicher Kälte anlassen. Erst wenn Sie die Notunterkunft erreichen, ausziehen und draußen stehen lassen. Solange nur Wasser und *kein Eis* in den Schuhen steht, besteht keine Erfrierungsgefahr.

Das ausgefallenste Hilfsmittel, Schuhe wasserdicht zu machen: Den Schuh so lange in eiskaltes Wasser tauchen, bis sich außen eine dünne Eisschicht gebildet hat. Dabei Zehen bewegen. Kein Tropfen Wasser dringt mehr in den Schuh, bis das Eis geschmolzen ist.

Nicht schwitzen

Von größter Wichtigkeit ist, daß Sie nicht schwitzen. Dadurch wird die Isolierung zerstört, der Schweiß schlägt sich auf der Haut nieder und kann gefrieren. Ziehen Sie deshalb, wenn Sie arbeiten, nicht alles an was Sie haben — es sei denn, Sie buddeln sich während eines Blizzards ein. Gürtel, Schnürsenkel, Kragen lockern. Eine Schicht Kleidung ablegen, vielleicht eine zweite. Manchmal genügt es, den Kragen zu öffnen, die Kopfbedeckung abzunehmen und die Hemdärmel aufzuknöpfen. Behalten Sie einen kühlen Kopf.

Wenn Sie mit Ihrer Beschäftigung fertig sind, ziehen Sie sich wieder an. Und wenn Sie weiterhin frieren, noch mehr. Das mag umständlich erscheinen, ist aber außerordentlich wichtig, wenn man Erfrierungen vermeiden will.

Lassen Sie sich Zeit bei Ihrer Tätigkeit. Arbeiten Sie langsam und gleichmäßig, wenn Sie nicht gerade gegen einen Schneesturm ankämpfen. Machen Sie alle halbe Stunde eine Pause von fünf Minuten.

Kleidung in Ordnung halten

Werfen Sie nicht ein einziges Kleidungsstück vorzeitig weg. Sie brauchen es vielleicht im Augenblick nicht, weil es „überhaupt nicht kalt" ist. Aber Kleider lassen sich auch für ein Lager, für Fußwickel und als Flaggen (Notsignal) benutzen. Sie sind zu kostbar, als daß man sich ihrer unüberlegt entledigen könnte.

Saubere Kleidung isoliert am besten. Schmutzige, verfilzte oder zerfetzte Kleidung läßt die Körperwärme austreten.

Zerrissene Kleidung deshalb flicken, wie ungefüge die Nähte auch aussehen. Nadel und Faden eventuell improvisieren (siehe Angelhaken in „Zu leer").

Schuhe nicht direkt am Feuer trocknen, sondern mit Gras, kleinen Zweigen, Stoff usw. ausstopfen und Sohlen nach oben kehren.

Schnee, Staub und Schweiß mit einem Stock ausklopfen, bevor Sie die Notunterkunft betreten. Gefrorene Kleidungsstücke draußen lassen, da sie innen auftauen und naß werden. Steifgefroren und trocken ist besser als naß.

Nasse Kleidungsstücke nach Möglichkeit trocknen. In den Unterkünften hochhängen, da die warme Luft sich oben staut. Um sie draußen zu trocknen, breiten Sie sie aus. Schweißfeuchtigkeit kondensieren und wieder gefrieren lassen und mit Zweigen, Stöcken usw. abbürsten oder ausklopfen. In sehr kalter Witterung trocknet ein Feuer nicht besonders gut. Achten Sie darauf, daß Sie die Kleider nicht ansengen.

SUCHEN SIE SICH EINE NOTUNTERKUNFT...

... und zwar so schnell, wie es Ihr physischer Zustand, die Umgebung und die vorhandenen Hilfsmittel erlauben. Sie müssen Schutz vor der Witterung finden, ob nun hinter Steinmauern oder unter einem Plastiktuch.

Fangen Sie damit an, bevor es dunkel wird, bevor Sie in Panik geraten oder zu erschöpft sind.

Der Bau einer behelfsmäßigen Unterkunft ist fast in jeder Gegend möglich.

a) In einem Blizzard fällt vorausschauendes Denken schwer. Wenn Sie nicht unter Bäumen, Felsüberhängen oder in einem Wagen Zuflucht finden, graben Sie sich in die Schneewehen wie ein Maulwurf ein. Halten Sie ein Atemloch frei und erweitern Sie allmählich den Raum um sich. Warten Sie ab, bis der Schneesturm nachgelassen hat. Wenn mehr Zeit zur Verfügung steht:

b) Achten Sie darauf, daß die Unterkunft nicht auf der Windseite (von Klippen, Hängen usw.) liegt, wo Schneeverwehungen entstehen können. Wahren Sie auch Abstand vor überhängenden Schneemassen, lawinengefährdeten Hängen oder Stellen mit Steinschlag.

c) Schlagen Sie Ihr Lager nicht in einer Talsohle auf (Hochwassergefahr), außerdem ungünstige Temperaturverhältnisse: der Nebel sinkt nach unten, die wärmere Luft steigt nach oben.

d) Auf Treibeis suchen Sie sich die dickste und größte Scholle aus. Vermeiden Sie dünnes Eis und Bruchstellen.

e) Je näher Holz und Wasser sind, um so besser. Selten findet man beide Voraussetzungen an der gleichen Stelle. Meist muß man einen Kompromiß schließen. Entscheiden Sie sich dann für Holz. Steht kein Holz zur Verfügung, verwenden Sie statt dessen Felsen, Eisschollen oder Flugzeugteile, um sich vor dem Wind zu schützen.

DER BAU EINER NOTUNTERKUNFT

Beachten Sie zwei wichtige Punkte beim Bau einer behelfsmäßigen Unterkunft:

a) Sorgen Sie für Ventilation, so daß die verbrauchte Luft und der Rauch von der Feuerstelle abziehen kann. Kohlenmonoxydvergiftungen kommen häufig in provisorischen Unterkünften vor. Ein Luftabzugsloch ist nicht genug. Sie brauchen mindestens eins im Dach und eins in der Tür, damit genug Durchzug entsteht.

b) Isolieren Sie die Bodenkälte auf jede nur denkbare Weise. Setzen und legen Sie sich auf Fußmatten, den herausgenommenen Wagenrücksitz, Plastikschonbezüge, Ihren Rucksack, das Kletterseil, Säcke, das umgekehrte Schlauchboot, Schwimmgürtel, Fichtenzweige und Moos.

Lockern Sie das Isoliermaterial immer wieder auf und legen Sie es so dicht wie möglich. Schlafen Sie niemals direkt auf feuchtem oder kaltem Boden.

Wenn die Gegend glatt wie ein Brett ist

Verschaffen Sie sich Bewegung. Bauen Sie sich irgendeinen Windschutz, wie flach die Bodenwelle auch sein mag. Gegenden, in denen überhaupt kein Material vorhanden ist, das man dazu verwenden könnte, sind selten. Bauen Sie zum Beispiel eine Steinmauer und verstopfen Sie die Spalten mit Erde. Lehnen Sie längliche Felsbrocken, Baumstämme oder Eisschollen zeltartig daran. Polstern Sie den Boden. Wenn es sein muß, setzen Sie sich in oder auf den Rucksack.

Höhlen, Felsüberhänge usw.

(Siehe auch „*Zu hell*": Gewitter)

Gräben, Felsüberhänge und Höhlen sind ideale Behausungen, wenn sie Schutz vor den Elementen bieten. Bauen Sie eventuell zusätzlich eine windabweisende Mauer, ein Dach. Selbstverständlich müssen Sie für Bodenisolation sorgen.

Ein Quartier auf der Leeseite großer Felsbrocken ist ausgezeichnet. Bauen Sie an die Felswand rechts und links eine Mauer. Decken Sie das Ganze mit Fichtenzweigen, einem Plastiktuch usw. ab. Ritzen mit Erde, Schlamm oder Schnee ausstopfen.

Schnee

Bestes vorgefertigtes Isolierungsmaterial. Der sehr kalte, trockene Schnee der arktischen Regionen hat ganz andere Eigenschaften als der meist feuchte Schnee in unseren Breiten. Die Dächer von Schneelöchern schmelzen und stürzen noch vor Morgengrauen ein, wenn die Temperatur nicht unter dem Gefrierpunkt liegt.

Versuchen Sie nicht, Schneehäuser oder Iglus zu bauen, da sie architektonisch zu kompliziert sind.

Je einfacher die Konstruktion, desto besser. Vergessen Sie nicht, daß kleinere Schutzräume die Wärme länger halten als große und mit weniger Aufwand zu bauen sind.

Abb. 35: Notunterkunft in Schneeverwehung

Denken Sie auch daran, solange Sie an der frischen Luft zu tun haben, die oberen Kleidungsstücke abzulegen. Sie dürfen nicht schwitzen!

a) Schneeverwehungen um Felsblöcke oder Bäume sind zur Hälfte vorgefertigte Unterkünfte. Kriechen Sie hinein und erweitern Sie die Höhlungen. Bauen Sie aus Zweigen, Zeltboden usw. ein Dach. Lassen Sie Material übrig, damit Sie etwas zum Sitzen haben.

b) *Schneeloch*. Graben Sie einfach ein Loch in den Schnee, das Sie später mit Tunneln, Höhlen usw. erweitern können. Bedecken Sie es mit Schneeblöcken oder großen abgeflachten Schneeballen, damit die Wärme darin bleibt. Bauen Sie sich eine Sitzgelegenheit.

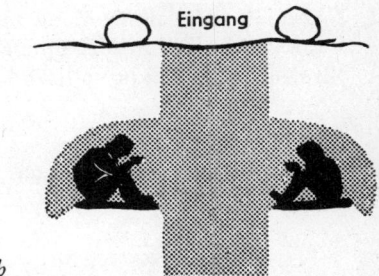

Abb. 36: Schneeloch

c) Ein *Schneegraben* ist ohne große Mühe ausgehoben. Verwenden Sie einen flachen Stein oder eine Radkappe dazu. Aus geeignetem Material Dach herstellen.

Im hohen Norden läßt sich, wenn der Schnee so hart ist, daß man kaum Fußspuren hinterläßt, ein Dach aus zeltartig zusammengestellten Schneeblöcken bauen (siehe Abb.).

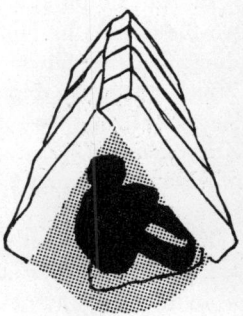

Abb. 37: Schneegraben

127

Die Schneeblöcke sollen etwa die Größe von 50 × 45 × 15 cm haben. Graben Sie ungefähr 1½ m tief, um sie auszustechen. Ist der Schnee nicht so tief, schaufeln Sie ihn erst in diese Höhe.

d) Eine *Schneehöhle* kann innerhalb drei Stunden von drei bis vier Leuten gebaut werden. Wenn mehr Personen Platz finden sollen, muß sie entsprechend größer sein. Wände und Dach müssen wenigstens 60 cm dick sein. Außerdem muß es frieren. Graben Sie einen Tunnel in die Schneeverwehung, den Sie nach oben hin allmählich erweitern. Der Schnee kann in Blöcken ausgeschnitten und entfernt werden. Glätten Sie das Dach, damit kein Wasser heruntertropft. Bauen Sie die Schlafgelegenheit erhöht, dicht unter dem Dach, wo die Luft am wärmsten ist.

Passen Sie auf, daß die Höhle nicht zu groß wird. Stecken Sie einen Stock durch das Luftloch im Dach, damit es frei bleibt. Verbauen Sie den Eingang nicht vollständig.

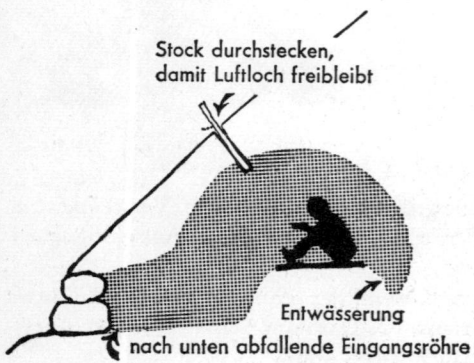

Stock durchstecken,
damit Luftloch freibleibt

Entwässerung
nach unten abfallende Eingangsröhre

Abb. 38: Schneehöhle

Halten Sie im Innern der Höhle alles peinlichst trocken. Markieren Sie das Dach, damit niemand aus Versehen darauf tritt, und den Eingang, damit Sie ihn im Schneesturm nicht verfehlen.

Den Boden der Höhle trampeln Sie flach. Die Schlafbank isolieren Sie mit allem, was zur Verfügung steht; mit Zweigen, Rucksäcken, Zeitungen usw. (Zeitungspapier eventuell einfetten, weil es sich sonst mit Nässe vollsaugt.) Tropfende Stellen im Dach mit Schnee ausbessern.

Kleidung trocknet durch Körperwärme. Stiefel nicht gefrieren lassen, sondern in Plastiktücher oder Zeitungspapier wickeln. Stellen Sie sie in die Nähe Ihrer Schlafstelle.

Veranstalten Sie kein Kochgelage, Kochdünste wärmen kaum. Halten Sie das Luftabzugsloch offen, zünden Sie nur Kerzen an und achten Sie darauf, daß Sie immer ein Werkzeug griffbereit neben sich haben (Radkappe, Eispickel, Spaten usw.), mit dem Sie sich zur Not, wenn zum Beispiel das Dach einstürzt, ausgraben können.

Eis

Auf einer Eisscholle haben Sie wahrscheinlich an Materialien nur Schnee und Eis, Wrackteile, einen Fallschirm und allenfalls noch Treibholz zur Verfügung. Bauen Sie sich daraus so gut es geht eine überdachte Unterkunft. Schneeblöcke, Eisschollen, Holz oder Metallteile — alles ist zu verwenden. Seien Sie darauf gefaßt, daß das Eis bricht und Sie Ihr Lager abbrechen müssen.

Bäume

Bieten zahlreiche Möglichkeiten für den Bau einer Notunterkunft. Überhängende Zweige lassen sich als Dach verwenden. Entfernen Sie den Schnee unter den Zweigen oder erweitern Sie eine Schneeverwehung um einen Baumstamm. Graben Sie dabei vom Stamm aus.

Sammeln Sie gleichzeitig Brennholz: abgestorbene Äste und Zweige, Tannenzapfen usw.

Am leichtesten sind nach einer Seite hin offene Biwaks zu bauen. An der offenen Seite ein Feuer unterhalten und durch geschickte Abschirmung dafür sorgen, daß die Wärme hineinzieht. Die Abbildung zeigt eine Unterkunft aus Skiern, Skistöcken und einem Flechtwerk aus Zweigen. Das ist nur eine von vielen Möglichkeiten.

Wenn die Dunkelheit hereinbricht, bauen Sie kein zu aufwendiges Lager. Verbessern Sie es lieber am nächsten Tag. Begnügen Sie sich mit dem Gerüst, über das Sie einen Fallschirm, Decken oder überflüssige Kleidungsstücke legen. Wenn Sie zusätzlich noch Laubwerk darüberlegen, fangen Sie von unten damit an wie beim Dachdecken.

Zelte

Decken, Plastiktücher, Fallschirme, Säcke, Wachstuch — aus all dem läßt sich ein Zelt bauen, in allen üblichen Bauweisen.

Die Abbildungen zeigen eine kleine Auswahl. Brennen Sie im Innern des Zeltes aus Fallschirmseide eventuell ein Feuer, um es im gegebenen Augenblick in eine weithin sichtbare Fackel zu verwandeln.

Das flache Zelt aus Weidengeflecht ist Himalaya-Besteigern abgeschaut.

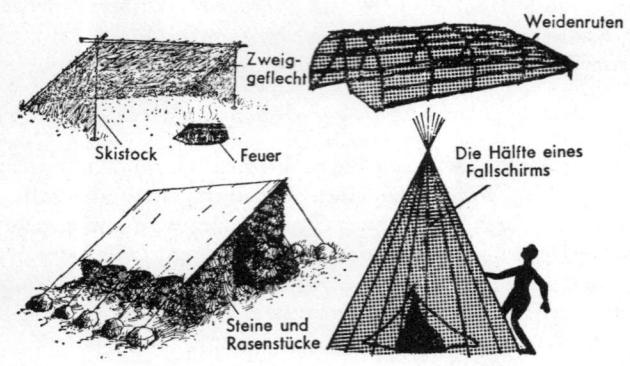

Abb. 39: Verschiedene Notunterkünfte

Einfache Firstzelte aus einer rechteckigen Decke, Plastikhülle usw. stehen auf jedem Untergrund. Man braucht nichts weiter als ein paar Steine, die das Zelt in der gezeigten Weise straff halten. Binden Sie die Steine unten an der Zeltbahn mit Schnur oder Schnürsenkeln fest. Diese lassen sich leichter befestigen, wenn man Kieselsteine in das Tuch schlägt.

Abb. 40: Zeltartige Notunterkunft

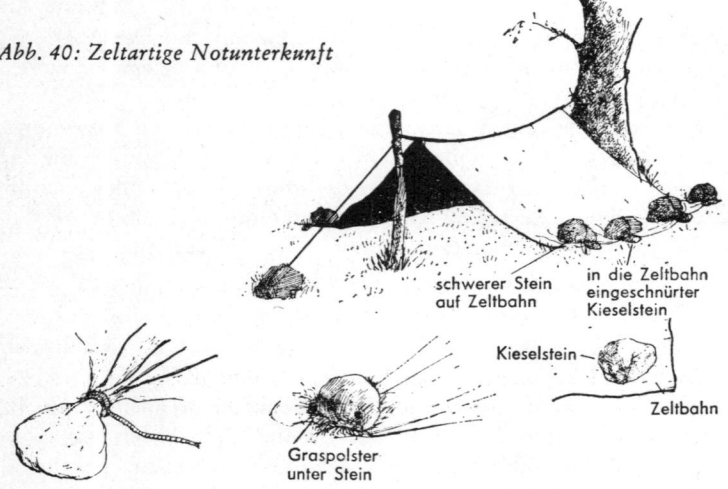

Ist Ihre Unterkunft sehr der Witterung ausgesetzt, bauen Sie das Zelt im Schatten eines Windschutzes.

Feste Gebäude

Auf der ganzen Welt gibt es in scheinbar gottverlassenen Gegenden doch eine Anzahl Unterkünfte: Blockhäuser, Jagdhäuser, Hochstände, Schafpferche, Scheunen, Bergwerke, Geisterstädte.

An Buchten, in Flußtälern, hinter Klippen, auf Lichtungen, in der Nähe von Wildwechseln und in Senken taucht vielleicht unverhofft ein derartiges Gebäude auf, das die Überlebenschancen beträchtlich erhöht. Wenn sie offenbar noch benutzt werden, zerstören Sie nichts, sondern hinterlassen Sie die Stätten, wie Sie sie vorgefunden haben.

Kraftfahrzeug

Werden Sie von einem Blizzard überrascht, bleiben Sie im Wagen sitzen, obwohl es dort bei weitem nicht so warm ist wie in einer Schneehöhle. Das Metall strahlt die Wärme nach außen wie ein Heizkörper ab. Dauert der Schneesturm mehrere Tage an, lohnt es sich, eine Notunterkunft im Schnee zu bauen. Aber hierzulande wird das kaum vorkommen.

Sie werden wahrscheinlich bald gerettet, wenn Sie im Wagen bleiben.

Zu Unglücksfällen kommt es meist dann, wenn der Fahrer den Wagen verläßt, um Hilfe herbeizuholen. Diese kann kilometerweit entfernt sein — eine weite Strecke im Schneesturm. Und wenn Sie gezwungen sind umzukehren, verfehlen Sie vielleicht Ihren Wagen.

Wenn sich das Unwetter am nächsten Tag gelegt hat und der Wagen eingeschneit ist, kann man den Wagen verlassen und der Straße nachgehen, deren Verlauf Sie vielleicht nur noch an den herausragenden Telegraphenmasten erkennen (siehe *„Zu langsam"*). *Während des Schneesturms und vor allem nachts unbedingt im Wagen bleiben.*

Wenn das Benzin nicht ausreicht, Motor und Heizung laufen zu lassen, bewegen Sie sich von Zeit zu Zeit. Ziehen Sie an, was Sie nur zur Verfügung haben.

Ist genug Benzin vorhanden, Maschine laufen lassen. Aber überzeugen Sie sich davon, daß der Auspuff frei bleibt. Heizung anstellen und warten, bis sie auf vollen Touren läuft. Dann Motor so lang wie möglich ausschalten.

a) Motor auf keinen Fall laufen lassen, wenn auch nur die geringste Gefahr besteht, daß durch ein Leck im Auspuff oder vom Auspuffende her Verbrennungsgase in den Wagen dringen können. Beim ersten Anzeichen einer leichten Betäubung Maschine ausschalten und Fenster herunterkurbeln.

b) Möglich, daß man im warmen Wagen einschläft. Geben Sie Obacht, daß Ihnen das nicht passiert, solange der Motor läuft.

Ein zugefrorenes Schloß tauen Sie dadurch auf, daß Sie ein Streichholz oder Feuerzeug darunter halten. Besser ist es, den Schlüssel zu erhitzen. Geht das Schloß immer noch nicht auf, Schlüssel so weit wie möglich hineinstecken und Feuerzeug darunter halten. Schlüssel mit Taschentuch anfassen. Wenn kein Feuerzeug zur Hand ist, Funken aus der Batterie schlagen (siehe unten).

Flugzeug

Ein Flugzeugwrack in der Arktis ist keine Behelfsunterkunft, sondern ein Eisschrank. Gerade das Material, aus dem Flugzeuge gebaut werden, leitet Wärme vorzüglich. Gehen Sie deshalb nach draußen.

Wenn in der Nähe keine bessere Notunterkunft gebaut werden kann, benutzen Sie eine Tragfläche oder das Heck als Dach für ein Schneehaus. Oder bauen Sie aus einem Fallschirm, den Sie über die Tragfläche oder das Heck legen, ein Zelt. Tuch am Boden mit Felsen, Flugzeugteilen oder Schneeblöcken straff spannen.

Bei weniger grausamer Kälte (zum Beispiel in Nächten in der Wüste) bleiben Sie im Flugzeug. Kochen Sie aber lieber draußen, um eine Kohlenmonoxydvergiftung zu vermeiden.

Wie macht man Feuer?

Ein Feuer bedeutet, wenn es draußen *zu kalt* ist, mehr als nur Wärme. Man kann sich eine warme Mahlzeit bereiten, einen heißen Schluck trinken. Die Kleider werden trocken. Man kann Zeichen damit geben. Der Lebensmut kehrt wieder beim Anblick der züngelnden Flammen.

Aber es dauert mitunter eine Weile, bis es soweit ist. Enttäuschungen und Fehlschläge bleiben nicht aus. Und wenn dann in eisiger Kälte die erste schwache Wärme hochsteigt, beugen Sie sich vielleicht zu dicht darüber — und versengen Ihre Kleidung.

Wichtiger als Streichhölzer sind Geduld und Einsicht. Erwarten Sie nicht, daß ein Feuer bei Regen anbrennt.

Sammeln Sie rechtzeitig Brennholz und Anfeuerholz. Wenn es naß ist, trocknen Sie es auf dem Körper.

a) Brennen Sie eher mehrere kleine Feuer ab, um sich in ihrer Mitte zu wärmen, als ein großes. Auf diese Weise nutzen Sie den vorhandenen Brennstoff besser aus.

b) Suchen Sie die Stelle, an der Sie das Feuer abbrennen wollen, mit Bedacht aus. Es ist sinnlos, ein Feuer unter schneebedeckten Zweigen oder unter einer tröpfelnden Felswand zu entzünden. Kommen Sie auch Ihrem Wagen nicht zu nahe.

c) Bauen Sie eine Feuerstelle auf Steinen, Baumstämmen oder glattgetretener Erde. Metallteile eines Flugzeugwracks sind sehr gut geeignet und können auch als Wärmereflektoren verwendet werden. Motorhauben sind ideal.

d) Lassen Sie das Feuer nicht zu groß werden. Sie vergeuden nur Brennstoff. Eine Ausnahme machen Sie nur dann, wenn Sie Kleider trocknen wollen oder die Chance besteht, daß Sie gesehen werden können. Sonst ist eine Anzahl kleinerer, gut brennender Feuer besser.

e) Schirmen Sie das Feuer, auf dem Sie kochen, nach allen Seiten hin ab, um die Hitze besser zu nutzen. Oder kochen Sie in einem Erdloch. Töpfe stellen Sie auf Steine, frische Baumstämme oder Metallteile.

f) Ein Reflektor aus Steinen, Baumstämmen oder Zweigen läßt die Wärme in die halboffene Notunterkunft strahlen (siehe oben).

g) Zünden Sie ein Feuer möglichst vor Einbruch der Dunkelheit an.

Noch eine Menge anderer Punkte sind zu berücksichtigen: Brennen Sie ein Feuer nicht unnötig ab. Heben Sie Brennstoff, Anfeuerholz und Streichhölzer gut auf. Vergeuden Sie keine Streichhölzer, um schlecht gelegtes Brennholz doch noch zum Brennen zu bringen. Zünden Sie sich auch keine Zigarette mit einem Streichholz an, wenn die Sonne scheint und Sie ein Vergrößerungsglas haben oder wenn Sie Funken aus einer Batterie schlagen können. Wenn der Streichholzvorrat zu Ende geht, bevor Hilfe gekommen ist, unterhalten Sie ständig ein kleines Feuer. Wichtig ist auch, daß Sie *zuerst* Brennstoff und Anfeuerholz sammeln, auch nasses Holz, das Sie am Feuer trocknen können.

Zunder

Bewahren Sie diesen leicht verderblichen Brennstoff in Dosen, Flaschen oder in einem Beutel auf und trocknen Sie ihn, so oft es geht, an der Sonne. Halten Sie ihn so trocken wie Schnupftabak — knochentrocken.

Der Zunder kann bestehen aus Holzmehl, Zwirn- oder Baumwollfäden, zerriebener Rinde, aufgedröseltem Strick, Fäden von Mullbinden, Wollfäserchen, Flaumfedern, Teilen von Vogelnestern, Fusseln aus Hosentaschen, trockenen, zwischen zwei Steinen zerriebenen Holzfasern usw.

Ein paar Tropfen Benzin hinzufügen.

Zunder ist so kostbar wie eine volle Streichholzschachtel. Mit Hilfe von Funken oder Hitze bringen Sie ihn unfehlbar zum Brennen. Frischen Sie Ihren Vorrat an Zunder immer wieder auf. Behandeln Sie ihn äußerst sorgsam. Vor allem muß er strohtrocken sein.

Anfeuerholz

Sammeln Sie überall welches und halten Sie es warm und trocken. Alles kommt in Frage:

Zehnmarkscheine, Familienfotografien, Reisepässe, dünne Zweige, harzhaltige Hölzer, Stückchen trockener Nahrungsmittel, ölgetränktes Holz oder Papier, Holzspäne, getrocknete Rinde, Federn, trockene Grasbüschel, Papierfidibusse, ein Zweig, bei dem die Rinde in regelmäßigen Abständen eingeschnitten ist, so daß sie sich ringelt.

Wurzeln lassen sich verwenden, das Innere von Zweigen, die außen naß sind, herausgetropftes Motoröl, Vogelnester, trockene Farne und auch Palmblätter.

Brauchen Sie nicht den gesamten Vorrat für ein Feuer auf.

Brennstoff

Sammeln Sie so viel wie möglich von allem was brennt:

Abgestorbene Zweige, geschälte Baumstämme, kleine Bäume, Buschwerk, Dung, Torf, Treibholz, am Strand angeschwemmte Kohlenstücke, Knochen, hölzerne Teile von Fahrzeugen, Pflanzen usw.

Aufrecht stehendes, trockenes Holz ist besser als am Boden liegendes, das vielleicht mit Nässe vollgesogen oder gefroren ist. Frisches Holz brennt in sehr heißem Feuer. Zerkleinern Sie alles Brennholz.

Probieren Sie alles zuerst in kleinen Mengen aus, ob es brennt, erst dann beschaffen Sie sich gegebenenfalls mehr davon.

Wenn Sie Benzin verwenden, damit das Holz besser brennt, gießen Sie es vor dem Anzünden darüber — nicht, wenn die Flammen schon hochschlagen! Tröpfeln Sie ein wenig auf das Anfeuerholz und den Zunder.

Auf folgende Weise können Sie eine augenblicklich hochschlagende Flamme erzeugen, etwa um ein Notsignal zu geben: Schichten Sie *trockene* Äste, Zweige und Baumrinden etwa eineinhalb Meter hoch und gießen Sie einen kräftigen Schuß Benzin darüber.

Auch mit Paraffin oder Öl läßt sich ein Feuer schneller entfachen.

Feueranzünder

Sparen Sie Streichhölzer und Feuerzeug, wenn die Sonne scheint und eine konvexe Linse als Brennglas zur Verfügung steht. Verlängern Sie die Streichholz- oder Feuerzeugflamme mit Papier, Grasbüschel oder einem Bündel trockener Zweige. Eine Kerze ist ein idealer Feueranzünder.

Streichhölzer

Reißen Sie Streichhölzer *gegen* den Wind an (siehe Abb.). Halten Sie das Streichholz mit dem Kopf schräg nach unten, damit die Flamme am Hölzchen hochlaufen kann, wenn Luft durch die schützend vorgehaltenen Hände bläst.

Feuchte Streichhölzer reiben Sie zum Trocknen im Haar oder halten sie in der Hand.

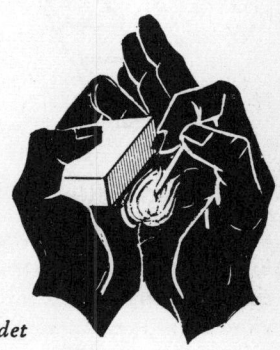

Abb. 41:
Wie man ein Streichholz gegen den Wind anzündet

Feuerzeug, Zigarettenanzünder im Auto

Zigaretten sollten Sie mit einem Brennglas oder am Feuer anzünden. Feuerzeug, Zigarettenanzünder im Auto usw. heben Sie sich zum Feueranmachen auf.

Brennglas

Handhaben Sie alle Arten von konvexen Linsen wie ein Brennglas und versuchen Sie, den Zunder damit zum Glimmen zu bringen. Sie werden feststellen, daß nicht jede Linse dafür geeignet ist.

a) Das Uhrenglas ist wahrscheinlich zu wenig gewölbt.
b) Besser sind schon Brillengläser für Weitsichtige (Pluslinsen). Sind mehrere Brillen zur Hand, halten Sie sie hintereinander. So entsteht ein doppeltes Brennglas mit zwei starken Brennpunkten.
c) Ferngläser sind gut geeignet, auch
d) Zielfernrohre.
e) Öffnen Sie Ihre Kamera, als wollten Sie einen Film einlegen. Stellen Sie den Verschluß auf „B" und die Blende auf den höchsten Wert. Solange Sie auf den Auslöser drücken, fällt ein scharf gebündelter Sonnenstrahl auf den Zunder.

Abb. 42:
Kamera als
Feueranzünder

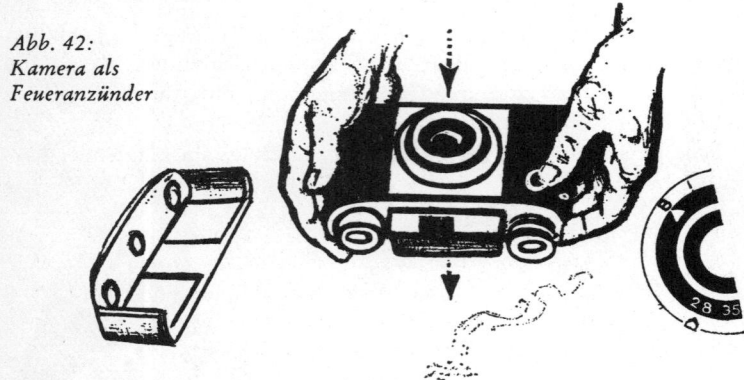

Stahl und Feuerstein

Schlagen Sie Funken aus hartem Gestein, das nicht splittert, und Stahl (Federmesser, Schraubenzieher usw.). Es ist allerdings schwierig, den geeigneten Stein dafür zu finden und dann Funken aus ihm zu schlagen, *wenn man gar keine Übung darin hat.*

136

Halten Sie den „Feuerstein" wie die Streichholzschachtel, wenn Sie bei kräftigem Wind ein Streichholz anreißen wollen (siehe oben). Nehmen Sie den Zunder in die Handfläche dieser Hand und schlagen Sie, in der anderen schützend davor gehaltenen Hand den Stahl, Funken in Richtung Zunder. Sobald der Zunder glimmt, vorsichtig zur Flamme hochblasen.

Den besten Zunder geben in diesem Fall Fetzen von Baumwollstoff ab, die Sie spiralförmig aufdrehen. Die Funken blasen Sie in die Windungen hinein.

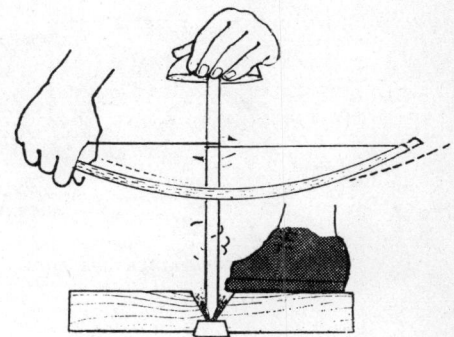

Abb. 43: Bogenbohrer

Feuererzeugung durch Reibungshitze

Sehr schwierige Technik. Ohne Übung darin und ohne geeignetes Holz ist es fast unmöglich, auf diese Weise ein Feuer anzuzünden. Eingeborene, Jäger und Naturforscher tragen gewöhnlich das entsprechende Gerät wie eine Schachtel Streichhölzer bei sich.

Die Abbildung zeigt einen Bogenbohrer. Der *harte* Holzstock wird durch die Bogensehne gedreht und die Reibungshitze, die dabei entsteht, bringt den Zunder neben dem Bohrloch zum Glimmen. Wichtig ist, daß Hölzer verschiedener Härte verwendet werden. Den glimmenden Holzstaub gegen den daneben liegenden Zunder blasen.

Batterie

Kann zum Feueranmachen Verwendung finden, wenn zur Ausrüstung des Wagens kein Zigarettenanzünder gehört. Geben Sie acht, daß Sie sich nicht die Hände verbrennen, die Batterie vorzeitig leeren oder Funken in den Motorraum sprühen. Decken Sie deshalb den

Motor mit einem Mantel, einer Decke oder Fußmatten ab. Tun Sie das sorgfältig, denn unter der Motorhaube gibt es leicht Benzindämpfe.

Um Funken aus der Batterie zu schlagen, gibt es zwei Methoden: Entweder halten Sie zwei Schraubenschlüssel gegeneinander, die Sie auf die Pole der Batterie aufsetzen oder, was zu bevorzugen ist, Sie befestigen an jedem Pol einen möglichst langen Draht (Stacheldraht von einem Zaun zum Beispiel), den Sie im Bogen aus dem Motorraum herausführen, so daß er kein Metallteil des Fahrzeugs berührt.

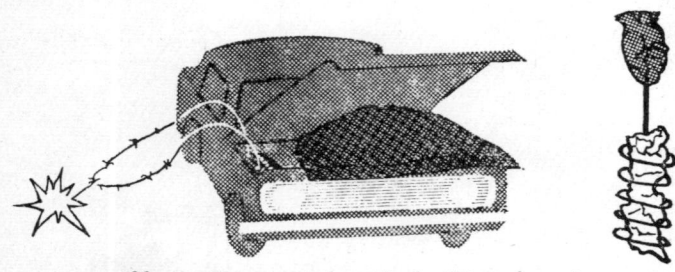

Abb. 44: Feueranzünden mit der Wagenbatterie

Gehen Sie sparsam mit der Batterie um. Das Verfahren ist sehr wirkungsvoll, aber die Batterie wird schnell leer dabei.

Die Funken können im Taschentuch aufgefangen werden, in das man einige Tropfen Benzin spritzt. Das Taschentuch halten Sie mit Hilfe eines (wie die Abbildung zeigt) zur Spirale gebogenen Drahtes. Das Stück Draht muß stark genug sein. Halten Sie Anfeuerholz bereit.

Ebenso läßt sich natürlich auch die Batterie eines Motorbootes, Rollers oder Motorrades verwenden.

Schußwaffe

Eine Mischung aus Pulver und Zunder kann zum Erfolg führen.

Heben Sie die Patrone von der Hülse ab und lassen Sie ein wenig (sehr wenig!) Pulver in der Höhlung. In diese schieben Sie einen kleinen Fetzen Baumwollstoff mit aufgedröselten Rändern lose hinein. Schießen Sie in die Luft. Wenn Sie Glück haben, fällt der Stofffetzen brennend herunter. Heben Sie ihn schnell auf und entflammen Sie damit den Zunder.

Wenn man ein Feuer anzündet

Sorgen Sie dafür, daß wie bei einer Operation alles zur Hand ist. Laufen Sie nicht, sobald das erste kleine Flämmchen hochschlägt, nach Brennholz!

Schichten Sie das Anfeuerholz zu einer Halb-Pyramide locker auf und halten Sie die brennende Kerze, den Fidibus oder das Zweigbüschel unten an die dem Wind zugewandte Seite; dort, wo Sie eine Öffnung freigelassen haben. Die Flammen sollen von Zweig zu Zweig lecken können.

Wenn Sie Zunder zum Anbrennen verwenden, dann schieben Sie die glühende Masse in die Öffnung und umgeben sie locker mit leicht brennbarem Material, Ölpapier usw.

Folgende Methode ist gut geeignet, den glimmenden Zunder zum Brennen zu bringen (aber dazu muß es windstill sein): Bringen Sie den Zunder, sobald er glüht, in ein Büschel trockenes Gras, Papier oder ölgetränkte Lumpen, die Sie an einem Strick so lange durch die Luft wirbeln, bis eine Flamme aufschlägt.

Wenn das Anfeuerholz brennt, fügen Sie zuerst kleine Stücke Brennstoff hinzu. Größere empfiehlt es sich erst dann aufzulegen, wenn das Feuer dadurch nicht erstickt wird. Schichten Sie das Holz nicht zu dicht aufeinander. Pusten Sie vorsichtig in die Flammen.

Zu einem großen Feuer schichten Sie das Holz parallel nebeneinander. Die nächste Schicht errichten Sie im rechten Winkel dazu und so fort, damit die Luft Zutritt hat.

Für ein kleineres Feuer legen Sie die Hölzer wie die Speichen eines Rades und schieben sie in der Mitte nach. In diesem Fall braucht man das Holz nicht zu zerkleinern.

Lagern Sie den Brennstoff, besonders wenn er naß ist, in der Nähe des Feuers. Unterhalten Sie das Feuer während der Nacht oder decken Sie es mit Baumstämmen, Asche oder mit auf Zweige geschütteter Erde ab. Am nächsten Morgen entfernen Sie die Decke, legen Anfeuerholz hinein und bringen die Glut durch Blasen zum Brennen.

WIE BAUT MAN EINEN KOCHER?

Eine Konservendose und eine Wärmequelle ist alles, was Sie dazu benötigen (siehe Abb.). Biegen und reißen Sie den Rand der Blechdose in der gezeigten Weise nach unten ein. Messer, Stein usw. dazu verwenden.

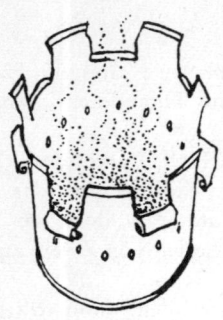
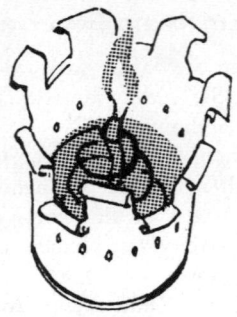

Abb. 45:
Kocher mit ölgetränktem Sand

Abb. 46:
Kocher mit Docht

Als Wärmequelle können dienen: eine Kerze (in diesem Fall mühen Sie sich nicht damit ab, die Konservendose zu verbiegen, sondern bohren Sie einfach ein paar Löcher hinein); mit Öl getränkter Sand, Kies oder Erde (auch Benzin, Wachs, Paraffin usw.); ein Docht aus Torfmoos (Sphagnum), Lumpen oder Fallschirmleine (in einem Halter aus spiralförmig gebogenem Draht, Steinen oder Metall); über den brennenden Docht gelegtes tierisches Fett, so daß es schmelzend auf den Docht tropft; Gummi, Wachs oder elektrisches Isoliermaterial, das in den Kochern besonders gut brennt.

Wenn der Kocher bereits brennt, kein Benzin hinzufügen. Die Verwendung vor dem Anzünden ist riskant genug. Zünden Sie deshalb den Kocher mit abgewandtem Gesicht an und treten Sie schnell einen Schritt zurück.

KÖRPERLICHE SCHÄDEN DURCH KÄLTE

Erfrierungen

Ursache: Starkes Absinken der Körpertemperatur, besonders wenn Nässe und Erschöpfung hinzukommen. Der Bergsteiger ist davon ebenso bedroht wie das Baby im Kinderwagen oder der alte Witwer, der allein in einem ungenügend geheizten Haus wohnt. Kann tödlich verlaufen.

Anzeichen: Die Haut fühlt sich eiskalt an, Zittern, Blässe, Teilnahmslosigkeit, Beschwerden, sonderbares Benehmen, plötzliche Energieausbrüche, unsicherer Gang, unverständliche Sprechweise, Verschlechterung des Sehvermögens.

Behandlung: Haltmachen. Notunterkunft aufsuchen oder wenigstens hinter Felsblöcken, Mauern oder in Vertiefung, Bodensenke, Höhle Schutz vor der Witterung suchen. *Nicht* weitergehen. Nicht versuchen, verlorene Körperwärme durch Wärmflaschen, am Feuer oder durch Reiben der Glieder wiederzuerlangen.

Verhindern Sie vielmehr durch Isolierung, daß die noch vorhandene Wärme verlorengeht. Kriechen Sie in den Schlafsack oder legen Sie sich auf eine dicke Schicht Kleidung. Bauen Sie einen Windschutz, eine Notunterkunft oder ein Zelt darum herum. Einen Erfrorenen nehmen Sie in die Mitte (Körperwärme anderer hilft ausgezeichnet!) oder Sie legen sich zu ihm in den Schlafsack.

Ziehen Sie ihm jedes verfügbare Kleidungsstück an, natürlich nicht so viel, daß die Helfer selbst Gefahr laufen, sich Erfrierungen zu holen. Polstern Sie besonders Füße, Hinterteil und Schultern gut.

Geben Sie ihm in Kondensmilch aufgelösten Zucker oder warme Flüssigkeit zu trinken.

Weitere Hilfe: Für Abtransport mit Bahre sorgen, eventuell selbst Bahre herstellen (siehe *„Zu langsam"*). Patienten gut zugedeckt transportieren, nicht laufen lassen.

In den meisten Fällen ist ärztliche Hilfe notwendig. Wenn keine herbeigeschafft werden kann und der Patient noch bei Bewußtsein ist, lassen Sie ihn ein Bad nehmen. Das Wasser soll so warm sein, daß man den Ellbogen hineinhalten kann. Wenn der Patient anfängt zu schwitzen, bringen Sie ihn in einen wärmeren Raum.

Die Widerstandskraft gegen Kälte ist bei jedem verschieden. Alte Leute und Jugendliche erliegen ihr am ehesten. Ein Baby nehmen Sie sofort aus dem Kinderwagen, drücken es dicht an den Körper und decken es gut zu, so daß weiterer Verlust von Körperwärme vermieden wird. Arzt holen.

Vorsorge: Nehmen Sie ein gutes Frühstück zu sich und tagsüber Schokolade, Zucker oder Rosinen. Planen Sie keine zu weiten Märsche. Wenn jemand die Anzeichen von Erfrierungen zeigt, kehren Sie wieder um, steigen Sie ab vom Berg, verlassen Sie die Höhle. Warten Sie nicht in unzureichenden zugigen Unterkünften, daß Besserung eintritt. *Bewegen Sie sich,* solange Sie können.

Tragen Sie ausreichende Kleidung (Wolle direkt auf der Haut). Achten Sie darauf, daß Sie an Knien und Handgelenken keine Kör-

141

perwärme verlieren. Tragen Sie Handschuhe und schützen Sie den Kopf. Legen Sie einen Schal um, ziehen Sie mehrere Pullover übereinander. Alles, was die Luft auf dem Körper festhält, ist geeignet. Schlafanzug unter den Hosen tragen. Nur mit trockener Kleidung losmarschieren.

Beachten Sie: Zu viele Kleider können unter Umständen vorzeitige Erschöpfung hervorrufen (siehe *„Zu langsam"*).

Erfrorene Gliedmaßen

Ursachen: Häufig Leichtsinn und Unbekümmertheit bei den ersten Anzeichen; Berührung mit Metall, zu eng anliegende Kleidung, Hände, Gesicht und Ohren ungeschützt. Gebrochene Gliedmaßen sind besonders gefährdet.

Anzeichen: Leichtes Prickeln in der Haut oder Gefühllosigkeit. Zuerst erscheint ein wächserner, empfindungsloser Fleck auf der Haut. Setzt die Behandlung nicht sofort ein, kann sich die Stelle anfühlen, als würde ein Kieselstein unter der Haut liegen. Der Schmerz nimmt zu, die Stelle schwillt an, färbt sich rot, Blasen oder Geschwüre entstehen. Darauf folgt völlige Gefühllosigkeit, das Glied verfärbt sich schwarz und stirbt ab.

Behandlung: Handeln Sie bei den ersten Anzeichen. Schauen Sie sich gegenseitig prüfend an, ob wächserne Stellen im Gesicht erscheinen. Wenn Sie allein sind, schauen Sie häufig in einen Taschenspiegel. Schneiden Sie Gesichter (siehe oben).

Entdecken Sie solche Stellen, tauen Sie sie sofort mit Körperwärme wieder auf. Legen Sie die Hände über das Gesicht und auf die Ohren. Stecken Sie die Hände tief in die Hosen oder die Achselhöhlen. Die Füße legen Sie gut umwickelt auf den Bauch des Reisegefährten.

Ein totes Tier schneiden Sie vorn auf und stecken Fuß oder Hand so tief es geht hinein.

Die gefährdete Stelle dürfen Sie niemals reiben oder massieren. Auch keine Wärmflasche oder in Tücher gewickelte heiße Steine auflegen und nicht zu nahe ans Feuer bringen. Ferner sollen Sie sie nicht mit Schnee, Eis oder Benzin abreiben. Dadurch wird die Erfrierung nur schlimmer.

Hingegen hilft Eintauchen in *warmes* Wasser. Verabreichen Sie warme Getränke. Bedecken Sie den gefährdeten Körperteil mit einem trockenen Kleidungsstück.

Eine oberflächliche und sofort behandelte Erfrierung ist nicht weiter gefährlich. Wenn der Körperteil jedoch schon hart und gefühllos ist, muß Abtransport mit Bahre erfolgen und ärztliche Hilfe wird notwendig.

Beim Ausziehen gefrorener Handschuhe, Pulswärmer, Socken, Mützen und Schuhe dürfen Sie nicht zu stark ziehen, da Sie sonst Schmerz oder Hautwunden verursachen. Kälte setzt die Widerstandskraft der Haut außerordentlich herab. Deshalb tauen Sie Kleidungsstücke in warmem Wasser auf. Wenn der Schmerz nicht nachläßt, ist das Wasser vielleicht zu heiß. Der Patient soll sich ausruhen.

Wasser in den Füßen

Dazu kann es kommen, wenn man lange Zeit naßkalte (nicht gefrorene) Füße hat. In schlimmen Fällen ist eine Amputation vonnöten. Im frühen Stadium sind Füße und Zehen bleich, steif und gefühllos.

Halten Sie die Füße so trocken wie möglich. Waschen und trocknen Sie die Socken, wann immer es geht. Trocknen Sie nasse Füße behutsam und rasch ab und massieren Sie sie leicht mit warmen Händen. Ziehen Sie trockene Socken an.

Ist diese Behandlung nicht möglich, müssen Sie längere Zeit mit nassen Füßen marschieren. Bewegen Sie dabei Fußgelenke und Zehen und strecken Sie den Fuß aus usw. Schnüren Sie sie nicht zu eng ein. Schlafen Sie mit trockenen und hochgelegten Füßen.

Nimmt die Schwellung zu, legen Sie eine Pause ein. Schützen Sie den Fuß vor Verletzungen. Legen Sie sich flach auf den Boden und heben Sie die Füße hoch. Nicht reiben, massieren oder erwärmen. Warten Sie, bis die Schwellung zurückgeht.

Kohlenmonoxydvergiftung

(Siehe auch „*Zu naß*")

Tritt bei unvollständiger Verbrennung ein, wenn Feuer oder Ofen mit ungenügender Luftzufuhr brennen. Das Gas ist farb- und geruchlos. Achten Sie darauf, daß sich bei der Verbrennung blaue Flammen bilden. Eine gelbe Flamme bedeutet Gefahr. In diesem Fall müssen Sie den Raum sofort verlassen und für gute Belüftung sorgen. Nehmen Sie die Gefahr einer solchen Vergiftung nicht auf die leichte

Schulter und schlafen Sie in einer beheizten Notunterkunft auf keinen Fall ein.

Wenn Sie jemanden mit allen Anzeichen einer Erstickung in einem geschlossenen Raum vorfinden:

1. Wiederholt tief ein- und ausatmen, Atem anhalten.
2. Verunglückten herausholen.
3. Ist das nicht sofort möglich, weitere Gasbildung verhindern.
4. Tür und Fenster öffnen, Ventilator einschalten. Dies aber nur dann, wenn in dem Raum kein Feuer mehr brennt, sonst kann durch die Zugluft ein schlimmer Brand entstehen (siehe *„Zu heiß"*). Sobald Sie draußen sind, legen Sie den Verunglückten auf eine Bahre und bringen ihn ins Krankenhaus. Behandeln Sie ihn, als hätte er einen Schock. Wenn die Atmung aufhört oder aufgehört hat, künstliche Beatmung anwenden.

Schlaflosigkeit

Kälte kann Schlaflosigkeit hervorrufen.

Essen Sie untertags und besonders vor dem Schlafengehen. Wenden Sie den Schlafsack täglich. Wenn Sie ihn am Feuer trocknen, brennen Sie keine Löcher hinein. Wird kein Feuer unterhalten, nehmen Sie ihn bei schönem Wetter nach draußen, lassen Sie den Schweiß kondensieren und wieder gefrieren; bürsten Sie ihn dann mit Zweigen ab. Schütteln Sie die Einlage häufig auf.

Gehen Sie nie mit nasser Kleidung in den Schlafsack. Ziehen Sie so wenig wie möglich an. Drehen Sie sich *mit* ihm, nicht *in* ihm um. Stecken Sie bei starker Kälte nicht den ganzen Kopf hinein, sondern behalten Sie eine Kopfbedeckung auf.

Mehrere Personen legen sich dicht aneinander; Gebrechliche, ältere Leute und Kinder in der Mitte. Wenn der Gesundheitszustand bei allen gleichmäßig schlecht ist, machen Sie es wie die Pinguine: Wechseln Sie sich an den Enden der Schlafreihe in regelmäßigen Abständen ab. Legen Sie trockene Kleidungsstücke besonders unter Hüften und Schultern.

Schneeblindheit

(Siehe *„Zu dunkel".*)

Blendung durch Schnee

(Siehe „*Zu hell*".)

Insekten

(Siehe „*Zu bedrängt*".)

Sauberkeit

Vergessen Sie auch in Notlagen nicht Ihren Sinn für Reinlichkeit. Legen Sie das Klosett weit genug vom Lager oder Wasser entfernt an. *Schneiden* Sie Ihr Haar und Ihren Bart kurz. Rasieren Sie sich nicht. Bei großer Kälte sollten Sie sich nicht waschen, sondern den Schweiß mit trockenem oder feuchtheißem Tuch abwischen.

Putzen Sie die Zähne mit Federn oder einem Tuch und verwenden Sie zur Not Ruß oder Salz als Zahnpasta. (Nicht zu derb damit reiben.)

Reinlichkeit hält Krankheit fern.

Sparen Sie Ihre Kräfte, indem Sie bei Kälte viel schlafen. Essen Sie immer wieder eine Kleinigkeit und trinken Sie reichlich.

Zu heiß

Unerträgliche Hitze kann zu folgenschweren Irrtümern verleiten. Jemand springt aus dem vierten Stock, reißt die Türen zu brennenden Räumen auf, gießt Wasser auf brennendes Öl ...

Die Angst vor dem Feuer ist so groß, daß man sich meist blind auf seinen Instinkt verläßt. Aber häufig führt blinder Selbsterhaltungstrieb in die Irre — was hier Erstickung oder Verbrennung gleichkommt.

Wenn man die Dinge jedoch in richtiger Reihenfolge tut und einen kühlen Kopf behält, kann man sich lange genug, bis man in Sicherheit ist, auch großer Hitze erwehren — ob die Hitze nun von knisternden Flammen oder gnadenloser Sonnenstrahlung herrührt.

BEVOR DAS FEUER ZU HEISS WIRD

1. Sehen Sie zu, daß jeder den brennenden Raum verläßt ...
2. ... und dann das Gebäude.
3. Schließen Sie im Vorübereilen alle Fenster und Türen.
4. Rufen Sie die Feuerwehr.
5. Versuchen Sie, das Feuer so weit wie möglich selbst zu löschen.

Annäherung an den Brandherd

Überlegen Sie, wo das Feuer im Gebäude ausgebrochen sein könnte.

Wenn Rauch aus den Fugen einer verschlossenen Tür quillt, wenden Sie äußerste Vorsicht an. Das Feuer dahinter kann harmlos, aber auch verheerend sein.

Auf keinen Fall die Tür mit einem Schwung aufstoßen. Ebensowenig Fenster öffnen oder einschlagen. Zugluft heizt jedes Feuer an. Auch können sich die Flammen bei offenen Türen leichter ausbreiten.

Benutzen Sie die Tür, hinter der Sie den Brandherd vermuten, als Schild und öffnen Sie sie nur zentimeterweit.

Nehmen Sie sich in acht, die Klinke könnte heiß sein. Kriechen Sie am Boden entlang, damit der Qualm über Sie hinwegstreicht. Stemmen Sie den Fuß gegen eine Tür, die nach außen aufgeht.

Schließen Sie die Tür so schnell wie möglich.

Warnen Sie andere

Rufen Sie *Feuer!*
Geben Sie Feueralarm.
Versuchen Sie, nach unten zu entkommen. Nicht dableiben und nicht nach oben laufen. Steigen Sie durch ein Fenster im Parterre, wenn Sie die Tür nicht mehr erreichen.

Türen und Fenster schließen

Schließen Sie in dem ganzen brennenden Gebäude, gleichgültig wo, alle erreichbaren Türen und Fenster, um das Feuer zu ersticken.
Werfen Sie nie Steine von außen durch die Fenster brennender Häuser, Züge oder Fabriken.

Rufen Sie die Feuerwehr an

Rufen Sie die Nummer oder bitten Sie jemand darum, wenn Sie selbst nicht können.
Wenn, zum Beispiel bei einem Waldbrand, ein Telefon weit weg ist, laufen Sie zum nächsten Haus und leihen sich ein Fahrrad oder Auto, wenn auch dort keine Möglichkeit zum Telefonieren besteht.
Rufen Sie die Feuerwehr *immer*, auch wenn Sie glauben, daß es sich bei den paar Flammen nicht lohnt. Denken Sie daran, jedes Feuer beginnt klein.

Wenn möglich, löschen

Handeln Sie sofort.
1. Werfen Sie einen Teppich, einen Mantel oder eine Decke über die Flammen.
2. Schalten Sie Strom und Gas am Hauptschalter ab.
3. Löschen Sie mit Wasser, es sei denn, Öl, Fett, Benzin oder andere Flüssigkeiten brennen.
4. Stülpen Sie den Pfannendeckel, ein feuchtes Tuch oder eine Wolldecke über brennendes Öl, Fett usw., um die Flammen zu ersticken.
5. Nehmen Sie nie eine brennende Pfanne vom Herd, um sie ins Freie zu tragen.
6. Nässen Sie die Umgebung des Brandherdes, damit sich das Feuer nicht ausbreiten kann.

Ein elektrisches Gerät (Fernseher, Waschmaschine, Bügeleisen) hört gewöhnlich zu brennen auf, sobald Sie den Strom abgeschaltet haben. Wenn es danach weiterbrennt, gießen Sie Wasser darüber.

Halten Sie den Eimer oder Feuerlöscher in sicherer Entfernung. Dann zielen Sie auf den Brandherd. Die Umgebung besser *naß sprühen* als mit einem Wasserschwall nässen.

Wenn Sie hin- und hergehen, um den Wassereimer zu füllen, schließen Sie die Tür jedesmal hinter sich.

WIE BEKÄMPFT MAN EIN FEUER?

Allein in ländlicher Gegend, gelingt es Ihnen vielleicht, das Feuer vor Eintreffen der Feuerwehr zu löschen, wenn Sie die folgenden Hinweise beachten.

Handeln Sie schnell und umsichtig. Kämpfen Sie Angstgefühle nieder. Halbe Maßnahmen sind zur Wirkungslosigkeit verdammt. Bekämpfen Sie das Feuer mit einem entschlossenen Angriff auf den Brandherd.

Löschen mit Wasser

Wohl jeder denkt beim Ausbruch eines Brandes an Wasser. Vergewissern Sie sich deshalb, wo immer Sie sich aufhalten, ob eine Wasserquelle in der Nähe ist.

Schaffen Sie es in Eimern, Schüsseln oder Hüten zum Brandherd. Am besten eignet sich ein Gartenschlauch. Auch ein Rasensprenger ist wirkungsvoll.

Schützen Sie sich mit einem Möbelstück, einer nassen Matte oder einer Tür gegen die Flammen. Gehen Sie möglichst dicht heran und lenken Sie den Wasserstrahl auf den Brandherd.

Halten Sie das Schlauchende mit dem Daumen so weit zu, daß ein Sprühstrahl entsteht und besprengen Sie damit die Umgebung des Brandherdes, damit die Flammen nicht weiter um sich greifen. Zwischendurch richten Sie immer wieder den vollen Strahl direkt unten gegen die Flammen.

Bilden Sie eine Kette, in der die Wassereimer von Hand zu Hand gehen, vom nächsten Wasserhahn, Teich usw. bis zur Brandstelle. Diese Methode ist jedoch gefährlich, wenn das Feuer schon weiter um sich gegriffen hat, und man nicht nahe genug herankommt.

Richten Sie den Wasserstrahl nicht auf elektrische Leitungen, die noch unter Strom stehen. Halten Sie ihn auch fern von brennendem Öl, Fett und anderen Flüssigkeiten. Mit einem Sprühstrahl können Sie jedoch die Umgebung nässen. Dadurch breitet sich der Brand nicht weiter aus.

Einen brennenden Motor dürfen Sie gleichfalls nicht mit Wasser löschen. Da Benzin auf dem Wasser schwimmt, verteilen Sie die Flammen sonst auf eine größere Fläche.

Die Flammen ersticken

Ziehen Sie Ihren Mantel aus, werfen Sie ihn über die Flammen und ersticken Sie sie darunter. Treten Sie darauf oder pressen Sie ihn dagegen, zum Beispiel gegen den brennenden Motorblock. Benutzen Sie auch einen Teppich, eine Decke oder einen schweren Vorhang.

Handeln Sie schnell und entschlossen, solange der Brandherd noch begrenzt ist. Zaghaftes Vorgehen bedeutet, daß das Material, mit dem Sie löschen wollen, Feuer fängt.

Machen Sie deshalb das Tuch, wenn möglich, unter dem Wasserhahn oder mit Schnee naß.

Ein nasses Tuch erstickt die Flammen in einem brennenden Kochtopf, kann einen Waldbrand im Keim ersticken und den umherfliegenden Inhalt einer lichterloh flammenden Bratpfanne löschen.

Auch Sand, Erde, Kies usw. können Sie zum Löschen verwenden.

Ausgezeichnete Dienste leistet ein Feuerlöschgerät, das allerdings in den wenigsten Haushalten zu finden ist.

Das Feuer ausschlagen

Ist das Feuer schon zu stark, als daß man es noch auf die oben beschriebene Weise ersticken könnte, aber noch nicht außer Kontrolle geraten, kann man es vielleicht ausschlagen.

Improvisieren Sie eine Feuerpatsche mit Hilfe eines Mantels, einer Matte oder eines Zweiges. Schlagen Sie kräftig auf das Feuer ein. Treten Sie mit den Füßen auf die kleineren Flammen.

Das Feuer eindämmen

Werfen Sie z. B. den brennenden Vorhang in die Mitte des mit Fliesen ausgelegten Raumes, damit das Feuer nicht weiter um sich greifen kann. Rücken Sie Möbel aus dem Bereich der Flammen. Reißen Sie noch nicht brennende Vorhänge vom Fenster.

Unterschätzen Sie die Geschwindigkeit nicht, mit der ein Wald-, Gras- oder Moorbrand vorrückt. Bei kräftigem Wind geht das schneller als ein Mensch laufen kann. Besser als der Versuch zu löschen ist hier die Flucht. Weichen Sie dem Feuer aus und laufen Sie gegen den Wind. Geben Sie Obacht, wenn der Wind plötzlich seine Richtung ändert. Unternehmen Sie Löschversuche nur dann, wenn Sie den Wind im Rücken haben.

Überschätzen Sie das Feuer

Halten Sie das Feuer, das Sie bekämpfen, grundsätzlich für gefährlich, für schlimmer, als es vielleicht ist.

Seien Sie wachsam, auch wenn es gelöscht ist. Ziehen Sie die verkohlten Trümmer auseinander, wenden Sie sie um und schauen Sie nach, ob sie noch irgendwo glühen. Kratzen Sie Funken und glühende Stellen mit einem Messer, Stein, Beil usw. ab.

Verkohltes Holz ist äußerst verdächtig, selbst wenn es nicht mehr rot glüht.

Stöbern Sie in alle Ritzen und Winkel, Erker und Einbuchtungen. Besprengen Sie alles noch einmal mit Wasser, um versteckte Flammen zu löschen.

Achtung: Treppenhäuser und Fußböden sind brüchig nach einem Brand. Halten Sie sich am Rand und gehen Sie vorsichtig voran.

WENN DIE KLEIDUNG FEUER FÄNGT

1. Wälzen Sie sich sofort am Boden.
2. Versuchen Sie, sich in eine Decke oder in einen Mantel zu wickeln.

Wenn Sie aufrecht stehen bleiben, werden Sie zur lebenden Fackel, und Flammen und Rauch schlagen Ihnen ins Gesicht.

Wenn jemand Feuer gefangen hat, werfen Sie ihn sofort zu Boden und versuchen Sie, ihn in eine Decke, einen Mantel oder was sonst zur Hand ist, zu rollen. Im Notfall wirft sich der Helfer auf den Brennenden.

Behandeln Sie einen Brandverletzten als hätte er einen Schock. Bei ernsteren Verletzungen müssen Sie für Transport ins Krankenhaus sorgen.

IN RAUCH EINGEHÜLLT...

Dicke Rauchwolken bedeuten Lebensgefahr. Man weiß nie, ob sie nicht giftige Gase (Kohlenmonoxyd usw.) enthalten.

Helfen Sie sich damit, daß Sie ein feuchtes Tuch vor Mund und Nase halten. Dadurch werden Kohlepartikelchen abgehalten und Sie müssen nicht husten. Werden Sie aber durch dieses falsche Gefühl der Sicherheit nicht leichtsinnig. Giftige Gase werden auf diese Weise nicht gefiltert.

Halten Sie sich an die Wände und ans Treppengeländer (siehe *„Zu dunkel"*), bevor Sie blind umhertappen. Kriechen Sie am Boden. Ganz dicht darüber ist selbst in den verqualmtesten Räumen die Luft besser.

Betreten Sie ein brennendes Gebäude, um jemanden daraus zu retten, möglichst mit einem Helfer.

Wenn Sie über Flammen hinwegsteigen müssen, befeuchten Sie, wenn es irgend geht, Ihre Kleider.

Passen Sie auf, daß Sie nicht selbst von den Flammen eingeschlossen werden.

...VON FLAMMEN EINGESCHLOSSEN

Geraten Sie nicht in Panik.

Sammeln Sie Ihre Familie so weit vom Feuer entfernt wie möglich um sich. Springen Sie nur im Parterre aus dem Fenster. Sonst Fenster öffnen und um Hilfe rufen (siehe *„Zu hoch"*).

1. Schließen Sie alle Türen zwischen dem Raum, in dem Sie sich jetzt aufhalten und dem Brandherd.
2. Dichten Sie die Zimmertür unten mit einem Teppich, Bettüchern usw. ab.
3. Öffnen Sie das Fenster und bleiben Sie daran stehen.
4. Rufen Sie um Hilfe.

Eine geschlossene Tür leistet den Flammen mindestens 20 bis 30 Minuten Widerstand. Es ist sogar möglich, daß das Feuer sie gar nicht unmittelbar berührt, sondern vorbeizieht.

Wenn jemand vor Hitze, Qualm und Angst die Nerven zu verlieren droht, hindern Sie ihn daran, daß er aus dem Fenster springt. Er sollte sich vielmehr auf den Boden legen, während Sie am Fenster stehen bleiben.

Schmieden Sie einen eigenen Rettungsplan für den Fall, daß Hilfe nicht rechtzeitig eintrifft (siehe *„Zu hoch"*), indem Sie Bettücher zusammenknoten oder Matratzen aus dem Fenster werfen, um hinterherzuspringen.

Klettern Sie hohe Mauern auf keinen Fall eher hinunter als bis Ihnen wirklich keine andere Wahl mehr bleibt. Wenn die tobende Flammenhitze Sie zum Beispiel aus dem Fenster treibt, dann gibt es vielleicht draußen einen Balkon, Mauervorsprung, ein Gesims usw., woran Sie sich festklammern können.

Ein klein wenig Geduld und Besonnenheit retten Ihnen vielleicht das Leben oder ersparen Ihnen ein Weiterleben als Krüppel.

Wenn Hilfe kommt, sind Sie vielleicht mehrere Stockwerke hoch. Haben Sie keine Angst vor der 30-m-Leiter. Warten Sie, bis ein Feuerwehrmann, dem Sie voll vertrauen dürfen, Sie in Sicherheit bringt.

EIN KERNWAFFENANGRIFF STEHT BEVOR

Treffen Sie früh genug Vorbereitungen, wenn in Zeiten wachsender internationaler Spannungen warnende Nachrichten über Radio, Fernsehen und Presse kommen. Befolgen Sie die Ratschläge, die verbreitet werden.

Die *Hitzestrahlung* ist die erste Wirkung einer Kernwaffenexplosion (siehe *„Zu hell"*).

Tünchen Sie die Fenster weiß, entrümpeln Sie den Dachboden, dichten Sie Spalten zwischen den Dachziegeln ab (siehe *„Zu hell"*).

Beugen Sie Bränden auch damit vor, daß Sie Stoffe mit folgender Mischung gegen Feuer imprägnieren:

1 knapper Eimer Wasser (ca. 9 Liter)
1 reichliches Pfund Borax
1 knappes Pfund Borsäure

Textilien nach dem Waschen mit dieser Lösung behandeln. Da die Imprägnierung verhältnismäßig schnell ihre Wirkung verliert, die Prozedur nach einiger Zeit wiederholen.

Hängen Sie die Stoffe naß auf und lassen Sie sie an der Luft trocknen.

Das Verfahren ist nicht geeignet, um Polster feuerunempfindlich zu machen. Breiten Sie statt dessen ein imprägniertes Tuch über Polstersachen.

Stellen Sie Löschgeräte bereit (Schaumlöscher, Eimerspritze, Löschsand mit Schaufeln), um Entstehungsbrände sofort löschen zu können. Füllen Sie insbesondere möglichst viele Behälter (Badewanne, Eimer, Schüsseln) mit Wasser, vor allem im obersten Stockwerk.

Ein Rasensprenger oder eine Eimerspritze sind wirkungsvolle Löschgeräte.

DIE FOLGEN ZU GROSSER HITZE

Verbrennungen

Am wichtigsten: Flammen löschen und Hautgewebe kühlen.

Glimmende Kleidung herunterreißen, *aber auf keinen Fall unbeschädigte*. Das ist lebenswichtig!

1. Kühlen Sie die Brandwunden mit kaltem Wasser.
2. Brandwunden trocken und sauber halten (mit Mullbinde, Taschentuch).
3. Keine Wundsalbe, kein Öl usw. auflegen.
4. Blasen nicht aufstechen.
5. Für genügende Blutzirkulation sorgen. Krawatte, Gürtel und Schuhe ausziehen.

Trockene, verbrannte Kleidungsstücke sind durch das Feuer sterilisiert worden, deshalb anlassen. Nur nasse Kleidung ausziehen.

Verätzungen mit Chemikalien

Lassen Sie sofort Wasser, viel, viel Wasser über die verätzte Stelle laufen. Ziehen Sie mit Schwefel-, Salz- oder Salpetersäure bespritzte Kleidungsstücke aus, aber passen Sie auf, daß Sie sich dabei nicht verätzen.

Behandeln Sie die Verletzung wie eine Wunde (siehe *„Zu bedrängt"*).

Verbrennungen durch Elektrizität

Zuallererst müssen Sie den Verletzten von der stromführenden Leitung wegschaffen, Strom ausschalten und Stecker herausziehen.

Draußen heißt das Stichwort *trocken*.

Mit einem *trockenen* Stock, Zweig, Besenstiel usw. den Verunglückten von der Leitung wegziehen.

Oder mit einem *trockenen* Strick, Hemd oder Handtuch.

Dabei auf *trockenem* Zeitungspapier, Brett oder auf Gummi stehen.

Abb. 47: Entfernung eines Verletzten von der stromführenden Leitung (Isolierung durch Zeitungspapier und Besen)

Wenn der Patient nicht mehr atmet, müssen Sie künstliche Beatmung anwenden (siehe *„Zu naß“*).

Bitte glauben Sie nicht, Heldentaten vollbringen zu müssen, wenn eine Starkstromleitung im Spiel ist. Klettern Sie niemals auf Überlandleitungsmasten, Kräne oder Laufkatzen hinauf.

Die Berührung mit einer 400 000-Volt-Leitung kommt einem Selbstmord gleich. Rufen Sie in einem solchen Fall die Feuerwehr. Halten Sie Neugierige mindestens 30 m von der Unglücksstelle entfernt. Nur wenn Ihnen von autorisierter Seite mitgeteilt wird, daß der Strom abgeschaltet ist, dürfen Sie sich dem Verunglückten nähern.

Erschöpfungszustände bei zu großer Hitze

Können tödlich verlaufen und sind sehr viel wahrscheinlicher in einem Dschungel als der Angriff eines Gorillas.

Bei zu hohen Temperaturen verliert der Körper zu viel Flüssigkeit und Salz. Anzeichen: Krampf in der Muskulatur, Atemnot, Erbrechen, Schwindelanfälle.

Behandlung: Alle 15 Minuten eine Stunde lang einen halben Liter Wasser mit zwei Teelöffeln Salz verabreichen, danach jede weitere halbe Stunde, bis der Patient sich weigert zu trinken. Ruhe und Schatten sind außerordentlich wichtig.

Bei Salzknappheit sollten Sie weniger Salz ins Wasser geben, aber darauf achten, daß es gleichmäßig verteilt wird. Es kommt darauf an, dem Körper das verlorene Salz wieder zuzuführen.

Sonnenstich, Hitzschlag

Sofortiges Handeln ist notwendig. *Kühle zufächeln.*

Tun Sie das Richtige, wenn (bei Tag oder Nacht) jemand plötzlich zusammenbricht oder über Schwäche, Schwindelanfälle und ausgetrocknete Kehle klagt, wenn er kaltfeuchte Haut und jagenden Puls hat und wenn es sehr *heiß* war.

Sie müssen vor allem verhindern, daß die Körpertemperatur weitersteigt.

1. Ausziehen.
2. In nasses Tuch, Handtuch, nasse Zeltbahn wickeln.
3. Mit allem, was zur Hand ist (Hemd), Kühlung zufächeln. Fächeln, fächeln und nochmals fächeln.

Dadurch wird, wenn Sie es lang genug tun (!), die erwünschte Kühle durch Verdunstung erzielt. Hören Sie damit nur auf, wenn der Patient sich übergibt. Sobald er sich erholt hat, bedecken Sie ihn mit trockenen Tüchern.

Zu niedrig

Zu niedrig ist es überall dort, wo Sie *weiter oben* sicherer sind, wo vielleicht Ihr Leben davon abhängt, daß Sie *höher* kommen — und seien es nur ein paar Meter. Wenn Sie z. B. vor einem wild gewordenen Bullen davonlaufen, vor der heranbrausenden Flut, vor prasselnden Flammen . . .

Und ob Sie nun von einer Eisscholle ins Wasser gefallen sind oder sich nach einem Baumast recken — die Frage bleibt dieselbe:

Wie komme ich, im Anzug oder Bademantel, mit einem Kind an der Hand, ein bißchen höher und in Sicherheit?

BEVOR SIE KLETTERN . . .

. . . und wenn Sie genügend Zeit haben:
Mantel ausziehen, damit Sie Bewegungsfreiheit haben.
Jacke ausziehen, wenn sie über den Schultern spannt.
Armbanduhr in die Tasche stecken und
  möglichst auch noch die Brille, wenn Sie ohne sie sehen können.
Enge Hosen über die Knie hochstreifen.
Rock hochbinden.
Hosentaschen leeren.
Schuhsohlen säubern.
In Strümpfen klettern, wenn der Boden naß, glitschig oder vereist ist.
Pflaster auf die Schuhsohlen kleben.
Wollene Handschuhe tragen, wenn Schnee liegt.

Binden Sie sich die ausgezogenen Kleidungsstücke um die Hüfte und stecken sie die Schuhe in Ihre Seitentaschen.

. . . UND WENN SIE KLETTERN

Ein Vergleich aus der Raketentechnik verdeutlicht am ehesten, was gemeint ist.

1. Der Fußhalt ist gewissermaßen die Startrampe, von der aus Sie sich ...
2. ... mit Füßen und Beinen wie mit Raketenmotoren nach oben schieben.
3. Greifen Sie nicht gleich bis zum Mond.

Eiserne Regel: Stets zuerst mit den Füßen Halt suchen, Handgriffe kommen nur zusätzlich.

Schauen Sie auf die Füße hinunter (aber nicht weiter nach unten); knien Sie sich so selten wie möglich hin; nehmen Sie hin und wieder die Arme herunter, um den Blutkreislauf nicht zu hemmen; wenn ein Bein zittert, lassen Sie es ein paar Sekunden lang baumeln.

Um nicht abzurutschen, säubern Sie schmale schmutzige Fußstützen mit den Fingern, einer Nagelfeile, mit dem Kamm oder einem Taschentuch.

Klopfen Sie die Stelle, wohin Sie die Hand legen wollen, mit dem Knöchel ab. Klingt sie brüchig und lose, dann lassen Sie besser die Finger weg! Ist sie fest, so ziehen Sie nur nach unten, *nicht* nach außen.

Rufen Sie *Achtung!*, wenn Steinbrocken usw. nach unten fallen. Wer unten steht, muß sich sofort niederhocken und die Arme über dem Kopf verschränken.

Griffe

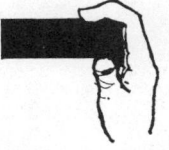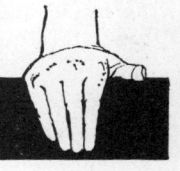

Abb. 48: Handgriffe

Greifen Sie *über* Kanten (wie bei einer Leitersprosse).
Greifen Sie *unter* Kanten (wie beim Griff eines Zigarettenautomaten).
Greifen Sie *um* Kanten (als machten Sie eine Schiebetür auf).
Stützen Sie die Handballen auf.

Fühlen Sie *in* eine enge Öffnung hinein, und ballen Sie die Hand zur Faust, so daß sie nicht herausrutschen kann.

Schuhkante auf Nieten, Ziegelsteine, Kragsteine, Muscheln an Felsklippen, Unebenheiten setzen.

Schieben Sie den Fuß in waagerechte Spalten, indem Sie ihn im Gelenk erst zur Seite drehen, dann locker ansetzen, darauf wieder gerade drehen. Beim Herausziehen umgekehrt verfahren.

Manchmal kommt man nur mit Hilfe einer Schlaufe (aus Gürtel, Krawatte, Schnürsenkel) weiter, die man über einen Vorsprung hängt.

Klettern in engen Spalten

Selbst einen vollständig glatten Lichtschacht, einen engen Korridor oder Kamin kann man mit einiger Geschicklichkeit erklimmen. Lehnen Sie dabei den Rücken gegen die Wand, und stemmen Sie die Füße gegen die gegenüberliegende Wand.

Abb. 49: Klettern in engem Schacht

Darauf beide Hände in Höhe des Hinterteiles an die Mauer pressen, Körper von der Mauer wegstemmen und sich höherwinden. Füße gleichzeitig nach oben bringen.

Stärkeren „Schub" erzielt man, indem man nur ein Bein gegen die gegenüberliegende Wand stemmt, das andere im Knie abgewinkelt unter die Hände setzt.

Wird der Schacht nach oben hin enger, nehmen Sie die Knie statt der Füße zu Hilfe. Wenn die Wand sich abflacht, die leichteste Stelle hinaufklettern.

Alte Leute und Kinder

Alte Leute sollten nur dann klettern, wenn es absolut notwendig ist. Und dann auch nur so hoch wie für ihre Sicherheit eben nötig. Dabei von unten schieben und von oben ziehen. Auf dem ersten Absatz, auf dem sie sicher sind, machen Sie es ihnen bequem. Sie sollen dort auf Hilfe warten, während die anderen höherklettern.

Ziehen Sie sie mit Hilfe von Schlaufen (aus Gürteln) an Händen und Füßen höher; die Helfer benötigen wahrscheinlich auch welche. Schieben Sie mit den Armen. *Vorsicht: Alte Leute lassen mitunter einfach los und fallen den Helfern als tote Last in die Arme.*

Setzen Sie *von unten* die Füße und schieben Sie dabei die ganze Zeit. Halten Sie die Person an den Beinen, und verlagern Sie die Last auf Kopf und Schultern. Vergewissern Sie sich, daß Sie selbst einen Halt haben.

Von oben ziehen und heben Sie Gebrechliche und Kinder am Handgelenk, dann greifen Sie zu den Ellbogen und Achselhöhlen über. Dabei müssen Sie aufpassen, daß Sie nicht vom Gewicht nach unten gerissen werden.

Der beste Griff zum Ziehen ist das gegenseitige Umfassen der Handgelenke.

Sobald Höhe gewonnen ist, müssen die Helfer gleichfalls höher klettern, damit sie ständig ziehen können.

In Höhe einer Kante, eines Absatzes, Ellbogen der Person, der Sie helfen, darauflegen und dort festhalten. Dann einen Fuß (vielleicht mit einer Schlaufe) heraufholen und die Person in horizontaler Lage über die Stufe rollen.

Vergewissern Sie sich immer wieder, daß Sie bei plötzlichem Loslassen nicht mit hinabgerissen werden.

Manchmal sind sich alte Leute durch die Auswirkung des Schocks ihrer Lage gar nicht bewußt. Deshalb auf dem Absatz mit einem Seil, Gürtel usw. sichern, so daß sie nicht fallen können. Schock behandeln (siehe *„Zu einsam"*).

Ein Kind ist leichter hochzubefördern.

Packen Sie es bei den Armen, Hüften oder Oberschenkeln.

Das Kind zieht sich mit den Händen nach oben, während der erwachsene Helfer die Knie hält. Oder Kind am Schritt in die Höhe schieben. (Dabei muß Helfer festen Stand haben.)

Haben Sie keine andere Wahl, stellen sie die Füße des Kindes auf eine sichere Stufe, während das Kind sich mit den Händen festhält. Sagen Sie ihm, es soll so stehen bleiben, während Sie daran vorbei höher klettern.

Bleiben Sie ruhig. Zeigen Sie sich begeistert über jeden Fortschritt. Verbergen Sie ihre Angst.

Ist das Kind zu jung, zu schwach oder zu ängstlich, dann soll es die Arme um Ihren Hals legen (Gesicht Ihnen zugewandt). Stützen Sie es mit der Hüfte und den Schenkeln, während Sie klettern. Das ist allerdings so beschwerlich, daß es nur über kurze Strecken geht.

Kleinkinder tragen Sie nach Indianerart auf dem Rücken. Improvisieren Sie einen Tragsitz aus einem Mantel, Schal, einer Decke, einem Bettbezug. Verwenden Sie eine größere Einkaufstasche. Überzeugen Sie sich davon, daß Sie das Kind nicht erdrücken und daß es nicht herausfallen kann.

Abb. 50:
Klettern an einer Gebäudefassade

Abb. 51: Tragesitz für ein Kind

HILFSMITTEL BEIM KLETTERN

Kletterseil

In den allerwenigsten Fällen werden Sie ein Kletterseil zur Hand haben. Aber auch in Streifen gerissene Bettücher und Vorhänge erfüllen diesen Zweck. Eine Wäscheleine, das Strickgeländer um den Kirchenaltar, ein Schal, eine Fallschirmleine, Schläuche, Fenstergurte, Leitungslitze, Badetücher und Gürtel eignen sich im Notfall auch.

Vorhänge und Bettücher dürfen Sie nur dann verwenden, wenn das Material nicht allzu großer Belastung ausgesetzt ist.

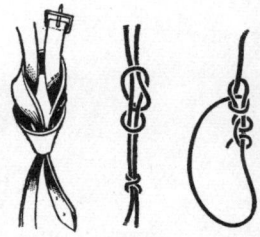

Abb. 52: Kreuzknoten, Fischerknoten, Pfahlknoten

Prüfen Sie die Knoten, indem Sie auf das „Kletterseil" treten und daran ziehen. Kreuzknoten sind gut geeignet.

Richtige Kletterseile werden am besten mit Fischerknoten gebunden.

Die scharfe Kante, über die das Seil läuft, polstern Sie ab.

Leitern

Kurze Leitern stücken Sie zusammen. Zwei Leitern zu $2^1/2$ m ergeben 4 m — eine Länge, die meist ausreicht, ins erste Stockwerk zu klettern. Ungefähr einen Meter überlappen lassen und mit festem Strick binden. Achten Sie darauf, daß die Leiter fest steht und nicht wegrutschen kann.

WIE MAN MIT EINEM KLETTERSEIL UMGEHT

Den Wert eines „echten" oder improvisierten Kletterseils werden Sie spätestens dann schätzen lernen, wenn Sie inmitten von Steilklippen stehen und die Flut kommt ...

Der Stärkste (Gewandteste, Zäheste, Umsichtigste) klettert zuerst und zieht dabei das Seil hinter sich her, das er sich um den Leib gebunden hat.

Auf dem ersten sicheren Absatz schauen Sie sich nach einer Stelle um, wo sich das Seil verankern läßt (Türknauf, Fenster, Felsvorsprung, Baumast, Geländer). Wenn es nicht lang genug ist, improvisieren Sie ein spezielles Ankertau aus Gürtel usw.

Abb. 53: Einholen eines Seils

Unten bindet sich der nächste das andere Ende mit einem Pfahl-knoten um Brust oder Bauch. Während er hochklettert, holt der Mann oben das Seil mit einer Bewegung ein, als würde er sich den Rücken abtrocknen.

Dadurch wird gewährleistet:

a) Das Seil ist stets straff gespannt. Der Kletterer benutzt dieselben Griffe und Tritte wie der erste Mann.

b) So kann man die Leine besser halten, wenn der Kletterer abrutscht. Der Schock wird gemildert, wenn man weiß, das Seil ist vorn ge-sichert.

c) Niemand fällt mehrere Meter tief, wobei das Seil zerreißen würde.

d) Der Mann oben kann in schwierigen Momenten oder ständig z-i-e-h-e-n.

e) Die Kletterer können das Seil nicht falsch benutzen, indem sie etwa Hand über Hand klettern wollen.

Ist der zweite Mann oben, Leine mit Schlaufe am Ende hinunter-lassen, und der nächste legt sie sich um Brust oder Bauch.

Achtung: Wenn das Seil — wie hier gezeigt — von einem Retter hinabgelassen werden kann, soll in das andere Ende schon eine Schlaufe gebunden sein. Im übrigen genauso verfahren.

Gebrechlichen muß man das Seil fest um die Brust binden, damit sie nicht herausrutschen können. (Auch älteren Kindern Seil um die Brust legen.) Kleinkinder am besten auf dem Rücken (in der oben beschriebenen Weise) höher transportieren.

Lebenswichtig ist, daß der Knoten nicht rutscht. Da der Pfahlkno-ten, falsch gebunden, den Bauch einschnüren kann, befestigen Sie das Seil lieber mit einem festen Knoten nach der eigenen Methode, wenn Sie sich dieses Knotens nicht mehr sicher sind. Ihr Knoten mag ab-schreckend aussehen — Hauptsache, er ist sicher.

Auf diese Art und Weise kann der erste Mann in mehreren Ab-schnitten eine ganze Anzahl von Leuten auf die Klippe bringen oder aus brennenden Gebäuden usw. schaffen. Dabei ist wichtig:

a) Er muß eine Felsstufe, einen Mauervorsprung ansteuern, der allen nachfolgenden Personen Platz bietet. *Die Höhe dieser Stufe wird durch die Länge des Seils bestimmt — es muß bis zu den anderen unten reichen.*

b) Ist das Seil stark genug, sollte sich jemand von unten das andere Ende um den Bauch binden und sich gleichfalls sichern. Dann in dem Tempo Leine geben, in dem der erste Mann steigt.

c) Beim Hochsteigen muß dieser darauf achten, daß das Seil nirgendwo hängenbleibt — und ihn rücklings nach unten reißt.

d) Läßt sich das Seil auf dem oberen Absatz nicht verankern, dann nehmen Sie wie zum Seilziehen hinter einem Felsen, Fensterbrett, Baum, Felsblock, Zaunpfahl Aufstellung und stemmen die Fersen ein.

Damit wird erreicht, daß der erste Mann, vom zweiten festgehalten, nur um die Länge des ausgelassenen Seils fallen kann. Der zweite Mann muß ständig auf das Schlimmste gefaßt sein, denn es gibt einen furchtbaren Ruck in der Leine, wenn das geschieht. Außerdem ist Voraussetzung, daß die Verankerung beim zweiten Mann nicht reißt, er seinerseits also festen Stand behält.

Wenn bei einem Sturz das Seil nicht reißt, klettert der am Seil Baumelnde wieder hoch, und der zweite Mann holt die Leine im entsprechenden Tempo ein.

(Wenn der zweite Mann, der Leine gibt, selbst nicht fest gesichert ist und auf schmalem, abschüssigem, oder sonstwie gefährlichem Absatz steht, so daß er bei einem Sturz des ersten Mannes mitgerissen wird, soll er sich nicht festbinden und Leine auch nicht um die Hüfte, sondern nur durch die Finger laufen lassen. Er soll lediglich darauf achten, daß das Seil nirgendwo hängenbleibt.)

Wenn der Mann oben fällt, reißt er wenigstens niemanden mit sich in die Tiefe . . .

Hinweis: Wenn Sie das Seil um die Hüfte laufen lassen, schlagen Sie die Manschetten zum Schutz über die Hände nach unten. Stürzt jemand ab, ziehen Sie das Seil mit beiden Händen an.

Hinauf werfen Sie ein Seil folgendermaßen: Die aufgeschossene Leine nehmen Sie in die Linke, so daß sie sich im Uhrzeigersinn abwickeln kann, drei locker gelegte Windungen in die Rechte. Zielen und die losen Windungen werfen, dabei die Leine aus der Linken laufen lassen. Klettern Sie nie zum Spaß „ein bißchen in den Felsen herum"; Bergnot ist an Steilküsten häufiger als im Gebirge!

VERSCHIEDENE SITUATIONEN

(in denen es gilt, höher zu kommen)

Vom Boden hoch

a) Ein Wagen rast auf Sie zu, der Fahrer sieht Sie im letzten Augenblick, versucht zu bremsen ... Eine Situation, die an jedem Fußgängerübergang eintreten kann. *Springen Sie auf die Motorhaube!* Und entgehen Sie auf diese Weise einem Beinbruch, blauen Flecken oder Schlimmerem ... *Tun Sie es sofort, ohne Zögern.* Schnelle Reaktion ist hier alles. Gut ist ein Scherensprung — dann landen Sie auf dem Allerwertesten, dem natürlichen Schutzpolster. Hände und Knie sind leicht verletzlich. Beim Sprung Hände gegen die Motorhaube strecken, Beine nach außen spreizen.

b) Springen Sie direkt auf Fußhalte, wenn das Hindernis (Mauer) fest genug ist und welche bietet. Langen Sie nicht nach einer Mauerkrone, die mit Glasscherben, Stacheldraht oder Eisenspitzen bestückt ist (es sei denn, Sie können die Spitzen umfassen). Handgriffe unterhalb anlegen, mit den Füßen hochstrampeln, ein Bein

Abb. 54: Sprung auf Motorhaube

flach auf die Mauer bringen und hochwälzen. Finger zwischen den Hindernissen fest auf die Mauerkrone pressen.

Ob der Draht oben auf der Krone elektrisch geladen ist oder nicht, läßt sich schnell feststellen:

Liegen tote Tiere darunter?
Sind Isolatoren angebracht?
Sprüht der Draht bei einem Gewitter Funken?

Berühren Sie den Draht flüchtig mit hervorstehendem Fingerknöchel. Wenn er elektrisch geladen ist, erhalten Sie dann nur einen schwachen Schlag.

c) Fassen Sie mit den Händen zu, wenn es keinen Fußhalt gibt. Hochstrampeln, bis Sie erneut höher fassen können.

d) Lassen sich weder Tritte noch Griffe anbringen (und haben Sie Zeit genug), bauen Sie eine Leiter aus Treibholz, Steinen, Kohlen, Schrott, Möbelstücken, Gesangbüchern.

Aus dem Wasser

Tief Luft holen. Im Wasser auf- und niedertauchen, dann mit kräftigem Arm- und Beinschlag nach oben schießen. Handgriff oder Ellbogenstütze, Knie auflegen und hochrollen. Bei glitschigem Mauerwerk halten Sie Ausschau nach Eisenklammern, Anlegeklötzen, herunterbaumelnden Seilen, Leitern.

Bei abschüssigen, schlammigen Ufern: Wie vorher auf- und niedertauchen, eine Hand hoch auf das Ufer legen, mit der anderen in Hüfthöhe nach unten drücken. Erneuter Beinstoß, Zehen seitlich in die weiche Erde rammen, mit einer Hand weiter nach oben langen, mit der anderen nach unten drücken.

Zweige über Wasser: Jeden Zweig in Reichweite, und wenn er noch so schmächtig ist, ergreifen, Beinstöße ausführen und zu dickeren Zweigen weiterhangeln. Wenn Sie nur Blätter ergreifen können, den Zweig daran ins Wasser ziehen.

In ein Faltboot

Klettern Sie *nicht* wieder in ein gekentertes Faltboot.

In ein Ruderboot

1. Zum Heck schwimmen, mit Arm- und Beinschlägen bis in Brusthöhe hinaufschwingen, dann ins Boot krauchen oder 2. das Ruder beiseite schieben, eine Schlaufe in die Fangleine des Bootes schlagen und den Fuß hineinsetzen. Wer schon im Boot ist, sollte sich auf die Gegenseite lehnen, um Gleichgewicht zu halten.

In ein Schlauchboot

Über die dickste Wulst klettern; Hände auflegen, Beinstoß ausführen, Bauch auf die Wulst schieben und hineinkriechen.

Wie man jemandem aus dem Wasser hilft

Die Hände des Erschöpften auf das Ufer ziehen und übereinanderlegen, dabei selbst festen Stand suchen. Linkes Handgelenk mit der Linken, rechtes mit der Rechten fassen und den anderen im Wasser auf und abtauchen (wie immer beim Heben Knie beugen!), dann mit einem Schwung heraushieven. Dabei drehen Sie sich so, daß der andere mit dem Gesicht zum Wasser sitzend auf dem Trockenen landet. Reichen Ihre Kräfte dazu nicht aus, bis in Brusthöhe in Seitenlage bringen, Ellbogen aufstützen und Bein des Erschöpften an Land ziehen.

Die Arme *eines Kindes* kreuzen und hochheben, so daß sich das Kind in der Luft um die eigene Achse dreht. Oder Arme auf das Dollbord legen, unter der Achselhöhle polstern, nach dem Bein langen und daran herausziehen.

Wenn das Eis bricht

1. Führen Sie sofort kräftige Beinstöße aus.
2. Tauchen Sie so wenig wie möglich unter, damit die Kleider nicht alle naß werden.
3. Breiten Sie die Arme weit aus.
4. Schieben Sie sich mit Beinstößen auf das Eis.

Bricht das Eis erneut, geraten Sie nicht in Panik.

Je näher am Ufer, desto besser für Sie. Geben Sie trotzdem auch weit draußen nicht auf! Ergreifen Sie die Eiskante, stoßen Sie kräftig mit den Beinen. Breiten Sie die Arme aus, um das Gewicht zu verteilen und schnellen Sie sich immer wieder nach vorn, wobei Sie versuchen, sich aufs Eis zu winden. Lassen Sie nicht locker, wenn das Eis wiederholt bricht! Auf diese Weise hat sich schon mancher zum rettenden Ufer „gepflügt".

Wenn Sie einem Eingebrochenen zu Hilfe eilen: Gehen Sie nicht aufs Eis hinaus. Rufen Sie dem Verunglückten vom Ufer aus zu, in welche Richtung er seine Versuche unternehmen soll. Versuchen Sie, ihm eine Stange, einen Ast, eine Leiter hinzuhalten. Oder binden Sie einen Schlittschuh, einen Stein an eine Leine (zusammengebundene Schals usw.), die Sie ihm zuwerfen.

Abb. 55: Rettung auf dem Eis

Mehrere Personen können aufs Eis hinauskriechen, wobei sich jede an den Fußgelenken des Vordermanns festhält. Der erste hält dem Eingebrochenen einen Gürtel (mit Schlaufe) hin. Kehren Sie um, wenn das Eis ächzt, knirscht und kracht.

Auf Bäume

Schwierig ist es, wenn der unterste Ast nicht in Reichweite ist.

a) Ein Stamm, der geteilt, gewunden, mit Efeu überwachsen oder schräg geneigt ist, läßt sich mit einigem Geschick erklettern.
b) Improvisieren Sie eine Leiter.
c) Mit Anlauf hochspringen und niedrigsten Ast fassen. Gelingt das, Hand über Hand zum Stamm hangeln und Füße hochschwingen. Auf den Ast winden.

Beim Weiterklettern benutzen Sie nur die dicksten Äste. Ersteigen Sie sie dort, wo sie am Stamm angewachsen sind. Passen Sie auf, daß die Füße nicht in einer engen Gabelung hängenbleiben. Vorsicht ist vor abgestorbenen Ästen geboten.

Auf Kokospalmen

(Siehe auch „*Zu leer*")

Die glatten, schlanken Stämme sind schwer zu erklimmen. Versuchen Sie deshalb, die Früchte mit Steinen herunterzuwerfen oder suchen Sie sich einen kleineren schrägstehenden Baum aus.

Höhere Bäume kann man mit einer Kletterhilfe ersteigen. Legen Sie eine Schlaufe (Gürtel, Kleidungsstück) mit etwas größerem Umfang als der Stamm in Hüfthöhe um den Baum. *Dann steigen Sie mit beiden Füßen darauf.* Die Schlinge rutscht nicht weg! Langen Sie mit den Armen hinauf und ziehen Sie sich, Beine mit Kletterschluß, hoch. Dabei mit den Zehen die Schlinge gleichzeitig hochstreifen, Füße erneut darauf abstützen usw.

Seilklettern

Mancher glaubt, er könnte das nie und nimmer. Der Trick dabei ist, mit beiden Händen hochzulangen und das Seil auch mit den Füßen (oder mit Fuß und Fußgelenk) zu umfassen, *dann die Beine zu strekken* (denken Sie an den Raketenschub!), erneut mit den Händen höher zu greifen usw.

Abb. 56:
Seilklettern mit Hilfe
von verschiebbaren Knoten

169

Wer sich das nicht zutraut, kommt vielleicht dennoch hoch, wenn ein guter Kletterer hinterher steigt und seine Füße mit den Fäusten stützt, auf diese Weise also für Fußhalt sorgt. Dann braucht der erste Kletterer lediglich die Beine zu beugen, wieder auszustrecken und höher zu langen.

Hängt das Seil an einer Mauer, einem Felsen oder Baumstamm usw. herunter, klettern Sie Hand über Hand hoch, stemmen sich mit den Füßen gegen das Hindernis und nutzen die Hebelwirkung aus.

Eine weitere Kletterhilfe ist eine Schlinge aus Gürtel, Seil, Strick, elektrischer Leitung usw., die mit dem abgebildeten Knoten am Kletterseil befestigt wird. Unter Spannung festigt sich der Knoten und rutscht nicht nach unten, läßt sich unbelastet aber nach oben schieben. Sie brauchen drei Schlaufen: je eine für die Füße und eine um die Brust. Die Methode ist ziemlich anstrengend und zeitraubend.

Leitern

Starre Leitern: Handgriffe an den Sprossen, nicht an den Holmen. Wenn möglich, soll jemand das Fußende sichern.

Strickleitern: Hinter der Leiter Arme kreuzen und Seitenstricke fassen; die Sprossen könnten reißen. Tritte wie bei jeder gewöhnlichen Leiter. Beim Ausruhen Arme hinter der Leiter verschränken.

Leitern aus Stahltrossen: Umgreifen Sie die Sprossen von hinten, die Handflächen Ihnen zugekehrt. Hängt die Leiter frei, setzen Sie abwechselnd ein Bein dahinter auf (mit der Ferse). Liegt sie auf, steigen Sie wie bei einer festen Leiter hinauf.

Auf Brückenträger, Baugerüste usw.

Klettertechnik wie bei Leitern. Kragsteine, Nieten, Flanschen, Verstrebungen geben gute Fußstützen ab.

Auf Gebäude

a) Um ein Fenster zu öffnen, schlagen Sie die Scheibe mit Schuh, Handtasche oder Faust (siehe „*Zu einsam*") ein. Geraden Stoß ausführen. Mit der anderen Hand halten Sie sich am Fenstersims fest oder stützen die Ellbogen auf.

b) Regenrohre klettern Sie mit Knieschluß hoch. Die Zehen berühren sich dabei hinten. Ziehen Sie *nach unten*, nicht nach *außen*. Rütteln Sie zuerst an jedem Abschnitt, ob er hält.

c) Blitzableiter: zur Probe ziehen Sie kräftig daran, beim Klettern dürfen Sie nicht nach außen zerren.

d) Auf Dächer klettert man am besten in Socken oder Strümpfen. Setzen Sie sich auf ein Bein, pressen Sie die Hände fest an. Das andere Bein strecken Sie als Stütze nach unten. *Aufrecht sitzen.* Mit den Händen halten Sie sich an Dachkante, Fernseh- oder Antennenkabel fest. Wenn es gar nicht anders geht: Ziegel herunterreißen, darunter Halt suchen.

e) An Balkongeländern, Fenstersimsen usw. können Sie sich mit dem Kinn abstützen. Dann bekommen Sie die Hände frei, um sie (oder die Ellbogen) hochzulegen, die Füße an der Mauer hochzuziehen, Knie oder Fuß hochzubringen, um sich dann hochzustemmen. Vorsicht bei brüchigen, wackligen Steinen, die vielleicht unter Belastung herausbrechen. Verlagern Sie das Körpergewicht nach Möglichkeit auf die Füße.

Im Gebirge

Wählen Sie die am leichtesten aussehende Route, die an Abgründen, Schneehängen, Eismauern, Wasserfällen oder Steilhängen vorbeiführt (siehe auch *„Zu langsam"*).

Wenn Sie mit Händen und Füßen steigen *müssen,* wenn es *wirklich* keinen anderen Weg gibt, beachten Sie:

a) Möglichst gering geneigte *Felshänge* mit Vorsprüngen, Zacken, Stufen, Absätzen, Plattformen ersteigen. Der Weg nach oben sollte auf der ganzen Länge abzusehen sein. Kamine, Schächte, Spalten vermitteln zwar ein größeres Gefühl der Sicherheit, aber sie bergen unter Umständen auf den Abschnitten, die nicht einzusehen sind, unüberwindliche Schwierigkeiten.

b) Im *Schiefer* stoßen Sie mit den Schuhspitzen Löcher in den Steilhang. (Mit den Fingern erweitern.) Gerade stehen. An drei Punkten müssen Sie immer Kontakt mit der Wand haben, während eine Hand oder ein Fuß stößt bzw. gräbt.

c) An *Schneehängen* äußerste Vorsicht walten lassen. Vermeiden Sie Lawinenbildung (siehe auch *„Zu schnell"*), indem Sie respektvolle Entfernung von Löchern im Schnee halten. Harmlos aussehende Hänge von nicht mehr als 14° Neigung können bei Tauwetter, Neuschnee über altem, hartgewordenem Schnee oder Eis heimtückisch sein. Werfen Sie zur Sicherheit Steine auf den Hang. Rollen Schneebälle hinunter, ist das ein schlechtes Zeichen. Wächten sind besonders gefährlich. Sie können ohne Vorwarnung abrutschen.

Beim Klettern im Schneehang mit dem Gewicht des Beins nicht zu große Fußhalte einschlagen. Aufrecht stehen. Stets für drei feste Punkte sorgen. Mit den Händen Gleichgewicht halten. Hände umwickeln, wenn Sie keine Handschuhe haben. Wird der Hang steiler, im Zickzack voranrücken. Fußstützen dicht nebeneinander. Verwenden Sie einen Stein, eine Eisenstange, ein Werkzeug oder Messer als Eispickel. Damit lassen sich Löcher für Tritte und Griffe leichter aushacken. *Lebenswichtig* als Bremse, wenn Sie abrutschen (siehe *„Zu tief"*).

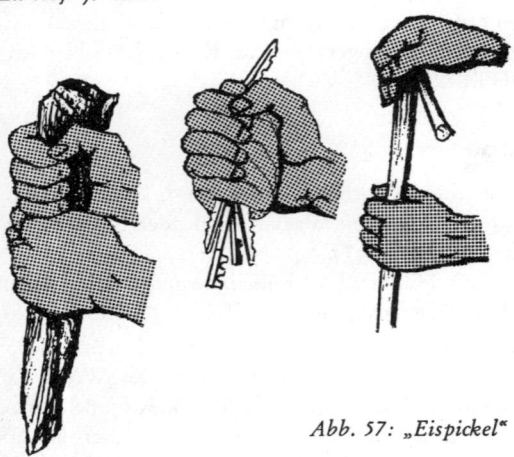

Abb. 57: „Eispickel"

d) Um *Eisfelder* schlagen Sie einen Bogen. Eine Eisschicht auf Felsgestein läßt sich, ist die Fläche nicht zu ausgedehnt, mit einem Stein abschlagen. In Socken darüberklettern.

Schuhwerk auf keinen Fall wegwerfen, sondern in Tasche stecken oder zusammengebunden am Gürtel tragen. Berücksichtigen Sie die Gefahr einer Erfrierung und wägen Sie ab, was gefahrloser ist: Schuhe ausziehen oder Eisfläche umgehen? (Siehe *„Zu kalt".*)

e) In Schnee und Eis kann man sich gewöhnlich nicht verankern. Verwenden Sie das Seil deshalb nur, wenn ein Felsblock, Eispickel oder langer Stock die Möglichkeit dazu bietet. Eine Art Eispickel sollte jeder mit sich führen.

Bergung aus Gletscherspalten

Unter günstigen Voraussetzungen kann ein einzelner Mann seinen Gefährten auf einfache Weise aus seiner Lage befreien. Der Abgestürzte muß

angeseilt sein;
bei Bewußtsein sein;
in der Lage sein mitzuhelfen;
mit einem weiteren Seil oder dem anderen Ende des Seils, an das er gebunden ist, erreicht werden können.
Das Seil muß gesichert werden können (durch Eispickel, Felsbrocken usw.).

In diesem Fall:

a) Das Seil des Abgestürzten verankern.
b) Der Retter stellt sich mit dem zweiten Seil wie zum Seilziehen in die Nähe der ersten Verankerung.
c) Er läßt das am Ende mit einer Schlaufe versehene Seil hinunter.
d) Der Abgestürzte setzt den Fuß in die Schlaufe und beugt das Knie.
e) Der Mann oben holt das Seil mit der Schlaufe ein und verankert es.
f) Dann holt er das andere Seil, das dem Mann unten um den Leib gebunden ist, ein und sichert es. Dabei
g) streckt der Gestürzte das Bein und so fort.

Der Mann oben zieht und verankert also abwechselnd beide Seile; der Mann unten beugt und streckt das Bein in der Schlaufe. Wenn oben mehrere Personen zupacken können, geht es leichter, nur für den Abgestürzten bleibt die Mühe dieselbe.

Wichtig: Dem Verunglückten das Seil mit der Schlaufe so bald wie möglich hinunterschicken, damit der Druck des Seils um seinen Leib nachläßt.

Wie schon beschrieben, ist es auch möglich, an einem Seil allein hochzuklimmen (siehe oben).

Damit es gar nicht erst so weit kommt, überqueren Sie Gletscher nur im äußersten Notfall. Achten Sie auf Spalten und Risse, stechen Sie zur Probe mit Stöcken, Stangen vor sich her oder werfen Sie Steine. In Zweifelsfällen lieber einen Bogen machen. Manchmal ist ein blauer Schimmer von unten eine Warnung.

UNTER DER ERDE

(siehe auch „*Zu dunkel*")

Ein paar Meter höher muß man vielleicht auch in einer Höhle, im Kanalisationssystem, in der Untergrundbahn, einem Bergwerk, einem Tunnel; zum Beispiel, um sich oder einen Verletzten vor steigender Wasserflut in Sicherheit zu bringen.

Dabei ist das Klettern in Dunkelheit und schlüpfriger Nässe besonders gefährlich. Tropfbildungen in Höhlen sind ausnehmend glatt. Saubere, nasse Socken sind dann besser als Gummisohlen. Vorausgesetzt, Sie *müssen* klettern.

Große Stalagmiten lassen sich leicht ersteigen und Seile kann man gut daran verankern.

Sicherheit unter der Erde

Richten Sie sich in Ihrer Geschwindigkeit nach dem Langsamsten oder Schwächsten der Gruppe.

Unternehmen Sie nichts auf eigene Faust.

Bleiben Sie beieinander.

Schauen Sie sich immer wieder um, und prägen Sie sich den Weg ein, den Sie gegangen sind.

Markieren Sie den Weg mit zurückweisenden Pfeilen (Pappe, Ruß, in den Stein gekratzt).

Hinterlassen Sie einen Pfeil, noch besser eine Kerze, an der Stelle, an der Sie eine größere Kammer betreten haben.

Den Weg durch Wasser erkundet der beste Schwimmer zuerst.

Die anderen folgen watend.

Laufen Sie am Rand des Gewässers nur dann entlang, wenn der Weg dort leichter ist.

Unfall unter der Erde

Hat sich jemand verletzt oder ist zusammengebrochen:

1. Vergewissern Sie sich, daß alle anderen wohlauf sind.
2. Schaffen Sie den Verletzten an einen möglichst sicheren Platz, auch wenn Sie ihn hochheben oder herablassen müssen (außer es besteht die Gefahr einer Rückgratverletzung).
3. Betten Sie den Verletzten bequem und warm. Leisten Sie Erste Hilfe. Opfern Sie, wenn nötig, eigene Kleidungsstücke.

4. Boten ausschicken, um Hilfe zu holen (siehe „*Zu einsam*").
5. Die Zurückbleibenden sorgen für den Verletzten (Wärme; evtl. besserer Platz; beruhigende Zusprache).

Damit es gar nicht erst dazu kommt . . .: Erkunden Sie Höhlen nur mit einer entsprechend ausgerüsteten Gesellschaft. (Nahrungsmittel, *Ersatz*kerzen, *Ersatz*streichhölzer, *Ersatz*batterien mitnehmen).

Hinterlassen Sie, wohin Sie gegangen sind. Erforschen Sie Höhlen mindestens zu viert. Verschieben Sie die Tour, wenn es nach Regen aussieht. Stellen Sie keine Rekorde auf. Unterschätzen Sie die Gefahren nicht.

Zu hoch

Ein Sprung von der Brücke, auf das Dach des unten durchrasenden Schnellzugs, klingt nach Filmdrehbuch; am Rettungsseil eines Hubschraubers herunterzurutschen mag allenfalls für ein Marinekommando in Frage kommen. Aber wer weiß — vielleicht geraten Sie in eine ähnliche Lage?

Behalten Sie die Nerven, wenn Sie sich *zu hoch* fühlen: auf einem sinkenden Schiff, dem Dach eines brennenden Hauses, einer zusammenstürzenden Brücke, einem steckengebliebenen Riesenrad oder Skilift. Wenn es nicht selbstverständlich ist, dazubleiben und abzuwarten, schauen Sie sich nach einem Weg nach unten um.

Sie sind vielleicht viele hundert Meter hoch und brauchen doch nur eine winzige Strecke zurückzulegen, um ganz leicht hinunterrutschen zu können. Die Schwerkraft hilft Ihnen; setzen Sie sie geschickt ein.

WIE MAN NACH UNTEN KOMMT

Klettern

(Siehe „*Zu niedrig*")

Der Schwächste aus der Gruppe klettert zuerst hinunter, der Stärkste zuletzt. Das ist psychologisch richtiger.
1. Griffe sorgfältig wählen.
2. Nicht tiefer als bis zu den Füßen schauen.
3. Mit dem Rücken zum Hang oder seitlich hinuntersteigen.
4. Umdrehen (Gesicht zum Hang), wenn der Weg steiler wird, Sie nichts weiter sehen können, Griffe und Tritte enger werden.

Wenn möglich improvisiertes Kletterseil benutzen. Der Stärkste gibt von oben Leine mit der in „*Zu niedrig*" beschriebenen Methode („Rücken abtrocknen" — *umgekehrt wie beim Hinaufklettern*), dann folgt er selbst. Dabei

a) klettert er entweder ohne Hilfe allein oder
b) unten steht jemand, der die Leine, die er sich um den Bauch geschlungen hat, einholt und selbst am anderen Ende dieser Leine an-

gebunden ist. Wenn der Mann oben abstürzt, kann der Mann unten ihn halten; vorausgesetzt, das Gelände fällt weiter ab, der Mann unten ist gut gesichert und führt das Seil über den Rücken. Oder
c) er rutscht das oben gut verankerte Seil hinunter, wenn es nicht weiter gebraucht wird. (Hinunterklettern ist besser als Rutschen, wenn das Seil nicht besonders fest ist. Dann als Sicherheitsleine benutzen.)

Hinunterrutschen

Der Leichteste rutscht zuerst, der Schwerste zuletzt. Überzeugen Sie sich davon, daß eine improvisierte Leine gut verknotet ist und eine ausreichende Länge hat.

Rutschen Sie an: Seilen, in Streifen gerissenen Bettüchern, Decken, Vorhängen, Schlingpflanzen, Lianen, Fallschirmleinen, Leitungen von Blitzableitern, Baumstämmen, Stangen, Masten, Tauen, auf Schnee (siehe *„Zu niedrig"*).

1. Greifen Sie mit den Händen.
2. Klammern Sie sich mit Armen und Ellbogen an.
3. Klammern Sie sich mit Schenkeln, Knien, Waden und Füßen an.
4. Wenn möglich Hand über Hand nach unten rutschen.
5. Machen Sie eine Pause, wenn die Füße Halt haben (z. B. auf Knoten).
6. Rutschen Sie nicht zu schnell.

Zehn Meter auf diese Weise an zusammengeknoteten Tüchern zurückzulegen bedeutet eine erhebliche Anstrengung. Setzen Sie deshalb Reibungswiderstand ein, nicht allein bloße Muskelkraft.

An einem Seil: Pressen Sie die inneren Schuhkanten gegen die Leine. Wenn Sie stark genug sind, sich mit den Händen allein zu halten, tun Sie das, legen Sie die Füße übereinander und klemmen Sie das Seil zwischen einem Fußgelenk und dem Fuß ein. Seil an den Füßen entlangschleifen lassen und Hand über Hand nach unten gleiten. Nicht zu schnell, damit Sie sich die Hände nicht aufreißen.

Zusammengeknotete Seile, Tücher usw.: Bleiben Sie ein oder zwei Sekunden lang auf dem Knoten stehen. Eine weitere „Bremse": die zusammengebundenen Tücher, Decken oder Vorhänge oben, bevor Sie hinuntergleiten, durch den Gürtel ziehen, was Ihnen erlaubt, sich damit an die Knoten, wenn diese groß genug sind, zu hängen und hin und wieder haltzumachen.

Schräg gespanntes Seil oder Tau: Legen Sie sich rittlings darauf. Halten Sie sich mit beiden Händen fest. *Lassen Sie ein Bein als Gegengewicht herunterhängen,* das andere legen Sie hinter sich auf das Seil. Langsam Hand über Hand hinuntergleiten. *Zeigen Sie die ganze Zeit mit der Fußspitze nach unten.* Brust, Bauch und Schritt eventuell mit Pullover usw. polstern.

Abb. 58: Hinunterrutschen an einem schräggespannten Seil

Masten, Baumstämme, Rohre: Mit Armen, Ellbogen und Knien umklammern, Zehen hinten zusammenbringen. Wenn der Durchmesser nicht zu groß ist, finden Sie erstaunlich viel Reibungswiderstand.

Langes, starkes Seil: Wenn das Seil lang genug ist, um doppelt verwendet werden zu können, benutzen Sie es in der gezeigten Weise (sog. Dülfersitz).

Legen Sie das Schlaufenende des Doppelseils um einen festen Widerstand (Bettpfosten, Steinvorsprung, Baumstamm). Knoten Sie die losen Enden zusammen und lassen Sie sie nach unten. Prüfen Sie, ob die Länge ausreicht.

Nun führen Sie das Doppelseil durch die Beine hindurch und um den rechten Schenkel herum, *als wollten Sie sich den Schenkel hinten abtrocknen,* dann weiter über Brust und linke Schulter hinunter zur rechten Hand, *als wollten Sie sich die linke Schulter abtrocknen.* Vorn greifen Sie das Seil mit der Linken.

Abb. 59: Dülfersitz

Mit der rechten Hand bremsen und rückwärts nach unten abseilen, Füße flach auf die Wand gesetzt, Beine gespreizt. Legen Sie sich gegen die Reibung des Seils. Versuchen Sie, nicht alles mit der Linken zu machen; die rechte Hand ist wichtiger.

Nutzen Sie den Reibungswiderstand aus.

Wenn Sie unten angekommen sind und niemand mehr nachfolgt, machen Sie den Knoten auf und ziehen gleichmäßig an einem Ende, so daß das Seil herunterkommt und Sie es, wenn nötig, erneut brauchen können.

Diese Abseilmethode ist bei einiger Übung gar nicht so schwer. *Der schwierigste Teil sind die ersten wenigen Meter über der Kante. Ermutigen Sie den Kletterer, daß er sich auf dieser kurzen Strecke von der Wand weg lehnt und das Seil am Körper schleifen läßt.*

Merken Sie sich:

1. Den rechten Oberschenkel hinten abtrocknen.
2. Die linke Schulter abtrocknen.
3. Mit der rechten Hand bremsen.

Klettern und Rutschen

Oft beginnt man, einen Schneehang hinunterzusteigen, um ihn am Ende hinunterzurutschen.

Klettern Sie einen mäßig steilen Schneehang mit durchgedrückten Knien, kleinen Schritten, das Gesicht nach außen gewendet, hinunter. Stemmen Sie sich mit den Fersen ein. Wenn der Hang steiler wird,

drehen Sie sich um und stoßen und kratzen Handgriffe und Fußstützen im Zickzack ein.

*Wie immer Sie hinunterklettern — halten Sie einen Schlüsselbund,
Stein, Hammer, Schraubenzieher oder Stock als Eispickel in der Hand.*

Wenn Sie zu rutschen beginnen:

1. Rollen Sie sich auf den Bauch.
2. Bringen Sie ihren „Eispickel" in Brusthöhe.
3. Drücken Sie ihn mit dem Körpergewicht allmählich immer tiefer
   in den Schnee.

Seien Sie auf der Hut vor Lawinen (siehe *„Zu langsam"*). Gehen Sie
verharschtem Schnee und Eis aus dem Wege. Steigen Sie einen unbekannten Hang mit äußerster Vorsicht hinunter. Ihn zu schnell hinunterzurutschen bedeutet, im Stockfinstern die Treppe einer Hausruine
hinunterzurennen.

Springen

Springen Sie erst im allerletzten Moment, wenn der Dachstuhl fun-
kensprühend zusammenstürzt, das Deck des sinkenden Schiffes in die
Tiefe gleitet. Aber dann zögern Sie keine Sekunde. Holen Sie tief
Luft und — springen Sie.

Der Schwächste springt zuerst, der Stärkste zuletzt.

*Vor dem Sprung können sie eine Menge tun, um den Aufprall
abzumildern.*

Wenn ein Sprung unvermeidlich wird:

1. Verkürzen Sie den Sprung.
2. Landen Sie weich.
3. Schützen Sie den Kopf.

Ein Beispiel: Sie befinden sich in einem Schlafzimmer zehn Meter
über dem Boden. Bei einem Sprung aus dem Fenster schlagen Sie mit
ungefähr 60 km/h unten auf. Der Sprung scheint unmöglich. *Aber:*

Sie können den Sprung *verkürzen,* indem Sie die im Raum vorhandenen Bettücher zusammenbinden — und daran die Kopfkissenbezüge. Läßt sich das Kletterseil nicht noch weiter verlängern (Vorhänge), verankern Sie ein Ende am Bett und werfen das andere aus
dem Fenster. Das reicht wahrscheinlich schon halb bis nach unten.

Machen Sie die Landung weicher, indem Sie die Matratzen, Kissen, den Teppich auf die Stelle werfen, auf der Sie landen wollen. Ein paar Zentimeter weiches Polster retten Ihnen vielleicht das Leben.

Schützen Sie den Kopf mit einer turbanähnlichen Konstruktion aus einer Strickjacke, einer Toilettentasche voller Schwämme oder (am besten) einem Sturzhelm, wie ihn die Motorradfahrer tragen.

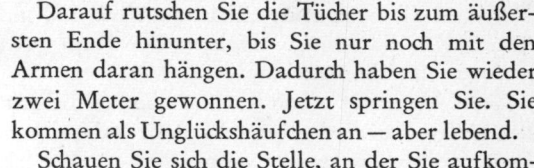

Darauf rutschen Sie die Tücher bis zum äußersten Ende hinunter, bis Sie nur noch mit den Armen daran hängen. Dadurch haben Sie wieder zwei Meter gewonnen. Jetzt springen Sie. Sie kommen als Unglückshäufchen an — aber lebend.

Schauen Sie sich die Stelle, an der Sie aufkommen werden, *immer* ganz genau an.

Das ist vor allem dann lebenswichtig, wenn Sie kein Polster haben, das Sie hinunterwerfen können.

Das Dach eines Kraftfahrzeuges mildert den Aufprall beträchtlich und hat schon verschiedentlich Menschenleben gerettet.

Eine Landung auf Rasen oder Kieswegen, auf Beeten, Büschen, Bäumen oder im Schnee ist erheblich sanfter als der Aufprall auf einer Betonfläche, Kopfsteinpflaster oder Asphalt. Bereits ein Sprung aus drei Meter Höhe kann dann tödlich verlaufen.

Wenn die Landung auf diese Weise nicht weicher zu gestalten ist, schauen Sie sich nach *geneigten* Aufprallflächen um, die die vertikal ausgerichtete Energie des Sprunges in die Horizontale ablenken. Auch ein Fallschirmspringer z. B. kommt nicht wie ein fallender Stein, sondern im Winkel unten an, einer wesentlich günstigeren Position.

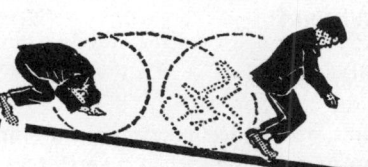

Abb. 60:
Sprung
auf eine
geneigte Fläche

Wenn Sie auf eine schräge Fläche springen:

1. Halten Sie sich nur noch mit den Händen fest. Dadurch gewinnen Sie ca. zwei Meter.
2. Fassen Sie die Stelle ins Auge, auf der Sie landen wollen.
3. Stoßen Sie sich mit der Außenkante des Fußes ab.
4. Drehen Sie sich um die eigene Achse und lassen Sie los.
5. Gehen Sie beim Aufprall in die Knie und machen Sie einen Purzelbaum die Schräge hinunter. Den Kopf gut einziehen, ganz lokker sein, nicht verkrampfen.

Sechs Meter ist schon ziemlich hoch. Mancher hat sich schon bei der Hälfte den Fuß gebrochen. Bei falsch gesprungenen sechs Metern kann man tödlich verunglücken.

Wenn der Boden aus flachem Fels, Stein oder Beton besteht, rettet Sie unter Umständen diese Rolle vor einer Bruchlandung:

1. Abweichend vom Purzelbaum: Arme rechts und links am Kopf (Hände nicht falten).
2. Knie leicht beugen, so daß die Füße sich fast berühren.
3. Knie beim Aufprall stark beugen.
4. Nach einer Seite überrollen (über Schenkel, Rumpf oder Arm).
5. Auf den Rücken überrollen, Beine hoch, Kopf mit den Armen schützen.

Dadurch verteilen Sie die Aufprallenergie über eine größere Fläche.

Springen Sie nicht von einem brennenden Gebäude in den Tod (wie das vielfach geschieht), indem Sie zu früh springen! Warten Sie bis zuallerletzt auf Rettung (siehe „Zu heiß") *und vergewissern Sie sich vorher, daß es wirklich keinen anderen Weg nach unten gibt.*

Hindern Sie andere daran, Hals über Kopf zu springen, wenn sie in Panik geraten. *Beschwören Sie sie zu bleiben, bis es keine andere Wahl mehr gibt* — und das ist ganz selten der Fall!

Sprung ins Wasser

(siehe auch „Zu naß")

Der Sprung mit den Füßen zuerst ist am sichersten und einfachsten. Auch hier springt der Schwächste an erster Stelle.

Abb. 61: Sprung in flaches Wasser

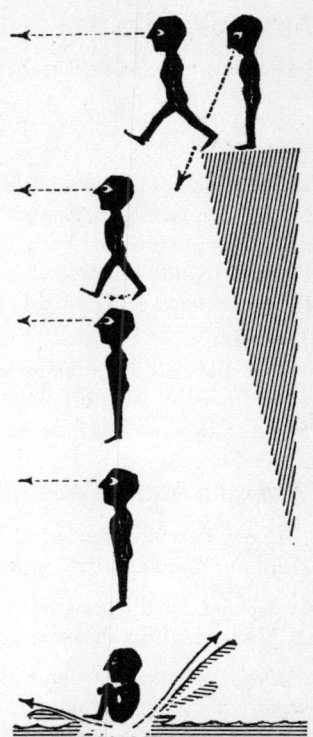

1. Wählen Sie eine geeignete Stelle aus.

2. Blicken Sie geradeaus und holen Sie tief Luft.

3. Tun Sie einen großen Schritt über die Kante.

4. Ziehen Sie den anderen Fuß schnell nach.

5. Fallen Sie, als hätte man Ihnen Stillstand befohlen.

6. Tauchen Sie ins Wasser wie ein Zinnsoldat.

Rudern Sie nicht mit den Armen in der Luft herum, lehnen Sie sich nicht vor oder zurück. Bemühen Sie sich, senkrecht ins Wasser einzutauchen: Füße zusammen, Hände an der Seite.

Wenn das Wasser *flach* ist ...

a) Machen Sie einen besonders großen Schritt über die Kante.

b) Sobald Sie bis zu den Hüften im Wasser sind, führen Sie einen kräftigen Arm- und Beinschlag wie beim Brustschwimmen aus, damit Sie weniger tief eintauchen.

c) Oder: strecken Sie ein Bein nach hinten, das andere nach vorn, die Arme zur Seite. Wenn Sie bis zur Hüfte eingetaucht sind, Beine mit aller Kraft zusammenschlagen.

d) Oder: kurz vor dem Aufprall Knie mit beiden Händen in Brusthöhe umklammern, Füße flach nach unten strecken und Aufprall mit dem Hinterteil auffangen.

Abstürze

(siehe auch „*Zu schnell*")

Die phantastischsten Stürze über Hunderte von Metern sind schon überlebt worden. Weil die Stürzenden

a) betrunken oder bewußtlos waren — und damit ganz locker fielen.
b) auf Schneewehen, Baumwipfel, Abhänge oder Wasser aufschlugen.
c) sich während des Falls an einem Baum, einem Seil, einer Kette, einer Kante blitzschnell festgehalten haben.
d) *gesprungen* sind, sobald sie merkten, daß der Sturz unausweichlich war.

Das Leben huscht keineswegs als sekundenlanger Film an einem vorbei, wenn man fällt. Man hat durchaus Zeit, seine Chancen abzuwägen, sich ganz locker zu machen und blitzschnell zuzugreifen.

Wie man andere abseilt

Einen Bewußtlosen oder Verletzten, einen Gebrechlichen oder ein Kind nur dann abseilen, wenn die Bergung nicht anders möglich ist.

1. Wählen Sie die geeignetste Stelle dafür aus.
2. Nach Möglichkeit soll unten schon ein Helfer stehen.

Die Methoden variieren Sie je nachdem, wie stark die Seile sind, wie viele Helfer vorhanden sind, in welchem Zustand die Person sich befindet, die hinabgelassen werden soll.

Wenn die Entfernung nur gering ist: Seil rutschsicher um die Brust binden. Die Helfer unterstützen den Körper des Verletzten auf der ganzen Strecke.

Wenn Sie sich nicht mehr daran erinnern, wie ein Pfahlknoten gebunden wird, machen Sie Ihren eigenen Knoten. Wenn Sie es noch wissen: ein dreifacher Pfahlknoten kann sich als nützlich erweisen, wenn der Verletzte sich z. B. die Rippen gebrochen hat und man ihm kein Seil um die Brust legen kann.

Zu einem dreifachen Pfahlknoten binden Sie einen gewöhnlichen Knoten dieser Art in das Schlaufenende eines doppelt gelegten Seils. Die drei so entstandenen Schlaufen legen Sie um die Hüfte und Beine, nachdem Sie sie vorher in die passende Größe gebracht haben.

Eine weitere Möglichkeit ist, das Seil durch den zugeknöpften Mantel zu ziehen. Körper während des Transportes unterstützen.

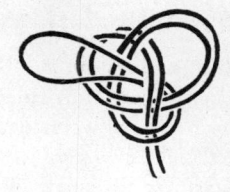

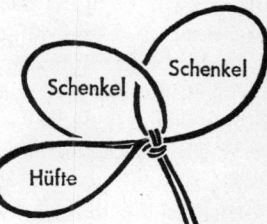

Abb. 62: Dreifacher Pfahlknoten

Schenkel Schenkel

Hüfte

Wichtig ist, daß Sie einen Verletzten nicht einen Meter weiter her-
ablassen als unbedingt nötig. Die Gefahr, daß er durch unsachgemäßes
Abseilen an improvisierten Rettungsleinen abstürzt, ist zu groß.

Wählen Sie mit Bedacht die beste Transportart. Hieven Sie einen
Bewußtlosen nicht aus dem Fenster des brennenden Gebäudes, wenn Sie
ihn noch auf folgende Weise die Treppen hinunterschaffen können:

1. Legen Sie den Bewußtlosen mit dem Rücken auf den Boden.
2. Binden Sie seine Handgelenke mit Taschentüchern, Krawatte oder
   Schnürsenkeln zusammen.
3. Knien Sie über ihn, stecken Sie den Kopf zwischen seine Arme
   und schieben Sie sich die Handgelenke in den Nacken.
4. Kriechen Sie bis zum obersten Treppenabsatz.
5. Legen Sie den Kopf des Bewußtlosen auf die Kante der ersten
   Stufe.

Jetzt befreien Sie sich wieder von den zusammengebundenen Handgelenken. Gehen Sie die Treppe rückwärts hinunter und fassen Sie
unter die Achselhöhlen, Kopf in die Armbeuge legen.

Damit Sie nicht mitsamt der vom Feuer versehrten Treppe abstür-
zen, gehen Sie dicht an der Wand entlang. Fühlen Sie mit jedem Schritt
auf die nächste Stufe erst vor, bevor Sie mit vollem Gewicht darauf-
treten.

Denken Sie daran, daß der Handlauf des Geländers brüchig oder
zu heiß sein kann. Vielleicht fehlt er auch schon teilweise.

Bleiben Sie dort, wo Sie sind

Besteht Aussicht auf baldige Rettung (wenn auch die Retter noch nicht in Sicht sind), bleiben Sie wo Sie sind. Bleiben Sie z. B. am Fenster stehen, wenn das Inferno noch drei Stockwerke unter Ihnen wütet (siehe „Zu heiß").

Noch ein Beispiel: Wenn der Sessellift mit einem Ruck stehenbleibt (was übrigens ziemlich unwahrscheinlich ist), bleiben Sie zunächst sitzen. Denn mindestens die Leute, die den Lift bedienen, sind ja in der Nähe. Rutschen Sie deshalb nicht auf Ihrem Sitz herum oder springen Sie gar metertief. Das kann zu einer gefährlichen Situation führen, denn jede Bewegung, die das Kabel in Schwingungen versetzt (der Rückstoß, wenn Sie springen) kann zu einer allgemeinen Panik führen.

Bleiben Sie deshalb *ruhig* sitzen, fluchen Sie, wenn Sie durchaus müssen, aber behalten Sie einen kühlen Kopf — was Ihnen über Schnee ohnehin nicht schwerfallen wird.

In vielen anderen Situationen, in denen die Katastrophe nicht unmittelbar bevorsteht, tun Sie zu Ihrer Rettung genau dasselbe: nämlich gar nichts. *Denken Sie nach. Überlegen Sie in aller Ruhe, wie Sie sich in Sicherheit bringen, wenn das Schlimmste geschieht.*

DIE FOLGEN ZU GROSSER HÖHE

Schwindelanfälle

Viel weniger Leute leiden in dem Maß wie sie selbst glauben unter Schwindelanfällen oder Unwohlsein, wenn sie zu hoch sind.

1. Sprechen Sie solchen Leuten Mut zu. Zeigen Sie sich ruhig und überlegen. (Wenn Sie es mit Hysterikern zu tun haben, tun Sie gleichgültig. Zeigen Sie keine Sympathie mit ihnen.)
2. Hysterikern nur als allerletztes Mittel eine Ohrfeige verabreichen.

Für Überängstliche:
1. Schauen Sie nicht nach unten, lassen Sie andere weiter unten sitzen und die Sicht versperren.
2. Atmen Sie tief ein und aus.
3. Finden Sie sich mit Ihrer Lage ab.

Bei unkontrollierbaren Schwindelanfällen: *kurze* Zeit Kopf zwischen den Knien bergen. Frische Luft und ein Wasserguß verhindern eine Ohnmacht.

Bei Ohnmacht legen Sie den Betroffenen auf den Rücken und lagern seine Füße hoch. *Niemals* sitzen lassen. Kleidung lockern. Gesicht und Brust mit Wasser bespritzen. Glieder in Richtung Herz reiben. Warm halten. Auf schmalem Absatz mit Leine sichern.

Selbstmörder

Selbstmörder steigen gern *hoch hinauf*, um Aufmerksamkeit auf sich zu lenken. Jemand, der hoch oben auf schmalem Sims damit droht, hinunterzuspringen, ist hochgradig verwirrt und mag deswegen unzugänglich und feindselig erscheinen.

Rufen Sie die Feuerwehr. Ist das nicht möglich, unternehmen Sie nicht aufgeregt irgend etwas, so daß der Selbstmörder, zu einer Entscheidung gedrängt, seinen Vorsatz verwirklicht. Zeigen Sie Ihr Mitgefühl.

Bringen Sie sich auf keinen Fall in eine Situation, in der auch Sie springen müßten oder heruntergerissen würden, wenn der Selbstmörder springt.

Denn *Überleben* bedeutet, daß Sie zunächst Ihre eigene Haut in Sicherheit bringen.

Höhenkrankheit

Wird von Sauerstoffmangel in ungewohnt großen Höhen verursacht. Atemnot, Kopfschmerzen, Unwohlsein. Akklimatisierung muß erfolgen. Gehen Sie *nach unten*. Nach ein oder zwei Tagen Ruhe ist allmählicher Aufstieg vielleicht möglich.

Blutgerinnsel

In großer Höhe kann das Blut gerinnen. Anzeichen: schmerzhafte Schwellungen unten in den Beinen und im Unterleib. Es besteht die Gefahr, daß sich das Blutgerinnsel löst und in die Lunge geschwemmt wird. Treffen Sie Vorsorge, indem Sie nicht lange untätig herumsitzen. Beim Ausruhen heben Sie das schmerzende Bein häufig hoch und spannen die Beinmuskulatur an. Vollführen Sie einmal in der Stunde kreisende Bewegungen mit den Fußgelenken.

In Bergnot

Steigen Sie hinunter in die Täler, wenn Sie sich verirrt haben, erschöpft sind, schlechtes Wetter in Aussicht ist oder die Nacht anbricht. Machen Sie keine Prestigefrage daraus, sondern *steigen Sie ab*.

Bei hereinbrechender Dunkelheit in schwierigem Gelände schlagen Sie ein Nachtlager auf (siehe *„Zu kalt"*) .

Welcher Weg führt nach unten?

a) Folgen Sie keinem Wasserlauf nach unten. Auch nicht den Abgründen, Grüften, Schluchten, Schlünden und Klammen, die er bildet.
b) Steigen Sie keine Felsspalten hinab.
c) Gehen Sie nicht zu schnell bergab. (Gefahr von plötzlichen Steilhängen, tückischen Schieferhängen, schlüpfrigem Gras, Steinfeldern.)
d) Hüten Sie sich vor Wächten (Schneeüberhängen). Sie sehen sie nicht, wenn Sie auf dem Grat entlanggehen und können unvorhergesehen hineintreten (und vielleicht noch andere mit sich reißen).

Gehen Sie deshalb immer auf der dem Wind zugekehrten Seite eines Bergkamms, nicht auf der Leeseite.

Wenn etwas passiert

1. Überzeugen Sie sich davon, daß alle anderen wohlauf sind.
2. Bringen Sie den Verletzten an den sichersten Platz, auch wenn Sie ihn tragen müssen (es sei denn, es besteht Verdacht auf Rückgratverletzung).
3. Warmhalten und Erste Hilfe leisten.
4. Boten ausschicken, die Hilfe holen (siehe *„Zu einsam"*).
5. Die Zurückbleibenden bauen eine Notunterkunft, kümmern sich um den Verletzten und geben Notsignale.

Wenn Sie bergsteigen, schließen Sie sich einer erfahrenen Kletterpartie an. Nehmen Sie immer warme Kleidung mit. *Und* Lebensmittelvorräte, geeignetes Schuhwerk, Kerzen, Kompaß, eine Karte, eine Trillerpfeife, mehr Pullover, als Sie für nötig halten.

Hinterlassen Sie, wohin Sie gegangen sind. Verschieben Sie die Tour bei schlechtem Wetter. Seien Sie nicht zu ehrgeizig. Unterschätzen Sie die Gefahr nicht. Unternehmen Sie Touren mindestens zu viert.

Zu schnell

Tödliche Unfälle geschehen auch bei geringen Geschwindigkeiten. Selbst wenn man weiß, was man im entscheidenden Augenblick tun soll — wenn man sich, starr vor Schreck, dem Punkt des Zusammenstoßes, Aufschlages usw. nähert, tut man vielleicht genau das Gegenteil davon. Und das kann schon bei 20 km/h verhängnisvoll sein.

Ob Sie über den weißen Strich in der Mitte der Fahrbahn rasen oder mit einer Lawine zu Tal gehen — niemand kann sagen, ob Sie davonkommen werden. Der eine überlebt, ohne irgendeine Schutzmaßnahme ergriffen zu haben, der andere, bei dem jede Chance zu überleben bestand, kommt um.

Tun Sie, wenn es *zu schnell* geht, gewisse Dinge *vorher:* 1. Legen Sie in einem Wagen Sicherheitsgurte an und 2. überlegen Sie sich, was man tun kann, wenn man ungeschützt ist, aber die Geistesgegenwart besitzt, rechtzeitig zu handeln.

Autounfall

Sicherheitsgurte anlegen — heißt die goldene Regel, wenn man Autofahrten heil überstehen will. Aber wie heftig Sie dem auch zustimmen mögen, wenn Sie auch in *Ihrem* Wagen welche anbringen lassen — eines Tages fahren Sie in einem Fahrzeug mit, das keine hat.

Wenn man schnell genug reagiert, kann man zwei, drei Sekunden vor dem Aufprall durchaus noch etwas tun. Ein Fahrer bremste seinen Wagen aus 150 km/h so stark ab, daß er das Steuerrad des teuren Wagens zwar verbog, aber überlebte. Eine Fahrerin sprang eine Sekunde vor dem Zusammenprall auf den Rücksitz ihres Sportwagens — und überlebte gleichfalls.

Für den Fall, daß man keinen Sicherheitsgurt hat, läßt sich keine bündige Regel aufstellen. Aber die folgenden Hinweise können vielleicht auch Ihnen helfen, wie sie schon anderen geholfen haben. Sachverständige halten sie für wissenschaftlich zutreffend.

Wenn man keinen Sicherheitsgurt hat

1. Tun Sie das Gegenteil von dem, was Ihnen der natürliche Instinkt gebietet: Weichen Sie nicht zurück, sondern

2. Werfen Sie sich dem Unfall entgegen ... !
3. Bergen Sie den Kopf in den Armen.
4. Drehen Sie sich seitwärts und lehnen Sie sich vorn an.

Wenn Sie selbst fahren, halten Sie das Lenkrad eisern fest. Ihr Ziel muß sein, den Wagen soweit wie möglich aus dem Gefahrenbereich herauszuhalten. Den Kopf im Augenblick des Aufpralls zum Ausgleich gegen das Lenkrad hin zu bewegen, hat sich als nützlich erwiesen — aber auch im Gegenteil als falsch: Steuersäulen schießen oft wie Speere nach hinten.

Fondpassagiere pressen sich (siehe oben) gegen die Lehnen der Vordersitze.

Gewöhnlich bleibt nicht viel Zeit zum Überlegen. Aber mit zwei, drei Sekunden Warnzeit, schnellem Reaktionsvermögen und vorausgesetzt, man weiß, was zu tun ist, kann man sich den Vorteil, daß die Motorhaube einen Teil der Energie bei einem Frontalzusammenstoß vernichtet, zunutzemachen.

Lehnen Sie sich nie zurück und versuchen Sie nie, sich gegen den Aufprall anzustemmen. Wie straff Sie auch Ihre Arme ausstrecken mögen: zunächst stoppt der Wagen z. B. von 60 km/h auf 0 km/h auf einer Strecke von 50 cm. Und dann haben Sie — mit der Geschwindigkeit vor dem Zusammenstoß — die zweite Kollision mit der Windschutzscheibe, dem Armaturenbrett, der Lenksäule oder den Vordersitzen zu überstehen.

Wenn Sie von Anfang an „mit dem Wagen gehen", bestehen die besten Chancen. Technisch gesprochen: die Geschwindigkeit, mit der Sie sich, absolut gesehen, bewegen, muß auf möglichst großer Strecke verringert werden, die negative Beschleunigung muß so gering wie möglich sein. Untechnisch ausgedrückt: *Gehen Sie mit*. Die ernstesten Auffahrunfälle geschehen übrigens bei kombinierten Geschwindigkeiten von nicht mehr als 80 km/h.

Wenn der Fahrer betrunken ist oder selbstmörderische Absichten hat

Wenn es ganz so aussieht, als würde der Wagen bald verunglücken, weil der Fahrer unverantwortlich fährt:

1. Legen Sie sich hinten im Wagen auf den Boden.
2. Auf dem Vordersitz lehnen Sie sich angespannt vorn an.

Nicht vom Vorder- auf den Hintersitz klettern, um sich auf den Boden zu legen; das kann den Fahrer ablenken und erst recht die Herrschaft über den Wagen verlieren lassen.

Tun Sie, als sei Ihnen schlecht, als würden Sie sich gleich im Wagen übergeben, damit der Fahrer anhält. Dann ziehen Sie schnell den Zündschlüssel heraus.

Riskanter ist es, den Zündschlüssel während der Fahrt herauszuziehen. Das muß das letzte Hilfsmittel bleiben.

Vergewissern Sie sich, daß die Straße gerade, übersichtlich und frei ist. Prägen Sie sich ein, wo die Handbremse liegt, fassen Sie fest ins Lenkrad, beugen Sie sich hinüber und ziehen Sie den Schlüssel. Das geht, je nach der Position des Zündschlosses, leichter oder schwerer.

Wichtig: Vom Nebensitz aus ist der Wagen mit einer Hand schwer zu lenken. Überlegen Sie sich vorher, ob Sie sich das zutrauen.

Wenn die Bremsen versagen

Fahren Sie von der Straße herunter, bis der Wagen steht.

Geht das nicht, streifen Sie am Straßenrand Mauern, Gebäude, Böschungen, um die Geschwindigkeit zu verringern. Denken Sie nicht über die Schäden am Fahrzeug nach, sondern nur ans Überleben.

Spannen Sie sich in der beschriebenen Weise so gut wie möglich an, wenn der Aufprall kommt.

Wenn der Wagen schleudert

Wenn die Straßen nicht trocken sind, grundsätzlich:
1. Nur in Geraden bremsen, nicht in Kurven.
2. Drastisch langsamer fahren als auf trockenen Straßen.
3. Weiten Abstand zum Vordermann halten.
4. Behutsam bremsen, nicht am Lenkrad reißen.

Gefährlich sind Nebel, starker Wind oder Regen, sowohl was die Sichtminderung als auch was die Straßenbeschaffenheit angeht. Überholen Sie z. B. bei Nebel nie einen Lastwagen auf einer freien Strecke. Sie fahren vielleicht geradewegs in die nächste Nebelwand hinein. Auf feuchter Straßenoberfläche besteht zusätzlich Rutschgefahr.

Gehen Sie auf nassen Straßen, besonders mit abgefahrenen Reifen, mit der Geschwindigkeit herunter. Bei 100 km/h im Regen „schwimmt" Ihr Wagen buchstäblich auf einem Wasserkeil; die Reifen haben keine Haftung mehr. *Auch mit guten Reifen* hat der Wagen nicht mehr den Kontakt zur Straße.

Bremsen Sie vor Gefahrenpunkten (Kurven, Kuppen, Einmündungen, Hindernissen, Abzweigungen, Notzeichen) früh genug ab.

Lernen Sie, die Straßenbeschaffenheit richtig einzuschätzen. Nicht alle Oberflächen, auf denen Sie leicht schleudern, sehen auch danach aus. Auf rauhen, kiesbelegten, sandbestreuten Straßen können Sie schleudern wie auf Glatteis. Sommerwege sind nach einem Regen oft schlüpfriger als dieselbe Straße im Winter. Ein Warnzeichen ist die Leichtgängigkeit der Lenkung.

Lassen Sie Lenkung und Bremsen in regelmäßigen Abständen überprüfen. Werfen Sie häufig einen Blick auf die Reifen. Das Profil muß mindestens 1 mm tief sein.

Sicher überholen

Überholen bedeutet erhöhte Geschwindigkeit und damit erhöhte Gefahr. Überlegen Sie genau, bevor Sie Ihre Entscheidung treffen, ob Sie nicht doch lieber „dahinter bleiben".

1. Fahren Sie auf den vorderen Wagen nicht zu dicht auf.
2. Machen Sie sich nichts daraus, wenn jemand in die Lücke fährt.
3. Schauen Sie weit voraus.

Genügender Abstand bedeutet bessere Sicht auf Kurven, entgegenkommende Fahrzeuge oder Hindernisse, die den Wagen vor Ihnen zwingen, auszuweichen. Halten Sie bei einer Geschwindigkeit von 50 km/h einen Abstand von zwei, einen von acht Wagenlängen bei 120 km/h.

Werfen Sie einen Blick in den Rückspiegel, ob hinter Ihnen jemand aus der Reihe schert, um Sie zu überholen. Aber lassen Sie sich dadurch nicht verleiten, die Lücke zwischen sich und dem Vordermann zu schließen.

Vor dem Überholen tun Sie in schneller Reihenfolge dies:

4. Werfen Sie einen Blick in den Rückspiegel.
5. Scheren Sie aus und beschleunigen Sie in dem Gang, in dem Sie beim Überholvorgang nicht mehr zu schalten brauchen.
6. Wenn der andere Wagen schneller wird, bleiben Sie zurück.

Ihre Geschwindigkeit muß ungefähr um 20 Prozent größer sein als die des Wagens vor Ihnen. Kalkulieren Sie so, daß Sie nicht gleich nach dem Überholvorgang wieder auf die rechte Straßenseite fahren müssen. Wenn das wahrscheinlich ist, bleiben Sie zurück.

SICHERHEITSGURTE

Sicherheitsgurte erhöhen die Überlebenschancen um 70 Prozent. Warum?

a) Sie verhindern, daß Sie aus dem Wagen geschleudert werden. Das ist häufig Ursache schwerer Verletzungen oder Todesfälle. Die Türen zu verschließen hat wenig Sinn, da die Karosserie beim Zusammenprall verbogen wird und die Türen dabei aufspringen können.

b) Sie verhindern, daß Sie mit dem Kopf vorn an die Windschutzscheibe stoßen.

c) Sie verhindern, daß Sie sich dabei das Gesicht zerschneiden.

d) Sie verhindern, daß Brust und Eingeweide des Fahrers an der Lenksäule zerquetscht werden.

Kaufen Sie den besten Gurt, erkundigen Sie sich nach den neuesten Modellen.

1. Legen Sie Sicherheitsgurte *immer* an.
2. Achten Sie darauf, daß sie eng anliegen.

Stellen Sie sich vor, Sie könnten den Wagen nicht eher starten, als bis alle Insassen ihren Gurt angelegt haben. (Bei einigen Wagen ist diese Sicherung übrigens wirklich eingebaut.) Machen Sie sich das zur festen Angewohnheit, auch wenn Sie es brandeilig haben. Beachten Sie beim Kauf:

a) Die Gurte sollten ein Prüfetikett tragen.

b) Sorgen Sie für fachgerechten Einbau.

c) Der Halter für den diagonalen Strang muß so weit hinten wie möglich angebracht sein, nicht unten am Boden, weil der Sitz dann weiterhin nach vorn klappen kann.

Sicherheitsgurte gefallen Ihnen vielleicht nicht, aber Sie sollten sich an sie gewöhnen.

Wo Kinder am besten sitzen

Kaufen Sie Kindergröße für Kinder unter 40 Kilo Gewicht. Ein größeres Kind kann Erwachsenenausrüstung benutzen.

Kinder müssen *immer* hinten im Wagen sitzen, ob mit oder ohne Sicherheitsgurt. Die Türen sollten so verriegelt werden können, daß sie von innen nicht zu öffnen sind.

Wie man Kinder dazu bringt, den Gurt auch anzulegen? Erzählen Sie ihnen, daß der Wagen nicht eher losfährt als bis sie es tun; daß auch die Astronauten solche Gurte tragen usw.

Lassen Sie niemals zu:

> *daß Kinder vorn sitzen*
> *— auch nicht vorn auf Mutters Schoß —*
> *daß sich die Mutter mitsamt dem Kind anschnallt.*

Kinderwagen stellt man am besten zwischen Rück- und Vordersitzen auf den Boden. Ist der Platz dafür zu eng, binden Sie ihn *auf dem Rücksitz fest.*

NACH DEM UNFALL

Warnen Sie nachfolgende Fahrzeuge. Lassen Sie sich dabei von anderen Fahrern und Neugierigen helfen. In genügendem Abstand Warndreieck aufstellen; bei Nebel, Dunkelheit und Regen, besonders auf kurvenreicher Strecke, Warnlampe. Falls nicht vorhanden, brennen Sie ölgetränkte Lumpen in einer Radkappe ab.

Einen Schwerverletzten sollten Sie nur dann transportieren, wenn Feuer- oder Explosionsgefahr besteht (an der Unglücksstelle darf niemand rauchen!) oder wenn Verletzungen zu behandeln sind (siehe unten). Verletzten behutsam transportieren, besonders, wenn Knochenbrüche zu vermuten sind. Nicht bewegen, äußerste Vorsicht bei Schmerz im Rücken (Gefahr von Wirbelsäulenverletzungen).

MOTORRADUNFALL

Bei einem Motorradunfall können Sie nur wenig tun. Immerhin:

1. Springen Sie vom Motorrad ab, sobald der Unfall unausweichlich ist.
2. Weich fallen, Kopf einziehen.
3. Wie ein Ball rollen.

Aber die wichtigsten Maßnahmen sollten Sie schon vorher getroffen haben:

4. Tragen Sie den besten Sturzhelm, den es auf dem Markt gibt, wenn sie solo fahren.

5. Tragen Sie beide den besten Sturzhelm, den es auf dem Markt gibt, wenn sie mit Sozius fahren.

Ohne spezielle Übung in Hechtrollen, Überschlägen, „entspanntem Fallen" usw. sind Sie in der Hitze des Augenblicks wahrscheinlich hilflos. Ganz sicher dann, wenn Sie mit 120 km/h durch die Luft fliegen . . .

Wichtig ist, daß Sie weich fallen, ohne daß Arme und Beine hervorstehen.

Und daß Sie dagegen ankämpfen, weiterfahren zu wollen. Motorradfahrer, mit teuren Maschinen oder mühsam erspartem Vehikel, verlassen ihr Schiff nur ungern in der Stunde der Not . . . Aber sie müssen.

Eisenbahnunglück

Die Warnzeit vom Aufbäumen der Wagen bis zum Stillstand kann mehrere Sekunden betragen. Auch in Zügen kann man also rechtzeitig das Richtige tun. Züge sind auf der ganzen Welt unterschiedlich ausgerüstet, ebenso unterschiedlich sind die Chancen, davonzukommen. Aber Entgleisungen und Zusammenstöße sind selten.

Im Abteil

Sowie der Waggon ruckt, schaukelt, bockt, aus den Schienen springt . . . :

1. Werfen Sie sich flach auf den Boden.
2. Umklammern Sie den Hinterkopf, Gesicht am Boden.
3. Warten Sie in dieser Stellung ab.

So ist man am besten gegen herunterkommende Koffer, Glassplitter und splitternde Seitenwände geschützt. Wenn dazu noch Zeit bleibt . . . Was Sie im vollbesetzten Abteil tun können, hängt davon ab, wie schnell Sie reagieren. Werfen Sie sich als erster zu Boden . . .

Fahrgäste, die mit dem Rücken in Fahrtrichtung sitzen, sollten wenigstens die Arme hinter dem Kopf verschränken und sich anspannen.

Im Gang

Werfen Sie sich gleichfalls auf den Boden, aber:

1. Auf den Rücken, Füße in Fahrtrichtung (zur Lokomotive hin).
2. Die Hände im Genick verschränken.
3. Füße gegen festen Widerstand (Abteiltür, Außenwand) stemmen, Knie beugen.

In Waschraum und Toilette

Wenn Zeit zum Handeln bleibt, nicht erst die Hosen hochziehen oder umständlich die Hände trocknen ... Tun Sie sofort das Richtige:

1. Mit dem Rücken in Fahrtrichtung auf den Boden setzen.
2. Knie anziehen.
3. Hände im Nacken verschränken.
4. Anspannen und hoffen, daß das Kabinett den Stößen standhält.

Im Speisewagen

Lassen Sie den Kaffeelöffel, das Glas, den Senftopf fallen, wenn Sie mit dem Rücken in Fahrtrichtung sitzen, und spannen Sie sich an, Hände im Genick verschränkt. Wenn Sie mit dem Gesicht zur Lokomotive sitzen, stürzen Sie auf den Gang hinaus (siehe oben). Es ist unglaublich, wie schnell man sein kann, wenn man weiß, was bevorsteht!

Im Schlafwagen

Das beste, was Sie tun können: völlig entspannt schlafen.

Außerhalb des Zuges

Helfen Sie, ein Zugunglück zu verhindern, indem Sie den ankommenden Zug warnen, wenn ein Wagen auf den Schienen steht, Gegenstände auf den Gleisen liegen usw.

Das übliche Haltesignal bei den Eisenbahnern, wenn kein rotes Licht, keine rote Flagge zur Verfügung steht (von sicherem Platz aus): beide Arme hochheben.

Bei Nacht schwingen Sie eine Lichtquelle hin und her.

Entdecken Sie Hindernisse auf den Gleisen, benachrichtigen Sie sofort die zuständigen Stellen. Wenn Sie wissen, daß der Zug jeden

Augenblick kommt (Sie kennen den Fahrplan, sehen in einiger Entfernung die Rauchwolken oder hören den Pfiff), und wenn Sie weiter die Möglichkeit haben, ihn anzuhalten, dann wägen Sie die Risiken gegeneinander ab und handeln Sie dementsprechend.

Wenn Sie auf einem von mehreren Gleisen stehen, kann es schwerfallen zu entscheiden, auf welchem Gleis der Zug herannaht.

Werfen Sie sich in die Mulde zwischen zwei benachbarten Gleisen, nicht auf ein Gleis, um sich überrollen zu lassen.

FLUGZEUGABSTURZ

Kritische Augenblicke sind Start und Landung. In der Luft kann der Pilot Wunder tun.

Ein plötzlicher Ruck während des Fluges (der Pilot vollführt mit der Maschine eine Ausweichbewegung, Luftloch usw.) braucht noch kein Grund für den Ausbruch einer Panik zu sein. Seien Sie darauf vorbereitet. Ängstliche Naturen lassen immer den Gurt angeschnallt.

Lesen Sie, sobald Sie in der Luft sind, die Regeln und Anweisungen, die auf der kleinen Karte oder dem Büchlein, das vor Ihrem Sitz hängt, gegeben werden.

Darin wird auch stehen, wie Sie sich am besten hinsetzen, wenn eine Notlandung bevorsteht (kleine Abweichungen bei den einzelnen Luftfahrtgesellschaften):

Gurt anlegen
Sessellehne geradestellen
nach vorn beugen, einen Arm um die Knie legen
Kopfkissen auf die Knie, Kopf darauf legen und mit dem anderen
Arm schützen
Beine nach vorn ausstrecken und anspannen

Wenn das Flugzeug über Wasser niedergeht, Kragen und Krawatte lockern, Brille abnehmen, Gebiß herausnehmen, scharfe oder zerbrechliche Gegenstände und hochhackige Schuhe beiseitelegen. Aufprall-Abwehrstellung einnehmen und Muskeln anspannen, sobald das Kommando dazu gegeben wird (siehe „Zu naß"), bis das Flugzeug zum Stillstand gekommen ist. Warten Sie bis zum zweiten Aufprall, wenn die Nase ins Wasser taucht.

ABSTÜRZENDER LIFT

Wichtig ist, daß beim Aufprall kein Körperteil den Boden berührt. Viele Lifts haben eine umlaufende Leiste an der Decke. Springen Sie hoch und klammern Sie sich daran fest. In einem Lift ohne diese Leiste springen Sie während des Sturzes auf und ab, so daß Sie vielleicht beim Aufprall den Boden gerade nicht berühren.

(Hinweis: Personenaufzüge werden seit 30 Jahren nach strengen Sicherheitsvorschriften gebaut, so daß dieser Fall sehr unwahrscheinlich ist. Manchmal fährt ein Lift über das oberste Stockwerk hinaus und die Puffer stoßen in das Gehäuse.)

LAWINEN

Geben Sie im weißen Chaos nicht auf, kämpfen Sie um Ihr Leben.

Lawinen können auf jedem Hang entstehen, wo bis zu drei Tage alter Neuschnee (aber auch älterer!) auf verharschtem Schnee liegt. Wird die Oberflächenspannung gestört, rutscht alles wie ein Haufen Karten ab.

Lawinenträchtig sind Neuschnee und Tauwetter (Sonne, Regen). Anzeichen: Schneebälle rollen den Hang hinunter. Denken Sie daran, daß Lawinen schnell hintereinander herunterkommen können.

Umgehen Sie gefährdete Hänge (und das Gebiet darunter!). Werfen Sie wenigstens Steine und Schneebälle auf den Weg, um die Lawine eventuell vorher auszulösen.

Die Anatomie eines Lawinenunglücks besteht darin, daß Sie, einmal von ihr ergriffen, innerhalb von Sekunden unter ihr begraben werden. Es ist durchaus möglich, daß Sie unter dem Schnee noch atmen können, wenn Sie zwischen Felsblöcken am (verschütteten) Anfang der Lawine liegen. Aber sowie die Schneemassen zur Ruhe kommen, fangen sie an, steinhart zu gefrieren — und schließen Sie wie in einem Grab ein.

Es kommt darauf an, in einer möglichst günstigen Ausgangsposition zu sein, wenn das geschieht.

a) Bei Lawinengefahr Skibindungen lockern, Hände aus den Schlaufen der Skistöcke bzw. des Eispickels nehmen.

b) Fuß vorsichtig aufsetzen.

c) Überlegen Sie, was Sie tun, wohin Sie sich wenden, wenn sich eine Lawine löst.

Wenn plötzlich quer über den Hang ein Riß verläuft, ein Dröhnen ertönt, der ganze Hang in Bewegung gerät . . . :

1. Fahren Sie augenblicklich aus den Bindungen. Lassen Sie Skistöcke, Eispickel fallen.
2. Stellen Sie fest, ob Sie sich ober- oder unterhalb, in der Mitte oder am Rand der gleitenden Schneemassen befinden.
3. Oberhalb oder am Rand: Versuchen Sie zu entkommen.
4. Verzögern Sie mit allen Mitteln die Geschwindigkeit, mit der Sie hinabrutschen.

Springen Sie hoch, wenn sich die Lawine unter Ihren Füßen löst. Hechten Sie zur Seite auf festen Schnee, klammern Sie sich an ein Gebüsch oder einen aus dem Schnee ragenden Felsvorsprung. Je weniger Schnee über Ihnen ist, desto weniger begräbt Sie nachher.

5. Pressen Sie die Lippen aufeinander.
6. Vollführen Sie Schwimmbewegungen.

„Schwimmen" Sie auf dem Rücken gegen die Lawine an, heben Sie gleichzeitig den Kopf. Inmitten fester Schneeplatten rollen Sie wie ein Ball. Feste Regeln kann man nicht aufstellen. Halten Sie auf jeden Fall den Mund geschlossen; sehr viele Lawinenopfer ertrinken am Schmelzwasser, das in ihre Lungen dringt.

7. Sparen Sie Kräfte für die letzten Sekunden.
8. Bringen Sie einen Arm vor Mund und Nase hoch.
9. Ist die Lawine zum Stillstand gekommen, arbeiten Sie sich aus Leibeskräften nach oben.

Jetzt sind zwei Dinge von Bedeutung: Luft zum Atmen und möglichst nahe Lage an der Oberfläche. Wenn Sie vor der letzten Kraftanstrengung nicht wissen, wo oben und unten ist, spucken Sie. Endlich:

10. Geraten Sie nicht in Panik, wenn Sie in der Falle sitzen.

Das ist freilich leichter gesagt als getan. Aber die Angst würde Sie schneller atmen und kostbaren Sauerstoff rascher verbrauchen lassen. Bleiben Sie mit äußerster Willensanstrengung ruhig.

Vielfach ist rasche Hilfe nahe. Mehr und mehr werden Hunde dazu abgerichtet, Überlebende im Schnee aufzuspüren. Viele Verunglückte haben stundenlang unter dem Schnee gelegen und sind lebend geborgen worden. Sind Sie so nahe an der Oberfläche, daß Sie Stimmen hören, versuchen Sie zu schreien — obwohl Sie wahrscheinlich nicht gehört werden.

Was kann man tun, um die Retter auf sich aufmerksam zu machen? Befestigen Sie irgendwo an Ihrer Kleidung eine in lockere Windungen gelegte farbige Lawinenschnur, die in regelmäßigen Abständen in Richtung Ihres Körpers weisende Markierungen trägt. Es gibt spezielle Schuhcreme für Suchhunde. Magnete in den Schuhen helfen, wenn Minensuchgeräte verwendet werden.

Die Schneebeschaffenheit ist bei Lawinen sehr unterschiedlich. Wahrscheinlich kommen Sie in nassem Schnee weiter an der Oberfläche an als in trockenem Pulverschnee. Was sich bei Pulverschnee empfiehlt, ist vielleicht verkehrt bei nassem Schnee.

Die Regeln, die hier gegeben werden, sind für mittlere Schneebeschaffenheit bestimmt, für Schnee, bei dem die Schollen schon zu Beginn auseinanderbrechen. Geht der Schnee in größeren Blöcken zu Tal, ist es manchmal möglich, auf eine solche Riesenscholle zu springen.

DIE FOLGEN ZU HOHER GESCHWINDIGKEIT

(einschließlich Stürzen)

> *Schock* (siehe „*Zu einsam*")
> *Blutungen*
> *Bewußtlosigkeit* } (siehe „*Zu bedrängt*")
> *Knochenbrüche*
> *Atemstillstand* (siehe „*Zu naß*")

Jemanden, der durch Einwirkung äußerer Gewalt verletzt ist, nach Möglichkeit *nicht bewegen*. Einen reglosen, schlaffen Körper unter dem verunglückten Fahrzeug hervorzuziehen kann tödliche Folgen haben, insbesondere, wenn das Rückgrat gebrochen ist.

Transportieren Sie einen Bewußtlosen oder Verletzten mit starken Blutungen nie in einem Privatwagen zum Krankenhaus. Warten Sie auf ärztliche Hilfe. In der Zwischenzeit stehen Sie dem Verletzten bei, stillen Blutungen, halten ihn warm, behandeln seinen Schock.

(Wenn Sie den Verletzten bewegen *müssen*, wegen Überschwemmungs- oder Explosionsgefahr, Steinfall: siehe „*Zu langsam*").

Gebrochenes Rückgrat

Druck auf das Rückenmark ruft Lähmungen hervor, deshalb Verletzten *nicht bewegen.*

Der Verunglückte klagt wahrscheinlich über Gefühllosigkeit in den Beinen oder Händen und Füßen, und daß er sich wie in zwei Teile zerschnitten vorkäme. Vielleicht auch über Schmerzen im Genick und Rücken.

Lockern Sie die Kleidung um Hüfte und Hals. Der Verletzte darf sich nicht bewegen. Geben Sie ihm nichts zu trinken. Kopf auf keinen Fall hochheben. Warm halten, Blutungen stillen. Verbrennungen behandeln. Aber nicht bewegen, um ihn zu untersuchen.

Zu langsam

Der Überlebende, der sich dazu entschließt (oder aufgrund der Umstände dazu gezwungen wird), die einsame Insel, das abgestürzte Flugzeug, den liegengebliebenen Wagen zu verlassen, dort also nicht auf Rettung zu warten, sieht einer Vielzahl Gefahren entgegen.

Es ist dies eine klassische Situation. Manches Fahrzeugwrack wurde bald aufgefunden; die Überlebenden jedoch waren verschwunden und wurden nie wieder gesehen. Ob der Entschluß, die Unglücksstelle zu verlassen, richtig ist, hängt von vielerlei Umständen ab; ob der Weg über Schnee, Sand oder Eis führt, durch Dschungel, über Gebirge, über Wasser. Auf Rettung warten oder nicht — diese Frage muß gestellt und mit aller Sorgfalt beantwortet werden. Auf keinen Fall in Panikstimmung aufbrechen. Urteilsvermögen und Besonnenheit zählen hier am Anfang genauso wie später Zähigkeit und Widerstandskraft.

Wenn Sie verschlagen werden

1. Vergewissern Sie sich, daß alle wohlauf sind.
2. Wenden Sie Erste Hilfe an.
3. Bauen Sie eine Notunterkunft, sorgen Sie für Wasser, machen Sie Licht und Feuer.
4. Legen Sie alles Material für Notsignale zurecht.
5. Entspannen Sie sich.
6. Schmieden Sie einen Rettungsplan.

Wenn Sie sich auf den Weg machen

Wenn irgend möglich, bleiben Sie in der Nähe des liegengebliebenen Fahrzeuges. Es wird aus der Luft eher entdeckt, spendet Schatten, dient als Notunterkunft, versorgt Sie mit den verschiedensten Materialien (Öl, Benzin; Wasser nicht zu vergessen), hat vielleicht ein Funkgerät. Außerdem sparen Sie Kräfte.

Nach einem Flugzeugabsturz oder einem Schiffbruch wird Ihnen die Entscheidung oft durch Mehrheitsbeschluß abgenommen.

Wenn alle Voraussetzungen dazu gegeben sind, ist der Weitermarsch häufig gerade für den einzelnen Überlebenden (Autofahrer,

Matrose, Pilot) das beste. Die Frage lautet hier gewöhnlich: Wie lange soll ich bleiben, bevor ich mich auf den Weg mache?

Die Antwort hängt von verschiedenen Faktoren ab (siehe *„Zu einsam"*).

a) Besteht vernünftigerweise noch Aussicht auf Rettung?
b) Kennen Sie den Weg zurück zur Zivilisation?
c) Erlaubt Ihr körperlicher Zustand, daß Sie aufbrechen?
d) Sind Sie sicher, daß Sie es schaffen?

Wenn Sie die erste Frage gewissenhaft verneinen müssen, die anderen mit „ja" beantworten, dürfen Sie daran denken, sich auf den Weg zu machen.

Vorbereitungen vor dem Abmarsch

Brechen Sie nie überstürzt auf. Packen Sie sorgfältig. Ruhen Sie sich vor dem Aufbruch aus, schlafen Sie so viel wie möglich. Probieren Sie improvisierte Ausrüstungsgegenstände erst aus, um gegebenenfalls Verbesserungen anzubringen.

Karten

Sie müssen wissen, wohin Sie sich wenden sollen; niemals ins Blaue hinein losmarschieren. Wenn Sie keine Karte haben, zeichnen Sie von der Umgebung und entfernten markanten Punkten in der Landschaft selber eine. Dadurch vermeiden Sie, daß Sie später im Kreis laufen.

Packen Sie die Karte nicht zu den übrigen Sachen, sondern schieben Sie sie vorn ins Hemd oder in die Tasche. Vielleicht basteln Sie sich sogar eine Kartentasche aus Kleidungsstücken oder Plastiktüchern.

Fertigen Sie eine Kopie an, indem Sie die Rückseite mit Bleistift, Holzkohle oder Farbstift schwärzen. Dann legen Sie die Karte mit der Rückseite auf Papier oder Pappe und ziehen die Linien auf der Originalkarte nach.

Papier läßt sich durch Blech, durch die Innenseite von Birkenrinde oder durch ein Stück Tuch ersetzen.

Kompaß

Außer Ihrem Taschenkompaß oder dem sich im Notgepäck des Flugzeugs befindlichen sollten Sie auch den Wagen-, Schiffs- oder Flugzeugkompaß wieder in Ordnung bringen.

Gebrauchen Sie einen Kompaß nicht in der Nähe von Metall oder dem Belichtungsmesser einer Kamera. Prüfen Sie ihn oft am gestirnten Himmel nach.

Rucksack

Schlagen Sie Ihre Habseligkeiten in Zeltbahn, Zeltboden, Plastiktuch oder Mantel und binden Sie das Paket auf einen vorgefertigten Trägerrahmen (siehe Abb.), den Sie sich aus allen möglichen Materialien bauen können. Polstern Sie Rücken und Schultern mit Füllung aus den Wagensitzen oder überflüssigen Kleidungsstücken ab.

Bringen Sie unten eine kleine Leiste an, um zu verhindern, daß die Last nach unten rutscht. Tragen Sie nicht mehr als 25 Pfund. Üben Sie sich darin, den „Rucksack" mit einem Stirnband (einem breiten, oben am Rahmen befestigten Band, das über die Stirn gelegt wird), zur Entlastung von den Schultern abgehoben, zu tragen.

Tragen Sie die Last hoch auf der Schulter. Sie darf nicht auf den Hüften oder Nieren aufliegen.

Mit Hilfe von Fallschirmgurten lassen sich gute Rucksäcke basteln. Packen Sie vor dem Aufbruch zur Probe, was Sie mitnehmen *müssen*.

Streichhölzer, Feuerzeug, Feueranzünder (trocken halten!)
Wasser
Nahrungsmittel
Karte und Kompaß (gesondert tragen)
Spiegel zum Signalgeben (am besten in einer sicheren Tasche)
Uhr (am besten ums Handgelenk)

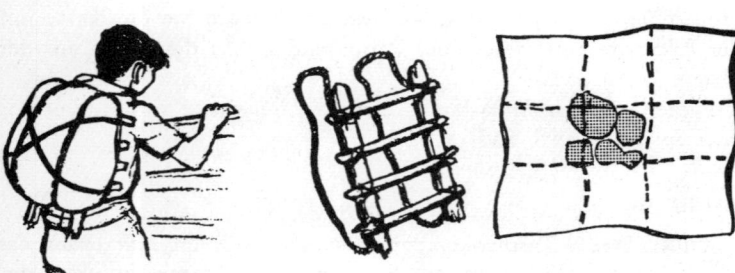

Abb. 63: Tragrahmen

Benzin, Öl, Paraffin (in einer Flasche, gesondert von den Nahrungs-
mitteln)
Messer
Kerze(n), Taschenlampe
Kleidungsstücke, die Sie augenblicklich nicht anziehen
Material zum Bau einer Notunterkunft
Gewehr und Munition
Erste-Hilfe-Ausrüstung

Fußbekleidung

Tragen Sie Schuhe. Reparieren Sie Ihr Schuhwerk oder fertigen Sie
sich welches aus Autoreifen, Fallschirmtuch, Tierfellen. Die Sohle muß
stark, das Oberteil weich sein.

Umwickeln Sie die Füße mit Kälte isolierendem Material. Binden
Sie die äußere Hülle irgendwie am Fuß fest.

Abb. 64: Fußbekleidung

a) Sandalen (geeignet für Märsche in der Wüste) sind leicht selbst gemacht. Sie bestehen lediglich aus festen Sohlen und Stoffbändern.
b) Aus Holz- oder Metallteilen (Fahrzeugwrack) gefertigte Skier sollten nicht länger als einen Meter und 15 cm breit sein. Stöcke als Skistöcke verwenden.
c) Schneeschuhe aus Fichtenzweigen oder aus Weidenästen herstellen,
   in die Sie Zweige flechten. Verwenden Sie Metallröhren, Holzver-
   täfelungen, Maschendraht — alles, was die Körperlast auf dem
   Schnee verteilt.

Kleidung

Wenn es nicht ausnehmend kalt ist, tragen Sie den größeren Teil Ihrer Kleidung im Rucksack. Ziehen Sie genügend an, um gegen Unwetter, Insektenstiche und Sonnenstrahlung geschützt zu sein.

Werfen Sie nicht ein Taschentuch weg. Auch scheinbar überflüssige Kleidungsstücke sind unersetzlich wichtig für Notunterkünfte und Nachtlager, als Verbandsmaterial, Zunder, Bindfaden; man kann Signale damit geben und so fort.

TRANSPORTMITTEL

Kräftesparender ist es, eine Last auf ein Transportmittel zu verladen.

Schlitten

Als Schlitten dienen eine Fahrzeugtür, Bretter, Zweige, Fallschirmtuch, Teile eines Rettungsbootes — alles, was gleitet und belastet werden kann.

Eine einzige Zugleine mit zwei Schulterschlaufen ist im Schnee gewöhnlich am besten. Auf Eis kann es praktischer sein, mehrere Schlepptaue anzubringen, so daß Sie ohne Mühe nach verschiedenen Richtungen ziehen können. Befestigen Sie das Zugseil an zwei Stellen am Schlitten; das „V" zeigt wie bei einem Schneepflug nach vorn.

Als kleiner Schlitten für einen Rucksack dient auf langen offenen Schneefeldern sogar eine Radkappe — die Fliehkraft tut das ihre dazu.

Floß

Seien Sie nicht zu optimistisch. Erwarten Sie nicht, daß ein Floß Sie ohne weiteres samt ihren Habseligkeiten trägt.

Holz ist gut geeignet, *aber:*

1. Verwenden Sie leichtes Holz.
2. Probieren Sie bei jedem einzelnen Stamm erst aus, wie er schwimmt.
3. Verwenden Sie nicht zu dicke Stämme.

Ein Ein-Mann-Floß muß ungefähr 2 m breit und 3 bis 3,50 m lang sein. Die Stämme sollen einen Durchmesser von etwa 15 cm haben. Den Auftrieb können Sie eventuell mit geeigneten Materialien noch verstärken.

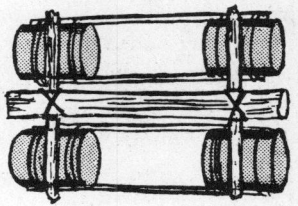

Abb. 65: Floßbauweisen

a) Auftriebshilfen am Rand, nicht in der Mitte anbringen.

b) Verwenden Sie weit mehr, als Sie im Hinblick auf Personenzahl und Ladung für nötig halten.

c) Bauen Sie keine quadratischen Flöße, sondern rechteckige, die bedeutend leichter zu handhaben sind.

d) Verbinden Sie die Stämme mit Fallschirmleinen, Draht oder Schlingpflanzen. Zurren Sie die Auftriebshilfen sehr fest.

e) Ölfässer in Längsrichtung zwischen Stämme binden (siehe Abb.).

f) Ein Floß, das nur aus Baumstämmen besteht, sollte obenauf einen Boden aus dünneren Stämmen tragen. Das Schwergewicht muß aber tiefer liegen.
Flöße aus Bambus sind leicht herzustellen und haben nur geringes Gewicht.

g) Eimer und Flaschen verleihen dem Floß bessere Schwimmfähigkeit, ebenso Schilf oder im Zeltboden wasserdicht verpacktes Stroh. (Falten müssen über dem Wasser liegen!) Das Bündel wie ein Ölfaß am Floß befestigen.

h) Ein quadratisches Segel anbringen, wenn das Floß spitzen, schiffsähnlichen Bug hat.

Staken Sie das Floß in seichten Gewässern mit Hilfe einer Stange (vorzugsweise gegabelt) vorwärts. In tiefem Wasser geeigneten Gegenstand (z. B. Pfanne) an der Stange befestigen oder sonstwie rudern.

Korbboot

Stecken Sie grüne Schößlinge kreisförmig in den Boden. Binden Sie sie oben in der Mitte wie zu einer Hütte mit Flachdach zusammen (Stein obenauf legen). Flechten Sie Zweige in das Rahmenwerk als seitliche Füllung ein, bis das Gebilde stabil ist. Aus dem Boden ziehen, umdrehen und ein Dollbord aus Schößlingen flechten. Wichtig ist, daß der Boden flach geworden ist.

Das ganze Geflecht überziehen Sie mit Plastiktuch, geteertem Segeltuch oder Zeltboden. Es wird mit Rudern vorwärts bewegt. Üben Sie erst ausgiebig damit.

Rettungsboote

Unsinkbare Rettungsboote von Flugzeug oder Schiffen sorgfältig aufblasen. Nicht zu stark aufpumpen; die Sitze gar nicht, wenn ein Verletzter im Liegen transportiert werden soll.

Schließen Sie die Ventile dicht. Prüfen Sie regelmäßig den Luftdruck. Lassen Sie bei Hitze etwas Luft ab, blasen Sie bei Kälte mehr auf. Lecke treten meist unter Wasser, in der Nähe der Ventile oder an den Nähten auf. Flickzeug bereithalten.

Schützen Sie sich gegen den Seegang oder Sonnenstrahlung mit Segeltuch, Decken und Planen.

Paddeln Sie zwischen Wrackteilen umher, passen Sie auf, wenn Sie scharfkantige Metallteile hereinziehen.

Angeln Sie einen Fallschirmsack, ehe das Wrack untergeht.

Werfen Sie einen Schleppanker aus (Eimer z. B.), um nicht abzutreiben. Geben Sie Obacht, daß die Leine nirgendwo scheuert.

Kraftfahrzeug

Ein liegen- oder steckengebliebenes Kraftfahrzeug bedeutet nicht gleich das Ende — weder auf einsamer Landstraße, noch in der Wüste.

Einfache Kenntnisse in der Mechanik genügen. Hier einige Beispiele:

a) Rad im Graben: Drei Mann bekommen einen Pkw gewöhnlich wieder flott. Heben Sie an der Stoßstange, schaukeln Sie den Wagen auf und ziehen Sie ihn in demselben Winkel, in dem er hineingefahren ist, wieder heraus. Sind Sie nur zu zweit, sitzt der eine am Lenkrad, der andere hebt und schiebt.

b) In Matsch, Schlamm, Eis: Jagen Sie die Maschine nicht hoch. Legen Sie den ersten Gang ein und fahren Sie mit dem absoluten Minimum an Gas, so daß sich die Räder *langsam drehen*. Belasten Sie die Antriebsräder.

c) In Fahrspuren: Fahren Sie *langsam* nach vorn, dann treten Sie die Kupplung, so daß der Wagen zurückrollt, fahren wieder vorwärts, bis Sie immer größeren Schwung bekommen.

Flechten Sie einen langen Schal oder Gürtel über einen Reifen und durch die Felgenlöcher. Auf diese Weise kommt der Wagen oft mit einem Schlag heraus. Oft hilft einfach schieben. So hoch wie möglich heben, Wagen zurückrollen lassen, Schwung holen und erneut schieben, bis er mit einem letzten Ruck herausrutscht.

Der Anlasser ist als Antrieb oft besser geeignet, obwohl er die Batterie sehr stark belastet. Schrauben Sie die Zündkerzen heraus und legen Sie den ersten oder den Rückwärtsgang ein.

Normalerweise die Lenkung gerade einschlagen; bei Vierradantrieb Lenkrad schnell hin und herdrehen, damit auch die Vorderräder greifen.

Wenn der Wagen mit Handkurbel angelassen werden kann, legen Sie den ersten Gang ein und „winden" ihn damit heraus.

d) Manchmal empfiehlt es sich, zu graben und den Wagenheber zu verwenden, um die Räder so weit hochzubekommen, daß man Bretter, Zweige oder Steine darunterlegen kann.

Werfen Sie vom Kotflügel abgekratzten Schmutz unter die Räder, legen Sie Fußmatten und Säcke aus. Die Gegenstände werden vielleicht von den Rädern herausgedreht, aber lassen Sie sich nicht entmutigen.

Liegengebliebene Fahrzeuge sind schon auf vielerlei Art und Weise wieder flott geworden. Erfindungsreiche Köpfe haben ein Seil an Stelle eines Reifens um die Felgen gewickelt. Eine Mischung aus Benzin, Whisky, Paraffin und Kokosöl hat schon als Treibstoff gedient. Das folgende Beispiel zeigt, was man mit dem Inhalt einer weiblichen Handtasche alles anfangen kann.

Ein Nylonstrumpf (mit Kreuzknoten zusammengeknotet) *ersetzt einen Treibriemen*

Eine Haarnadel oder ein Stückchen Silberpapier dient als Sicherung, Nagellack isoliert

Eine Nagelfeile dient als Schraubenzieher, außerdem kann man den Elektrodenabstand der Zündkerzen damit einstellen

Mit einer Plastikregenhaube kann man einen Heizungsschlauch flicken (mit Gürtel festbinden)

Gesichtspuder versiegelt leck gewordenen Kühler

Mitunter werden Maßnahmen notwendig, die Schäden am Fahrzeug oder der Kleidung hervorrufen. Wägen Sie ab, ob das gerechtfertigt ist.

RICHTUNGSFINDUNG

Immer sollten Sie eine Vorstellung davon haben, wo Sie sich befinden und in welcher Richtung Sie vorrücken. Für genaue Messungen braucht man natürlich Kompaß, Sextant, Uhr usw.

Ohne Kompaß

Der Polarstern und das Kreuz des Südens (siehe *„Zu dunkel"*) geben verläßlich Nord und Süd an — vorausgesetzt, man sieht die Sterne.

Die Sonne geht ungefähr im Osten auf und ungefähr im Westen unter. Es gibt drei Methoden, bei Tage die Himmelsrichtung festzustellen.

a) Stecken Sie einen Stock senkrecht in glatten Boden. Jede Stunde markieren Sie den Schatten, den der Stab wirft, mit einem Strich. Sie brauchen keine Uhr dazu, ungefähre Zeit genügt. Beginnen Sie am Morgen, hören Sie am Abend damit auf. Dann ziehen Sie eine Linie, die die Markierungspunkte verbindet. Die kürzeste Verbindung vom Stock zu dieser Linie ist die Nord-Süd-Achse.

b) Wenn Sie genaue Ortszeit haben, weist der Schatten eines senkrecht gestellten Stabes um 12 Uhr genau von Nord nach Süd.

c) Richten Sie den Stundenzeiger der Uhr (mit korrekter Ortszeit) direkt auf die Sonne. Die Linie in der Mitte zwischen Stundenzeiger und 12 Uhr weist nach Süden (auf der nördlichen Halbkugel). Die Methode wird ungenauer, wenn die Sonne höher steht. Sie ist sehr einfach, wenn Sie einen Grashalm senkrecht hochhalten und ihn einen Schatten über das Zifferblatt werfen lassen. Richten Sie den Stundenzeiger nach diesem Schatten aus. Auch an trüben Tagen kann man den Sonnenstand ermitteln (siehe *„Zu dunkel"*).

Bestimmen Sie die Richtung mit mehr als einer Methode. Vergessen Sie sie nicht, wenn Sie sie gefunden haben.

Wie man die Richtung ohne Kompaß hält

Wählen Sie in einiger Entfernung zwei markante Punkte in der Landschaft aus, die genau auf der Marschroute liegen. Gehen Sie auf das erste Objekt los und suchen Sie sich, bevor Sie das zweite erreichen, ein neues aus. Bleiben Sie auf dieser Linie.

Verlieren Sie die Richtung nicht, wenn Sie halt machen. Lagern Sie sich in Marschrichtung oder zeichnen Sie einen Pfeil auf den Boden. Legen Sie einen aus Steinen.

Entfernungen sind trügerisch. Verdreifachen Sie Ihre Schätzung. Beurteilen Sie die Geschwindigkeit, mit der Sie vorrücken, pessimistisch. Rechnen Sie 5 km pro Stunde in leichtem Gelände.

Kalkulieren Sie Umwege mit ein. Laufen Sie um dichte Waldungen, Sümpfe und Klippen herum. Berechnen Sie den Weg so, daß Sie möglichst genau auf der gegenüberliegenden Seite wieder herauskommen.

Tragen Sie Ihre Marschroute auf der Karte ein, um sicher zu gehen, daß Sie keinen Bogen schlagen.

Sehr wichtig: *Hinterlassen Sie Spuren.* Machen Sie den Weg, den Sie zurückgelegt haben, mit Steinen, Zweigen, Pfeilen usw. für Nachfolgende kenntlich. Die Markierung kann für Sie selbst entscheidende Bedeutung erlangen, wenn Sie umkehren müssen.

Hauen Sie mit einem Messer oder scharfkantigen Stein in Brusthöhe Kerben in Baumstämme, die Sie bei einer Umkehr auch im Schneegestöber wiederfinden.

Wenn Sie sich verlaufen haben

Wenn Sie Ihre Gefährten aus den Augen verloren haben, wenn auf Ihre Rufe niemand antwortet . . . :

1. Geraten Sie nicht in Panik.
2. Machen Sie halt.
3. Setzen Sie sich hin und rekonstruieren Sie.
4. Markieren Sie den Platz, an dem Sie sich befinden.
5. Versuchen Sie die Route wiederzufinden.

Gelingt Ihnen das nicht, kehren Sie wieder zu der Stelle, die Sie markiert haben, zurück. Sorgen Sie rechtzeitig vor Anbruch der Dunkelheit für eine Unterkunft (siehe *„Zu kalt"*). Am nächsten Morgen sieht die Welt ganz anders aus.

Verschaffen Sie sich von einem hochgelegenen Punkt aus einen Überblick. Halten Sie Ausschau nach Rauchfahnen, entzünden Sie selbst ein Feuer.

Zeichnen Sie die Höhen und Flußläufe, die Sie erblicken, auf Papier oder Rinde. *Verlassen Sie sich nie allein auf Ihr Gedächtnis.* Wenn Ihnen dabei immer noch kein Licht aufgeht, wo Sie sich befinden, marschieren Sie auf dem kürzesten Weg zur Küste oder folgen einem Flußlauf. Selbst in der einsamsten Gegend stößt man dort manchmal unverhofft auf eine menschliche Ansiedlung. *Hinterlassen Sie weiterhin Spuren.*

Solange Sie mit Erfolg auf Ihren eigenen Spuren zurückgehen können, sind Sie noch lange nicht verloren.

FUSSMÄRSCHE

Lassen Sie an der Unfallstelle ein von der Luft aus gut sichtbares Zeichen (Riesenpfeil aus Steinen z. B.) zurück, das in die Richtung zeigt, in der Sie sich auf den Weg gemacht haben.

Gehen Sie am Anfang ganz langsam. Bei schmerzenden Füßen Pause einlegen. Blasen behandeln (siehe unten). Allmählich erhöhen Sie das Tempo.

Steigen Sie im Zickzack bergan. Marschieren Sie im Gänsemarsch. Laufen Sie nicht in hellen Scharen durch die Landschaft, behindern Sie sich nicht gegenseitig, kämpfen Sie nicht um den ersten Platz. Auf weiten Steigungen und im Flachland geht der Schwächste der Gruppe zuerst.

Bleiben Sie zusammen. Wenn einer anhält, halten alle anderen. Der vorderste darf die Hintermänner nicht aus den Augen verlieren.

Halten Sie an, wann immer Sie glauben es nötig zu haben. Das ist besser als eine Rast zu festgesetzten Zeitpunkten. Hüten Sie sich allerdings vor zu häufigen Pausen. Legen Sie weite Strecken in gleichmäßigem Tempo zurück.

Gehen Sie Schluchten, Klippen, Dickichten und Sümpfen aus dem Weg, auch wenn Sie dabei einen Umweg in Kauf nehmen müssen.

Bei Anbruch der Dunkelheit, im Schneesturm, bei Nebel halten Sie an. Beginnen Sie sofort mit dem Bau einer Notunterkunft (siehe *„Zu kalt"*).

Sorgen Sie rechtzeitig für ein Nachtlager.

Sondieren Sie Sümpfe mit einer Stange. Wenn Sie einsinken, legen Sie sich flach hin und winden sich zur Seite, indem Sie die Stange quer vor Brust oder Rücken unter die Achseln schieben. Machen Sie keine allzu heftigen Bewegungen.

Essen Sie immer wieder eine Kleinigkeit (siehe *„Zu leer"*), trinken Sie häufig (siehe *„Zu trocken"*), bleiben Sie guten Mutes, singen Sie.

Schlittenfahrten

Geraten Sie nicht in Versuchung, einen Hang, den Sie auf der einen Seite mühsam erklommen haben, auf der anderen *zu schnell* hinunterzufahren ...

Setzen Sie sich rittlings auf den Schlitten, die Füße fest auf dem Boden, das Zugseil in der Hand. Beim Bremsen Fersen einstemmen und an der Leine ziehen, so daß der Schlitten sich vorn leicht hebt.

Wählen Sie eine gefahrlose Route nach unten, weit weg von Bäumen. Bremsen Sie ununterbrochen.

Transport eines Verletzten

Der Transport eines Verletzten verlangt Improvisationstalent und Geduld. Es gibt vielerlei Methoden:

a) Verletzten quer über die Schulter hängen, linkes Bein und linken Arm (oder rechtes Bein und rechten Arm) nach vorn ziehen und mit dem Ellbogen umfassen.

b) Zwei-, drei- und vierhändiges Tragen (siehe Abb.)

c) Verladen auf Tragetuch (siehe Abb.)

d) Bahre aus Jacken und Stangen

e) Bahre aus Seilen (schwierig herzustellen und zu tragen)

f) Huckepack mit Hilfe eines Tragrahmens (siehe *Rucksack*) auf dem Rücken des Trägers. Der Verletzte sitzt auf der untersten Sprosse. Geeignet für den Fall, daß er sich allein festhalten kann.

g) Wie f), aber die Füße des Verletzten in zu zwei Schlaufen gebundenes Seil legen, das der Träger wie einen Mantel anzieht (d. h. er legt die Arme in die Schlaufen und schiebt sich das Verbindungsstück ins Genick).

h) Transport auf Schlitten (nicht zu schnell)

i) Transport auf Floß.

Abb. 66: Transport eines Verletzten

Heben Sie sich keinen Bruch, und tragen Sie niemand, der offensichtlich zu schwer für Sie ist. Häufig brauchen Sie Hilfe. Wie man richtig hebt: siehe „Zu einsam".

Leichtverletzte werden von zwei Helfern mit verschiedenen Griffen getragen. Es gibt zwei- und dreihändige Griffe (siehe unten), je nach Gewicht, Stärke und Größe des Verletzten bzw. der Helfer. Ein Helfer stützt den Verletzten mit der freien Hand ab.

Abb. 67:
Dreihändiges Tragen

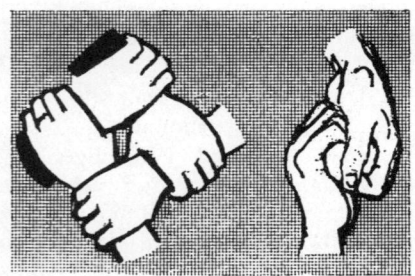

Abb. 68:
Vier- und zweihändiges Tragen

Mit dem hier gezeigten, vierhändigen Griff läßt sich jemand transportieren, der sich an den Schultern der beiden Träger festhalten kann. Der Zweihandgriff (siehe Abb.; Taschentuch dazwischen legen!) ist geeignet für einen Verletzten, der von den beiden freien Armen der Helfer gestützt werden muß (ungefähr so wie oben beim Dreihandgriff).

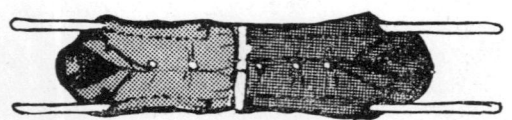

Abb. 69: Behelfsbahre

Schwerverletzte so wenig wie möglich bewegen (siehe „Zu schnell"). Wenn es sein muß, nur auf improvisierter Bahre im Liegen oder halb liegend transportieren. Die beste Tragbahre ist bretteben wie eine Tür, ein Brett, eine Bank. Zur Not genügt eine Bahre nach Abbildung.

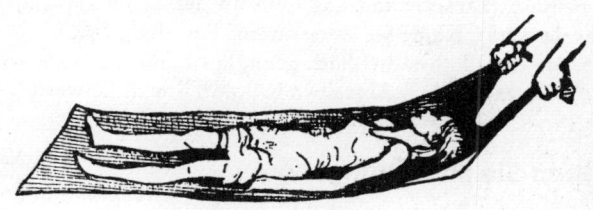

Abb. 70: Tragetuch

Muß der Verletzte nur ein kurzes Stück getragen werden, schieben Sie eine Decke, ein Tuch, eine Zeltbahn sehr vorsichtig unter den Körper und transportieren ihn so wie er vorher lag. Wichtig:

1. Körper der Länge nach, nicht seitlich bewegen. Beim Hochheben jeden Körperteil unterstützen.
2. Lassen Sie den Körper *auf keinen Fall* in der Mitte durchsacken, indem Sie nur an Kopf und Füßen anfassen.

FORTBEWEGUNG AUF DEM WASSER

Flußüberquerungen

(Siehe *„Zu naß"*).

Floßfahrten

Verteilen Sie die Last gleichmäßig auf das Floß. Stehen oder sitzen Sie am Rand, gleichen Sie das Gewicht mit anderen Ruderern aus. Rutschende Ladung müssen Sie sofort am anderen Ende ausbalancieren und wieder zurechtrücken.

Ein Segel bringt meist mehr Mühen als Vorteile. Aber wenn Sie ständig vor dem Wind rudern, benutzen Sie eins.

Eine Floßreise geht sehr gemächlich vonstatten. Behalten Sie Ihren Humor dabei. Beschleunigen läßt sich die Fahrt kaum. Segeln Sie nur bei Tage. Schlafen Sie nicht ein. Achten Sie auf Gefahrenzeichen: Sprühregen, Rauschen, silberne Linie auf dem Fluß. Fahren Sie nicht in glattwandige Schlünde ein. Befestigen Sie eine lange Leine am Floß, an der Sie es durch Stromschnellen vom Ufer aus treiben lassen.

Halten Sie sich in Ufernähe. Wildwasser umgehen Sie, indem Sie Ihre Siebensachen tragen und das Floß an der Leine schwimmen lassen. Geht das nicht, bauen Sie weiter unten ein neues.

Ziehen Sie das Floß nachts hoch genug an Land und laden Sie alles ab. Sichern Sie es vor dem Abtreiben bei plötzlichem Unwetter.

Überleben Sie im Rettungsboot

Springen Sie vom Wrack aus nicht ins Rettungsboot, sondern klettern Sie vorsichtig hinein (siehe *„Zu niedrig"*).

1. Überzeugen Sie sich davon, daß alle Mann an Bord sind.
2. Entfernen Sie sich vom sinkenden Wrack.
3. Halten Sie sich in der Nähe von weiteren Rettungsbooten.
4. Werfen Sie einen Schleppanker aus.
5. Kümmern Sie sich um Verletzte.

Rettungsboote mit ca. 10 m langen Leinen jeweils an Bug und Heck zu einer Kette zusammenbinden. Schleppanker an langem Seil auswerfen. Wenn Sie ihn verlieren, bauen Sie sich einen Behelfsanker, damit Sie nicht abgetrieben werden.

Planen Sie im allgemeinen ein, drei Tage lang an der Unglücksstelle zu bleiben, damit Ihnen keine Rettungschance entgeht. Während dieser Zeit tun Sie folgendes:

a) Fischen Sie unter den Trümmern nach Vorräten, Wrackteilen, Auftriebshilfen. Vorsicht vor scharfkantigen Metallteilen, die eine Gummihaut unversehens *unter Wasser* aufschlitzen können.

b) Schützen Sie sich bei schlechtem Wetter mit allem, was zur Verfügung steht, vor der Witterung.

c) Halten Sie im Zwei-Stunden-Turnus Wache. Wachtposten an 5 Meter langer Leine sichern. Das Boot ständig auf Lecke hin untersuchen.

Die Hauptaufgabe der Wache besteht darin, nach Rettung Ausschau zu halten.

d) Legen Sie alles Nötige bereit, um im gegebenen Augenblick sofort Notsignale geben zu können.

e) Rationieren Sie Wasser und Nahrungsmittel. Lassen Sie Destillierapparate treiben.

Entfernen Sie sich nur dann aus dem Unglücksgebiet, wenn Land nahe ist oder Sie von Haien angegriffen werden, weil Nahrungsmittel und Leichen im Wasser treiben.

Rettungsboot nicht unter Segel setzen, bevor das Land nahe ist und Sie vor dem Wind segeln können. Improvisieren Sie ein Segel. Blasen Sie das Schlauchboot ganz auf, holen Sie den Schleppanker ein, steuern Sie mit dem Ruder. Binden Sie das Segel unten nicht an, sondern halten Sie die Leinen in der Hand, so daß Sie bei einer plötzlichen Bö nicht kentern.

Vermeiden Sie, daß ein Floß umkippt (siehe *„Zu naß"*), indem Sie sich bei rauher See tief setzen, den Schleppanker auswerfen und die Last nach der Wetterseite hin verschieben. Nicht aufstehen, nicht an der Seite sitzen. Bevor Sie sich bewegen, warnen Sie die anderen.

Anzeichen von Land sind mitunter:

Eine unbewegliche Wolkenbank, die sich bei sonst klarem Himmel hartnäckig auf der Stelle hält.

Grünliche Färbung des Himmels über einer Lagune.

Treibholz.

Weißer Himmel über Schneeflächen (über Wasser ist der Himmel grau).

Hellere Färbung des Wassers.

Brandungsrauschen.

Häufige Vogelschreie.

Achten Sie darauf, in welche Richtung die Vögel morgens und bei Sonnenuntergang fliegen.

Wenn Sie bei Nacht Land erreichen, warten Sie mit der Landung (wenn irgend möglich) bis zum nächsten Morgen. Dann wählen Sie sehr sorgfältig die Landestelle.

Steuern Sie die Leeseite (die dem Wind abgewandte Seite) der Insel oder Landzunge an. Landen Sie nicht gegen die Sonne. Halten Sie Abstand von Felsen, Riffen, Wracks.

Steuern Sie auf Lücken in der Brandung zu. Eine sanft abfallende Küste mit geringer Brandung ist ein idealer Landeplatz. Versuchen

Sie, auf dem Rücken eines Brechers hereinzukommen, indem Sie hart rudern.

Bei schwerer Brandung: Kleidung und Schuhe anlassen, Schwimmgürtel anlegen, Schleppanker am längsten Ihnen zur Verfügung stehenden Seil auswerfen, alle Mann an die Ruder.

Mit Hilfe des Schleppankers wird es Ihnen gelingen, einen bestimmten Punkt der Küste anzupeilen. Rudern Sie heftig, um durch den ankommenden Wellenkamm durchzustoßen; verhindern Sie, daß Sie breitseits angeschwemmt werden. Vermeiden Sie, daß eine Welle über dem Rettungsboot bricht. Halten Sie sich am Floß fest, wenn Sie kentern (siehe „Zu naß").

AUTOFAHREN

Schnee, Eis, Matsch

Fahren Sie unter solchen Bedingungen langsam, vorsichtig und in höherem Gang als sonst (nehmen Sie eine Steigung im vierten Gang, die Sie normalerweise im dritten nehmen würden). Bremsen Sie nur in Geraden. Treten Sie mehrmals hintereinander leicht auf die Bremse, statt einmal scharf abzustoppen. Wenn Sie rutschen, hören Sie sofort auf zu bremsen (siehe „Zu schnell"). Achten Sie bei Schnee auf normalen Reifendruck. Belasten Sie die Antriebsräder und halten Sie so wenig wie möglich an.

Fahren Sie eine Steigung hoch, ohne zu schalten. Legen Sie aber keinen zu kleinen Gang ein, damit die Räder nicht durchdrehen. Vermeiden Sie Steigungen, wo Sie nur können. In Haarnadelkurven oder Kurven an Flüssen, wo der Wagen von der Straße abkommen könnte, fahren Sie mit den Rädern am Rand oder im flachen Abzugsgraben.

Wenn auf einer Steigung die Räder durchdrehen, hüpfen die Passagiere im Wagen auf und nieder.

Bergab legen Sie einen kleinen Gang ein. Vorsichtig abbremsen. Gefährliche Steigungen fahren Sie im ersten Gang hinunter.

Wenn Sie eingeschneit werden: siehe „Zu kalt".

Durch Wasser

Sehen Sie sich vorher an, wie tief das Wasser ist. Die Frage, ob Sie durchfahren können oder nicht, wird davon entschieden, wie hoch Verteiler und Vergaser liegen.

Halten Sie an und lassen Sie die Maschine auskühlen.

Nehmen Sie den Riemen zum Luftpropeller ab, damit die Maschine nicht ersäuft. Dann machen Sie die Fenster zu und fahren mit 5 km/h durch. Vermeiden Sie, daß sich vorn eine Bugwelle bildet.

Lassen Sie, wenn nötig, die Kupplung schleifen, um die Drehzahl hochzuhalten, damit Wasser nicht in den Auspufftopf hineinläuft. Aber brennen Sie die Kupplung nicht aus. Vermeiden Sie auf jeden Fall, daß die Maschine stehenbleibt.

Die Insassen halten sich bereit, um notfalls schnell herauszuspringen und zu schieben, wenn die Räder durchdrehen.

Eine Wasserfläche kann die Straßenbegrenzung verdecken. Passen Sie auf, daß Sie nicht geradewegs in einen Fluß fahren (siehe „Zu naß"). Achten Sie auf die Fahrbahnbegrenzung, wenn Sie sich das Wasser vorher ansehen.

Nicht immer zeigen Telegraphenmasten den Straßenverlauf an, manchmal laufen sie quer über Land. Beobachten Sie die kleinen Wellen, die der Wagen verursacht. Sie sehen anders aus, wenn Sie von der Straße abgekommen sind.

Wenn das Wasser die Zündung lahmlegt, ziehen Sie probeweise den Choke ganz heraus und geben Vollgas, in der Hoffnung, daß ein Zylinder noch arbeitet. Wenn das geschieht, Choke wieder hineinschieben und Motor laufen lassen. Eventuell kommen die anderen Zylinder wieder.

In den meisten Fällen müssen Sie aussteigen und den Verteiler mit einem trockenen Tuch abtrocknen. Aber warten Sie erst zehn Minuten, damit die Motorhitze einen Teil der Arbeit übernimmt.

Schlamm

Belasten Sie die Antriebsräder. Schlechte Wegstücke mit Steinen, Laub oder Sackleinen abdecken. Sparsam Gas geben.

Beim Durchfahren nicht anhalten. Wenn die Räder durchdrehen, jagen Sie den Motor nicht hoch, sondern fahren Sie sachte zurück.

Bergpässe

Schalten Sie rechtzeitig herunter. Drehen Sie den Motor in Haarnadelkurven nicht zu hoch.

Wenn das Kühlwasser kocht, Motor abstellen. Manchmal genügt es, den Wagen einfach mit dem Kühler in Windrichtung zu stellen oder, *wenn die Straße auf der anderen Seite nur wenig abfällt,* im Leerlauf hinunterzurollen. Kühlerjalousie schließen, wenn die Kühlwassertemperatur zu rasch sinkt.

Wenn der Wagen die Steigung nicht schafft, versuchen Sie es im Rückwärtsgang.

Sand

Fahren Sie auf jeden Fall über weichen Sand hinweg ohne anzuhalten, bis Sie festen Boden erreichen. Die Räder dürfen nicht durchdrehen, aber unter Umständen müssen Sie bis zum ersten Gang herunterschalten.

Halten Sie auch dann nicht an, wenn das Kühlwasser kocht.

Wenn Sie steckenbleiben, mit Wagenheber anheben und Steine, Maschendraht, Kleidungsstücke usw. unter die Räder schieben.

Sandstürme sieht man schon von weitem. Wenn Sie ihnen nicht ausweichen können, schließen Sie alle Ritzen so dicht wie möglich und fahren den Wagen auf rutschsichere Unterlagen.

Im Fahrzeug sitzenbleiben und warten, bis der Sturm vorüber ist.

IN DER ARKTIS

Sehr anstrengendes und zeitraubendes Vorwärtskommen.

Bergen Sie an Ausrüstungsgegenständen des Schiffes oder Flugzeuges, was Sie nur können, sobald Feuer- und Explosionsgefahr nach dem Aufprall vorüber sind. Leiten Sie das Öl ab, bevor es gefriert. Bauen Sie die Batterie aus und halten Sie sie warm. Sorgen Sie für genügend Kleidungsstücke und Brennmaterial.

Während Sie auf Rettung warten, halten Sie immer alles notwendige Material für Notsignale bereit (siehe *„Zu einsam"*). Wenn Sie sich dazu entscheiden, gleich aufzubrechen, bewegen Sie sich in Richtung Küste oder auf einen größeren Fluß zu.

Schneeschuhe oder Skier sind die wichtigsten Ausrüstungsgegenstände, besonders in der Baumwuchszone. Halten Sie sich an Flüsse.

Im Sommer befahren Sie sie mit Floß oder Rettungsboot, im Winter ziehen Sie mit Schlitten über das Eis; allerdings nicht auf Flüssen mit vielen Windungen.

Bleiben Sie auf der Innenseite der Biegungen, wenn der Fluß vereist ist. Umgehen Sie eine Einmündung auf der gegenüberliegenden Seite oder weichen Sie im Bogen aufs Land aus. Passen Sie jedenfalls ständig auf, daß das Eis vor Ihnen nicht zu dünn wird.

Blicken Sie sich nach den Spuren um, die Sie hinterlassen. Gehen Sie dreißig Schritte in der Marschlinie voraus, so daß der letzte Mann sich mit dem Kompaß auf die Vordermänner einrichten kann, um sich zu vergewissern, daß in die gewünschte Richtung marschiert wird. Denn meist fehlen auffällige Markierungspunkte in der Landschaft.

Schlagen Sie einen Haken um Sümpfe, Tundraseen und Flugsand. Graben Sie sich in den Sand oder beziehen Sie besser eine Notunterkunft angesichts eines herannahenden Blizzards.

Lassen Sie niemanden auf Treibeis zurück. Eisgebilde als Markierungspunkte sind für die Richtungsfindung unbrauchbar, weil sie sich bewegen. Seien Sie stets darauf gefaßt, daß das Eis bricht, Eisschollen kippen, Eisberge kentern. Der Kompaß wird unzuverlässig. Kontrollieren Sie ihn am nächtlichen Himmel.

Wie das Eis beschaffen ist, richtet sich nach der Jahreszeit. Bauen Sie eine Unterkunft nur auf tiefliegendem, ebenmäßigem Eis. Beim Sprung von Scholle zu Scholle springen Sie nicht ganz vorn an der Kante ab, sondern mindestens einen halben Meter dahinter.

IN DER WÜSTE

(Siehe auch „*Zu trocken*")

Sichern Sie sich *sofort,* unmittelbar nach der Bruchlandung, die Wasservorräte. Dann warten Sie, bis Feuer- und Explosionsgefahr vorüber sind und retten den Rest von dem, was Sie brauchen können. Darauf legen Sie sich hin und denken erst einmal nach.

Bei Hitze dürfen Sie erst recht nichts überstürzt tun. Wenigstens eine Woche lang sollten Sie beim Fahrzeugwrack bleiben.

Der Marschweg führt Sie wahrscheinlich über hügeliges Gelände mit unerwarteten Temperaturunterschieden. Bei Nacht ist es oft windig, eiskalt und neblig; bei Tage glüht die Luft vor Hitze. Auf dem

Marsch sollten Sie nicht mehr als 25 Pfund tragen — aber schon 5 Liter Wasser wiegen 10 Pfund. Das ist der Grund, weshalb Wüstenmärsche so riskant sind.

Wenn sich die Gruppe teilt, einige beim Wrack bleiben, die anderen marschieren, nimmt die Gruppe, die sich auf den Weg macht, den größeren Teil des Wasservorrats mit. Wieviel, hängt von der vorhandenen Menge ab.

Das Gepäck der Marschierer besteht hauptsächlich aus Wasser. Nehmen Sie Fallschirmtuch, Zeltboden, Decke oder Plastiktuch als Schattenspender mit, ferner etwas Kleidung, wenig zu essen, Navigationshilfsmittel. Denken Sie auch an eine Taschenlampe, da Sie sich hauptsächlich nachts vorwärtsbewegen sollten. Nur im Winter kann man eventuell auch bei Tage marschieren.

Rasten Sie während drückender Hitze im Schatten. Bauen Sie sich dazu einen nach einer Seite hin offenen Unterschlupf im Biwakstil, den Sie mit doppelten Lagen Fallschirmtuch, Decken, Zeltboden usw. abdecken. Ziehen Sie während der Rast Schuhe und Socken aus und säubern Sie sie von Sand. Das sollten Sie auch unterwegs häufig tun.

In einem Sandsturm bedecken Sie sich mit allem, was Ihnen zur Verfügung steht. Schließen Sie, so gut es geht, alle Öffnungen in der Kleidung. In ebenem Gelände legen Sie sich mit abgewandtem Gesicht auf den Boden. Rollen Sie sich gelegentlich hin und her, damit Sie vom Sand nicht verschüttet werden.

Gehen Sie auf dem Grat oder in der Mulde zwischen den Dünen. Betreten Sie nach Möglichkeit keinen weichen Sand. Rücken Sie nachts besonders vorsichtig vor; die Abhänge sind mitunter steiler als sie aussehen. Entwickeln Sie Ihre Fähigkeit, bei Dunkelheit zu sehen.

Sie müssen unbedingt auf ein festes Ziel losmarschieren. Planloser Aufbruch auf gut Glück in irgendeine Richtung kann das Ende bedeuten. Stoßen Sie eine Entscheidung, die Sie einmal getroffen haben, nicht wieder um. Marschieren Sie lieber auf eine Straße oder die Küste zu als auf ein Dorf, eine Oase oder eine Siedlung, einen stecknadelkopfgroßen, leicht zu verfehlenden Punkt. Das gilt natürlich nicht für den Fall, daß der Ort ganz in der Nähe ist.

IM DSCHUNGEL

Im Dschungel ist Weitermarschieren nicht nur ratsam, sondern notwendig, weil Sie unter dem Blätterdach aus der Luft nicht gesehen werden können, Ihre Notsignale folglich wirkungslos bleiben. Die wirklichen Gefahren sind nicht reißende Tiere oder Riesenspinnen, giftige Schlangen oder blutrünstige Wilde, sondern

Verdursten (siehe „Zu heiß").
Unwohlsein, Fieber, Erbrechen.
Vergiftungen (siehe „Zu leer").
Angstzustände (siehe „Zu einsam").

Ein Fußmarsch durch dichten Baumbestand ist beschwerlich, manchmal unmöglich. Folgen Sie deshalb Flußläufen (auch trockenen Flußtälern), Wildwechseln, Eingeborenenpfaden. Kommen Sie Wasserläufen nicht zu nahe, da sie häufig Fälle, Engpässe und Schluchten bilden.

Auf Wildwechsel stößt man häufig an Flußübergängen und Stromschnellen. Möglich, daß Sie Eingeborenen begegnen (siehe „Zu bedrängt"). Die Siedlungen liegen meist an Flußufern.

Die Ausrüstung besteht auch im Dschungel hauptsächlich aus Wasser (bei jeder Gelegenheit Vorrat ergänzen); aus Macheta oder Messer, Kompaß, gutem Schuhwerk, Hängematte, Zelt, Erste-Hilfe-Ausrüstung. Verlassen Sie sich mehr auf den Kompaß als auf Karten. Die Sonne steht am Tag zu hoch, als daß man sich danach richten könnte (ausgenommen am frühen Morgen oder späten Nachmittag). Ohne Kompaß halten Sie sich an Wasserläufe.

Umgehen Sie „undurchdringliches" Buschwerk, Sümpfe und Schluchten. Marschieren Sie nicht nachts, da dann die Wechsel von Tieren und Reptilien benutzt werden. Nehmen Sie stets den leichtesten Weg.

Im Dschungel sind Sie wie ein Schwamm mit Regen und Schweiß vollgesogen, Sie verlieren Körperfeuchtigkeit und lebenswichtige Salze. Trinken Sie häufig, nehmen Sie Salz zu sich. Beugen Sie einer Verdurstung vor (siehe „Zu heiß").

Wenn Sie Ihre Gefährten aus den Augen verloren haben, schlagen Sie mit einem Stock gegen Baumstämme, das trägt weiter als Rufen (siehe oben). Aber das sollte nie vorkommen. Bleiben Sie zusammen.

Bäume mit polypenartigen Wurzeln zeigen Sümpfe an. Schauen Sie häufig nach oben; totes Holz, Kokosnüsse, Getier kann auf Sie fallen.

Schlagen Sie hin und wieder an Bäume, machen Sie sonst Geräusche, um Tiere zu warnen. Eine Gruppe marschiert im Gänsemarsch, der Mann an der Spitze eine Macheta oder ein Messer in der Hand. Gehen Sie verfaultem Holz (Baumstämmen, Wurzeln oder Zweigen) aus dem Wege, oft verbergen sich Zecken darin. In Wassernähe seien Sie auf der Hut vor Krokodilen. Tappen Sie in kein Hornissennest.

Machen Sie häufig Rast und schlagen Sie früh genug das Nachtlager auf.

a) Der Boden darf nicht feucht sein. Achten Sie darauf, daß kein Totholz darüber ist, und daß der Lagerplatz nicht überschwemmt werden kann.

b) Schlafen Sie in einer Hängematte oder in einem erhöhten Bett aus Zweigen und Laub. Eine einfache Lösung zeigt die Abbildung (Fallschirmdach über Hängematte; siehe auch *„Zu kalt"*).

Abb. 71: Zelt und Hängematte

c) Bauen Sie einen Dornenzaun um Ihr Lager, wenn Sie sich unbehaglich fühlen. Unterhalten Sie nachts ein Feuer. Ziehen Sie sich warm genug an, es kann kalt werden.

d) Streuen Sie Asche rund um das Lager, um zu verhindern, daß Insekten herankriechen.

Aus Holz und großen Blättern läßt sich mit Hilfe eines Messers oder scharfkantiger Steine allerhand improvisieren. Blätter geben eine gute Lagerbedachung ab; aus Bambus kann man Angelhaken und Harpunen herstellen. Farne, Schlingpflanzen, Kräuter und Blumen liefern häufig Bindfaden oder Zwirn.

IM GEBIRGE

Bergzüge umgehen Sie nach Möglichkeit (siehe *„Zu hoch"*, *„Zu niedrig"*, *„Zu kalt"*), erst recht dann, wenn Schnee auf ihnen liegt und Lawinengefahr besteht.

Steht kein Kletterseil, kein Eispickel für jede Person zur Verfügung, hat niemand Bergerfahrung, schlagen Sie einen großen Bogen. Bleibt keine andere Wahl, überqueren Sie den Höhenzug am frühen Morgen, solange Schnee und Eis gefroren sind. Gefährlich wird es, wenn die Sonne den Schnee auf den Hängen schmilzt.

SCHÄDIGUNGEN

Erfrierungen
Wasserfuß } (siehe *„Zu kalt"*)

Verdursten
Sonnenstich } (siehe *„Zu heiß"*)

Schneeblindheit
Sonnenbrand } (siehe *„Zu hell"*)

Blasen

Blasen nicht aufdrücken. Sobald sich die Haut zu röten beginnt, legen Sie (wenn vorhanden) ein Pflaster auf. Am Rand mit einer in der Flamme sterilisierten Nadelspitze aufstechen. Pressen Sie die Flüssigkeit vorsichtig heraus. Unter improvisiertem Verband trocknen lassen. Unter Umständen legen Sie eine längere Ruhepause ein.

Vorsorge: Waschen und trocknen Sie die Socken über Nacht. Stopfen Sie Löcher sofort (und sorgfältig). Wechseln Sie die Socken so oft wie möglich. Nehmen Sie Fußbäder in heißem, salzhaltigem Wasser.

Hautausschläge

Treten z. B. bei Berührung mit giftigen Pflanzen auf. Verschaffen Sie sich Linderung durch Kokosnußöl oder einer Paste aus Holzasche und Wasser. Legen Sie Verbände an.

Sonnenbräune ist der beste Schutz gegen Hitze und Sonnenbrand. Die Haut dürfen Sie am Anfang der Sonne nicht zu lange aussetzen (siehe *„Zu heiß"*).

Seekrankheit

Beschäftigen Sie sich. Nichts essen und trinken. Ruhig liegen, Kopflage verändern. Warmhalten. Nehmen Sie Tabletten ein, wenn welche vorhanden sind.

Salzwasserwunden

Halten Sie sich so trocken wie möglich. Wunden nicht öffnen oder ausdrücken. Vorsichtig säubern, größere Wunden verbinden. Eine antiseptische Salbe darf angewendet werden.

Verstopfung

Kann leicht auftreten, wenn Sie zuwenig zu essen und zu trinken haben. Nehmen Sie keine Abführmittel, um dem Körper nicht noch weitere Feuchtigkeit zu entführen. Der Urin kann sich dunkel verfärben. Beunruhigen Sie sich deswegen nicht.

Aufgesprungene Lippen, ausgedörrte Haut

Öl, Salbe, Fettstift, Sonnencreme auflegen.

Zu voll

Nach einer Kernwaffenexplosion ist ein weites Gebiet voll von vernichtenden Kräften. Die Wirkung der Explosion beginnt mit der Hitzestrahlung (bis zu mehreren Millionen Grad) und den daraus entstehenden, ausgedehnten Bränden; sie setzt sich mit der Druckwelle und der radioaktiven Anfangsstrahlung fort; danach folgt der radioaktive Niederschlag. Was läßt sich angesichts dieser tödlichen Gefahren überhaupt noch tun?

Mehr als Sie denken. Bei den Explosionen über Hiroshima und Nagasaki hat sich erwiesen, daß einfache Maßnahmen Menschen das Leben gerettet haben, die sich in oft nur geringer Entfernung vom Explosionszentrum aufhielten. Je weiter die Entfernung ist, desto wahrscheinlicher wird ein Überleben.

DIE WIRKUNGEN DER BOMBE

Hitzestrahlung

(Siehe *„Zu hell"* und *„Zu heiß"*)

Druckwelle

Wie der Donner auf den Blitz, folgt auf den Lichtblitz (entweder sofort oder im Abstand bis zu mehr als einer Minute) die Druckwelle. Sie bewirkt zunächst einen Luftstoß, dann einen Luftsog, breitet sich mit ungeheurer Geschwindigkeit aus, entwurzelt Bäume, läßt Gebäude wie Kartenhäuser zusammenstürzen, wirbelt Menschen durch die Luft.

Radioaktive Strahlung

Die Explosion reißt Tausende von Tonnen Erde und Schutt als Staub in die Luft. Jedes Stäubchen, das wieder vom Himmel fällt, ist radioaktiv verseucht.

Man unterscheidet die radioaktive Anfangsstrahlung, die etwa 60 Sekunden dauert und nicht weiter als 3 bis 5 km vom Explosionspunkt reicht. Außerdem entsteht in der Nähe der Explosion die sogenannte Rückstandsstrahlung durch radioaktiv gewordene Bodenbestandteile.

Der radioaktive Niederschlag kann weite Gebiete bedrohen. Je nach Wind und Wetter treiben die Staubmassen fein verteilt durch die Atmosphäre und fallen oft weit entfernt vom Explosionsort zu Boden. Die Strahlung ist durch unsere Sinne nicht wahrzunehmen und kann nur mit Hilfe von Geigerzählern entdeckt werden. Gefährlich wird sie dann, wenn man die radioaktiven Staubteilchen einatmet oder mitißt oder wenn sie auf bloße Haut fallen.

DIE WARNUNG DER BEVÖLKERUNG

Nachrichten von einer sich zuspitzenden weltweiten Krise sind wahrscheinlich das erste Anzeichen. Die Bevölkerung wird laufend durch die Presse, durch Rundfunk und Fernsehen unterrichtet werden.

Es gibt mehrere Warnstufen, die man mit Hilfe von Farbbezeichnungen unterscheidet.

1. Rot: Auf- und abschwellender Sirenenton (bevorstehender Angriff).
2. Grau: Unterbrochener Ton von Sirenen, Glocken oder Pfeifen (Radioaktiver Niederschlag in einer Stunde zu erwarten).
3. Schwarz: Morsezeichen D (Lang kurz kurz) durch Leuchtzeichen, Gongs und Pfiffe (Radioaktiver Niederschlag unmittelbar bevorstehend).

Die Entwarnung besteht aus einem Dauerton von 1 Minute.

VERHALTEN BEI WARNUNG

Krisensituation

Bereiten Sie sich zu Hause so gut es geht vor (siehe „Zu hell" und „Zu heiß"). Innerhalb eines Tages kann man eine Menge Maßnahmen treffen. Ergänzen Sie Ihre Vorräte an Lebensmitteln.

Wenn Sie in einem Bungalow, einem einstöckigen, vorgefertigten Haus oder im Wohnwagen wohnen, versuchen Sie, sich Freunden und Bekannten in festeren Bauten anzuschließen.

In Hochhäusern sind die mittleren Stockwerke am sichersten, während es oben und unten am gefährlichsten ist. Auch hier sollten die Bewohner sich in der Mitte aufhalten. In Gebäuden mit vier oder weniger Stockwerken ist das Erdgeschoß das sicherste.

Warnstufe Rot

Wer seine Wohnung nicht innerhalb von fünf Minuten erreichen kann, sollte im nächstgelegenen sicheren Gebäude Schutz suchen. Bei Aufenthalt im Freien auf den Boden werfen (siehe *„Zu hell"*).

In Innenräumen: Strom, Gas und Wasser an den Hauptschaltern ausschalten. Schutzraum aufsuchen (siehe unten).

Wenn Sie nach der Explosion am Leben geblieben sind, nachschauen, ob es brennt (siehe *„Zu heiß"*). Ziehen Sie noch ein paar Kleidungsstücke darüber, die Sie danach vor dem Eingang des Schutzraumes liegenlassen.

Warnstufe Grau

Suchen Sie einen Raum auf, in dem Sie vor der radioaktiven Strahlung sicher sind. Der Schutzraum muß dicke Wände, ein sicheres Dach und abgedichtete Fensterritzen haben.

Handeln Sie rasch und umsichtig. Setzen Sie sich auf keinen Fall der radioaktiven Strahlung aus. Warnstufe Grau bedeutet nicht, daß nicht in der Zwischenzeit ein neuer Angriff vorgetragen wird.

Warnstufe Schwarz

Wenn Sie sich immer noch draußen aufhalten, die vorhergehenden Warnungen nicht gehört haben, suchen Sie umgehend einen Schutzraum auf. Legen Sie die äußere Kleidung ab und lassen Sie sie vor dem Raum, in dem Sie Schutz finden, liegen.

Waschen Sie, wenn möglich, die unbedeckten Hautstellen und bürsten Sie Ihre übrigen Kleidungsstücke sorgfältig ab, bevor Sie den Schutzraum betreten.

Bleiben Sie dort, bis Sie von der Polizei oder dem Zivilschutz dazu aufgefordert werden, den Raum zu verlassen. Hören Sie Radio. Verlassen Sie innerhalb der ersten drei Tage, in denen die radioaktive Strahlung am stärksten ist, unter keinen Umständen, auch nicht für andere wichtige Aufträge, den Schutzraum.

Befolgen Sie die Anweisungen, die über Radio gegeben werden.

WEITERE MASSNAHMEN

Vorbereitung gegen den Lichtblitz und die Hitzewelle: siehe „*Zu hell*" und „*Zu heiß*".

Bau eines Schutzraumes

Die Wirkung der radioaktiven Strahlung wird durch drei Faktoren vermindert:

1. Durch die Entfernung vom Explosionszentrum.
2. Durch Dicke und Beschaffenheit der Abschirmung.
3. Durch die Zeit, die nach der Explosion verstreicht.

Wählen Sie den Raum im Keller oder Erdgeschoß aus, der die wenigsten Außenwände hat. Decke, Wände, Fenster und Türen möglichst nach allen Seiten hin abstützen und verstärken. Beton bremst die Strahlung am stärksten ab; aber auch Ziegelsteine und festgestampfte Erde bieten Schutz.

a) Ein Schutzraum unter der Erde (draußen oder im Keller), mit Brettern und Erde abgedeckt, bietet den besten Schutz.
b) Auch ein Raum im Erdgeschoß *mit möglichst wenig Außenwänden* kann Verwendung finden (z. B. Flur). Je weiter entfernt von Dach und Außenwänden, desto besser.
c) Ein eingeschossiges Haus bietet gewissen Schutz, wenn Sie einen besonderen Schutzraum bauen (siehe unten).

Bringen Sie so viel Raum wie möglich zwischen sich und die Außenwände. Stützen und verstärken Sie den Raum nach allen Seiten hin. Nehmen Sie die Fenster heraus und schließen Sie die Fensteröffnung mit doppelten Lagen von Ziegelsteinen und einer Schicht Erde dazwischen. Von innen mit einer Bretterverschalung abstützen.

Verstärken Sie Fenster, Türen und ungesicherte Wände durch schwere Möbelstücke, Bücherstapel usw. Schichten Sie an den Außenwänden Sandsäcke, mit Erde gefüllte Kisten oder Fässer auf.

Einen ziemlich sicheren Schutz für die ganze Familie bietet ein Graben im Freien. Seiten gut abstützen; Dach mit Brettern, Blech oder Betonplatten abdecken, darauf Erde schütten und feststampfen.

Für den Fall, daß Sie sich ausgraben müssen, bewahren Sie das nötige Werkzeug im Schutzraum auf. Sorgen Sie für einen Notausstieg nach oben, der staubdicht sein muß. Sichern Sie den Eingang so gut ab, daß er möglichst nicht von der Druckwelle zugeschüttet wird.

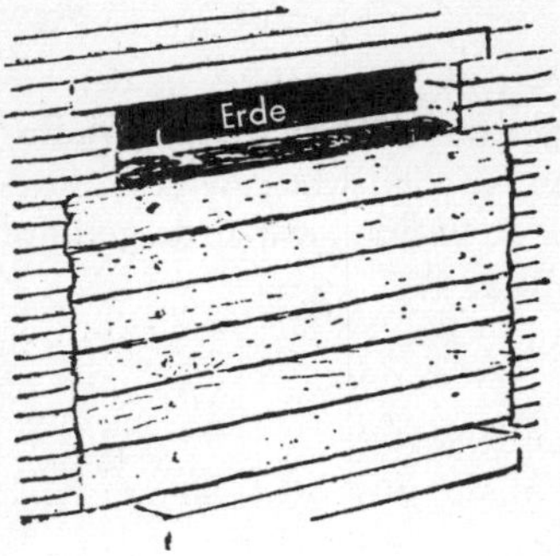

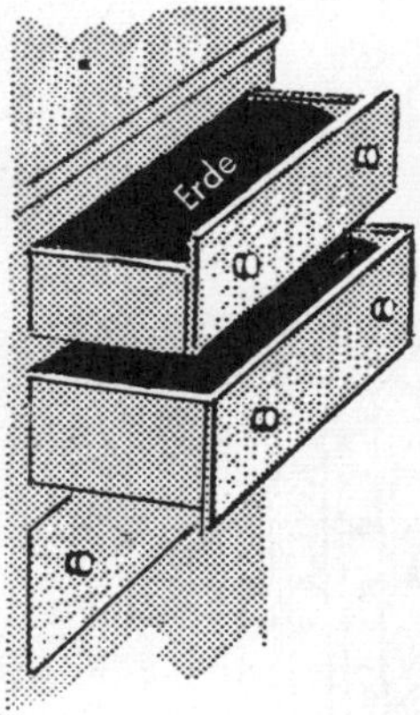

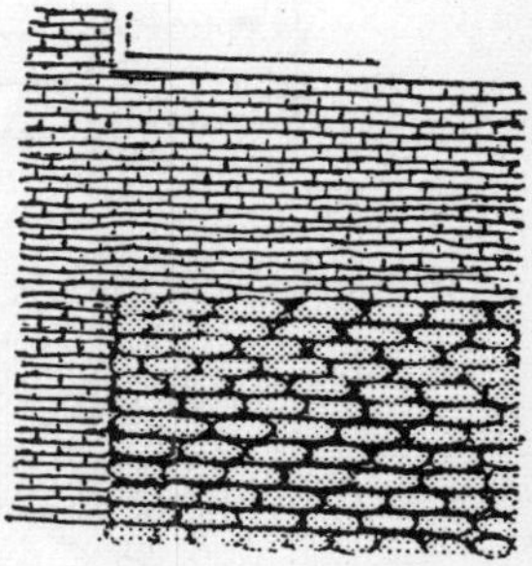

Abb. 72: Schutzmaßnahmen zur Verstärkung von Fenstern, Wänden, Treppen usw.

Abb. 73: Unterirdischer Schutzraum (im Freien)

Bau einer Schutzzelle

Bauen Sie innerhalb des Schutzraums eine Schutzzelle, in der Sie sich besonders in den ersten drei Tagen nach Einsetzen des radioaktiven Niederschlags aufhalten. Lehnen Sie vielleicht eine oder mehrere Türen gegen die Wand, auf die Sie Sandsäcke, mit Erde gefüllte Kopfkissenbezüge oder Plastiktüten stapeln.

Abb. 74: Schutzzellen

Ein Graben mit Abdeckung ist sehr wirksam, ebenso ein mit Erde gefüllter Schrank unter der Treppe. Sandsäcke auf den Treppen und an den Außenwänden.

Nach drei Tagen hat der radioaktive Niederschlag an Stärke verloren, und Sie können sich ungefähr die nächsten zehn Tage im eigentlichen Schutzraum aufhalten.

Vorräte

Stellen Sie auf einer Liste zusammen, was Sie alles im Schutzraum für einen längeren Zeitraum brauchen. Schränken Sie Ihre Bewegungsfreiheit aber nicht unnötig ein.

Denken Sie daran, daß Sie auf winzigem Platz schlafen, essen, sich waschen und auf die Toilette gehen müssen. Ein Kofferradio ist unbedingt notwendig. Bewahren Sie Wasser (so viel wie nur irgend möglich) und Nahrungsmittel in geschlossenen Behältern auf. Sauberkeit ist lebenswichtig.

Nahrungsmittel- und Wasservorrat

Die Vorräte sollen mindestens drei Wochen lang ausreichen.

Nahrungsmittel und Wasser werden durch hindurchschlagende radioaktive Strahlung nicht verseucht, sondern nur dann, wenn sich radioaktiver Staub darauf niederschlägt.

Wischen Sie deshalb die Behälter für Eßwaren und Wasser gründlich ab, bevor Sie sie öffnen. Wasser darf nur in offenen Behältern, (z. B. in der Badewanne) aufbewahrt werden, die dicht abgedeckt werden können. Deckel vor dem Abheben gründlich abwischen.

Vergessen Sie nicht, den Hauptwasserhahn abzudrehen, damit Ihre Vorräte nicht durch zuströmendes Wasser verseucht werden.

Bewahren Sie eine mindestens für drei Tage reichende Wassermenge (wichtiger als Eßwaren) in der Schutzzelle auf. Nie vergessen, den Behälter vor dem Öffnen abzuwischen.

Wenn Sie sich bei Nachlassen des radioaktiven Niederschlags draußen Nahrungsmittel beschaffen, sehen Sie sich nach natürlich geschützten Eßwaren um (z. B. Nüsse, die durch die Schale geschützt sind). *Wenn möglich, lassen Sie sich von autorisierter Stelle bestätigen, daß die Nahrungsmittel genießbar sind.* Tragen Sie Handschuhe, wenn Sie sie anfassen.

a) Eier sind nach radioaktivem Niederschlag wahrscheinlich eßbar, insbesondere dann, wenn auch die Hühner vor dem Niederschlag geschützt waren.

b) Kartoffeln kochen. Vorher waschen und schälen, da Behaftung mit radioaktivem Niederschlag nicht durch Kochen entfernt wird.

c) Erbsen und Bohnen (in der Schote) sind wahrscheinlich genießbar.

d) Gemüse wie Kohl, Rosenkohl, Kopfsalat sind verhältnismäßig sicher. Nehmen Sie nur die innersten Blätter, entfernen Sie die äußeren. Die Herzen müssen fest sein und durch enganliegende Blätter wirklich geschützt gewesen sein.

e) Fisch ist ziemlich ungefährlich.

f) Tiere hingegen, die sich während des radioaktiven Niederschlags im Freien aufgehalten haben, darf man nicht verspeisen.

Eine weitere Gefahrenquelle besteht darin, daß die Pflanzen nach den ersten Tagen radioaktiven Niederschlags radioaktive Teilchen durch ihre Wurzeln aufnehmen.

Wenn Ihre Vorräte so knapp sind, daß Sie sie durch frische Lebensmittel ergänzen müssen, und wenn Sie ferner die Nahrungsmittel nicht auf ihre Genießbarkeit hin untersuchen lassen können, essen Sie in dieser Reihenfolge: 1. Kartoffeln, 2. Erbsen, 3. Bohnen, 4. Gemüse.

Das Wasser in der Leitung ist wahrscheinlich verseucht, auch das Regenwasser. Abkochen nützt nichts. Wasser in Behältern ist vermutlich trinkbar. Wenn Sie den Schutzraum verlassen, leisten Sie den Anweisungen von offizieller Seite Folge. Ziehen Sie sich so viel an, daß Sie die äußere Kleidung bei Ihrer Rückkehr in den Schutzraum vor dem Eingang liegenlassen können (auch Schuhe und Gummischuhe). Tragen Sie (draußen oder drinnen) immer Handschuhe, wenn Sie mit Gegenständen umgehen, die durch radioaktiven Niederschlag verseucht sein können.

Körperliche Schäden durch radioaktiven Niederschlag

Es gibt verschieden schwere Fälle. Anzeichen: Übelkeit, Schwäche, Brechen, Durchfall, Appetitlosigkeit, mitunter Delirium.

Behandeln Sie Wunden und andere Verletzungen, entfernen Sie verseuchte Kleidung, waschen Sie den Patienten (Haare nicht vergessen!). Tragen Sie Handschuhe, einen langen Mantel, eine Gesichtsmaske.

Halten Sie Kleidung und Waschwasser des Befallenen gesondert, damit keine weitere Verseuchung eintritt. Warten Sie auf Hilfe von der Polizei oder vom Zivilschutz.

Zu leer

Hunger allein ist nicht tödlich. Der Mensch kann mehrere Wochen lang ohne feste Nahrung auskommen. Allerdings wird er so sehr geschwächt, daß er in zunehmendem Maß eine Beute von Krankheiten, ein Spielball der Elemente wird.

Nach den schweren Prüfungen, die der Überlebende hinter sich hat, wird sein weiteres Wohlergehen davon abhängen, was er an Eßbarem findet und ob er seinen Ekel vor Kakerlaken, Fröschen, Brennesseln und Vögeln hinunterschlucken kann.

Eine eingehende Beschreibung dessen, was man *unbesorgt* essen kann, würde Bände füllen (es gibt allein 300 000 Pflanzenarten). An was für Regeln soll man sich bei der Nahrungsaufnahme halten?

NAHRUNG ZU LANDE

Essen Sie, wann immer Sie Hunger verspüren und so viel wie möglich — außer bei Wassermangel. Wenigstens einmal am Tag sollten Sie warm essen.

Halten Sie, was Sie schon an Nahrung haben, in Reserve und ergänzen Sie den Vorrat mit Gras, Farnen, Baumrinde, Eiern, Schaltieren, Schnecken, Eidechsen, Fröschen, Seetang, Eichhörnchen, Grillen, Ratten, Termiten, Heuschrecken, Seemöven und tausend Leckerbissen mehr.

Halten Sie sich bei Wassermangel vornehmlich an pflanzliche Kost. Fische, Fleisch und Eier rufen starken Durst hervor (siehe *„Zu trokken"*).

Fast alles, was sich bewegt, kommt als Nahrungsmittel in Frage. Ausnahmen: Alle Kröten, einige Schaltiere, einige Salzwasserfische und gewisse Körperteile verschiedener Lebewesen, wie z.B. die Leber von Eisbären und Seehunden, die Haut von Salamandern, die Köpfe von Schlangen.

PFLANZLICHE NAHRUNG

Test auf Genießbarkeit:

1. Die Pflanze darf die Haut nicht reizen, darf nicht stinken, keine milchige Flüssigkeit enthalten.
2. Beißen Sie ein kleines Stück ab.
3. Halten Sie den Bissen 5 Minuten lang im Mund und zwar hinter der Unterlippe.
4. Wenn kein seifiger oder bitterer Geschmack auftritt, wenn der Bissen nicht im Munde brennt, schlucken Sie ihn hinunter.
5. Zeigen sich innerhalb der nächsten zehn Stunden keine schädlichen Folgen, ist die Pflanze genießbar.

Es gibt einige eßbare Pflanzen, die diesen Test nicht bestehen (siehe unten). Aber in den meisten Fällen ist die Probe verläßlich.

Eine kleinere Menge einer giftigen Pflanze wirkt fast nie tödlich, ruft fast nie ernsthafte Schädigungen hervor. Hat die Pflanze den Test bestanden, essen Sie anfangs erst kleinere Mengen davon, allmählich immer mehr.

Pflanzen, die von Vögeln oder anderen Tieren gefressen werden, sind nicht immer für den Menschen geeignet. Testen Sie sie deshalb wie jede andere auch.

Lassen Sie die Finger von Pilzen, wenn Sie nicht genau wissen, daß sie eßbar sind.

Pflanzliche Nahrung kochen Sie zur Sicherheit, besonders wenn noch leise Zweifel bestehen. Giftige Pilze werden durch Kochen allerdings nicht genießbar.

Probieren Sie aus, was von der Pflanze am besten schmeckt: Frucht, Rinde, Saft, Knollen, Wurzeln, Samen, Schoten, Blüten, Knospen, Nüsse, Blätter, Stengel, Zwiebeln oder Sprößlinge.

Weitverbreitete Pflanzen

Fast überall vorkommende, genießbare Pflanzen sind:

a) Gräser (einschließlich Reis, Hafer und Weizen). Häufen Sie Gräser auf ein Tuch und klopfen Sie den Samen mit einem Stock heraus. Reiben Sie die Spreu ab oder blasen Sie sie weg, füllen Sie die Körner in einen Behälter. Zubereitung: Kochen oder rösten.

Schwarze und welke Körner nicht essen. Die Stengel sind genießbar.

b) Fast alle Nüsse sind eßbar. Der mitunter bittere Geschmack kann durch Waschen der zerstoßenen Nüsse beseitigt werden.

c) Die inneren Lagen von Baumrinde kann man kochen, rösten oder roh kauen. Nicht essen, wenn sie unangenehm bitter schmecken.

d) Beeren muß man sorgfältig dem oben beschriebenen Test unterziehen. Sie können auch dann giftig sein, wenn Vögel sie fressen.

e) Farne, insbesondere die jungen, mit nichtaufgerollten Blättern, sind eine willkommene Kost. Die Härchen mit Wasser abschrubben und dann kochen.

f) Elefantengras (in allen feuchten Gegenden, wächst übermannshoch): Wurzeln, Blüten und Sprößlinge kochen.

g) Von Bambus kann man fast alles essen: Samen, Sprößlinge, Wurzeln. Diese Pflanzenart wächst von hohen Gräsern bis zu Bäumen von 30 Meter Höhe, wo immer es feucht und warm ist.

h) Seetang an Felsen oder frei im Wasser treibend ist eßbar, wenn er frisch und fest ist. Macht durstig. Trennen Sie ihn von schleimigen Algen.

i) Flechten von Felsen kratzen oder schälen und mit Wasser vollsaugen lassen; danach kochen.

JAGEN

Wahrscheinlich sind Ihre Beute vornehmlich kleine Tiere und Insekten. Lassen Sie sich durch Mißerfolge nicht entmutigen. Übung ist erforderlich.

Waffen

Seien Sie erfinderisch. Bauen Sie sich eine Schleuder und verwenden Sie dazu ein Stück Gummiband aus Ihrer Unterhose oder einen Streifen aus der Haut eines erlegten Tieres. Nehmen Sie einen Knüppel, einen Speer, ein Messer, einen Stein als Wurfgeschoß zur Hand. Jagen Sie mit einer Schlinge, mit Pfeil und Bogen — mit Ihrem Gewehr.

Halten Sie die Messer scharf. Gut geeignet dafür ist Sandstein, allerdings ist der weichere, graue besser als der quarzhaltige, der das Messerblatt zerkratzt.

Der Wetzstein kann auch aus Granit sein. Halten Sie die Klinge in leichtem Winkel zum Stein und schleifen Sie die Seiten abwechselnd.

Halten Sie die Schußwaffen sauber. Achten Sie darauf, daß der Lauf nicht verschmutzt, versuchen Sie auf keinen Fall, den Schmutz herauszuschießen. Reinigen Sie den Lauf mit heißem Wasser, und ziehen Sie mit Hilfe eines Bindfadens ein Stück Tuch hindurch.

In arktischer Kälte reinigen Sie das Gewehr von allem Öl. Schützen Sie es vor Berührung mit Schnee oder Eis. Lassen Sie es mit Kleidungsstücken umhüllt vor der warmen Notunterkunft stehen.

Jagdpraktiken

Als unerfahrener Jäger werden Sie kaum Erfolg auf der Pirsch haben. Gehen Sie offen auf Ihre Beute los. Mehrere Personen bewaffnen sich mit Knüppeln, umstellen ein Gebiet und legen Feuer. Greifen Sie die Tiere an, die herauskommen. Oder rücken Sie wie bei einer Treibjagd von allen Seiten vor und treten Sie das Unterholz nieder.

Andere Praktiken: Legen Sie Feuer an einen hohlen Baum, stochern Sie mit langen Stangen in einen Kaninchenbau, nachdem Sie alle Eingänge verstopft haben, oder machen Sie ein schwaches Feuer vor dem Eingang des Baus. Warten Sie mit den Waffen in der Hand vor dem Bau. Schießen Sie mit dem Gewehr oder der Schleuder aus möglichst geringer Entfernung auf das Ziel. Versuchen Sie, es mit einem Schuß zur Strecke zu bringen.

Zielen Sie auf Schulter, Brust oder Kopf des Wildes. Wenn das Tier, der Vogel, das Kriechtier zu Boden geht, laden Sie sofort nach. Seien Sie darauf gefaßt, daß es sich wieder erhebt und davonläuft.

Versuchen Sie Ihre Beute im Liegen, Sitzen oder Stehen zu erlegen. Dazu müssen Sie sich vorsichtig nähern.

a) Finden Sie heraus, wo das Wild wechselt. Achten Sie auf Exkremente, Pfade, zertrampelten Boden. Wild steht häufig am Wasser, auf Lichtungen, am Rand von Unterholz.

b) Betreten Sie nicht sofort den Wechsel, sobald Sie ihn entdeckt haben. Jagen Sie früh am Morgen oder in der Dämmerung.

c) Beziehen Sie gegen den Wind Stellung, auch beim leisesten Lüftchen, die Sonne nach Möglichkeit im Rücken.

d) Bewegen Sie sich nicht.

e) Schleichen Sie sich nur dann an, wenn das Tier Nahrung aufnimmt, trinkt oder wegschaut. Sowie es sich umdreht, rühren Sie sich nicht vom Fleck.

f) Treten Sie nicht auf Zweige, schieben Sie Laubwerk nicht beiseite, zeigen Sie sich nicht.

Versuchen Sie nachts mit Hilfe eines Lichtes zu jagen. Licht zieht Tiere an, wobei Sie sie erschlagen oder abschießen können. Mit der Zeit werden Sie selbst geeignete Methoden herausfinden, wie man z. B. einem Frosch eine Hand langsam nähert, ihn aber mit der anderen zu ergreifen versucht usw.

Fallenstellen

Am Anfang werden Sie oft feststellen, daß Tiere in die Falle gegangen, aber wieder entkommen sind. Aber vielleicht haben Sie gleich mehr Glück. Suchen Sie planmäßig nach Fährten.

Legen Sie Schlingen, bauen Sie Fallen, heben Sie Fallgruben aus. Die Abbildungen geben einige Beispiele. Improvisieren Sie, indem Sie die gezeigten Prinzipien den örtlichen Gegebenheiten anpassen. Gebrauchen Sie Ihren gesunden Menschenverstand dabei. Denken Sie z. B. daran, daß als Auslöser verwendete Schößlinge in starker Kälte ihre Schnellkraft verlieren.

Halten Sie die Fallen klein und einfach. Es ist höchst unwahrscheinlich, daß Sie in kunstvoll angelegten Riesenfallgruben Großwild fangen.

Wichtigstes Material sind Schnüre, Stricke, Drähte und Gummibänder. Legen Sie die daraus gefertigten Schlingen an den engsten Stellen der Wechsel. Verengern Sie breite Pfade mit Steinen und Laubwerk, aber so, daß es recht natürlich aussieht.

Legen Sie sich auf die Lauer, das Ende der Schlinge in der Hand, um sie sofort zuziehen zu können. Achten Sie auf Geräusche. Wo eine Tierart vorkommt, sind auch andere nicht weit.

Die Schlingenöffnung darf nur so groß sein, daß der Kopf des Tieres hindurchpaßt.

Manchmal kann man Tiere durch ein lautes schmatzendes Geräusch anlocken (Handrücken küssen).

Zerlegen Sie die Beute auf der Stelle und lassen Sie die Eingeweide liegen. Das zieht andere Tiere an. Legen Sie die Falle erneut.

(Siehe Abb. 75, folgende Seite.)

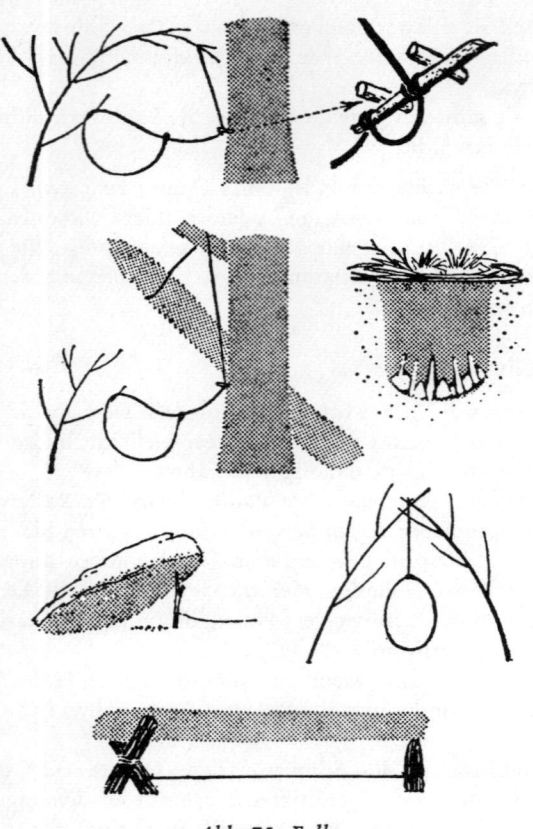

Abb. 75: Fallen

FISCHEN

Die meisten Fische sind genießbar. Giftige findet man hauptsächlich in tropischen Gewässern in Ufernähe. Denken Sie daran, wenn Ihr Wasservorrat begrenzt ist: Fisch macht durstig.

Fangplätze

Fische stehen in den tiefsten Stellen von Flüssen, z. B. unterhalb von Stromschnellen oder Felsblöcken, unter der Uferböschung, im tiefen, ruhigen Wasser unterhalb von Fällen.

Fischen Sie bei einsetzender Ebbe. Ergiebige Fanggebiete liegen zwischen den Marken für Hoch- und Niedrigwasser.

Beste Zeit: früh am Morgen und in der Dämmerung. Fische werden durch Licht angezogen. Fliegende Fische z. B. kann man auf das Floß locken, indem man mit der Taschenlampe auf das Segel, auf ein weißes Tuch oder Hemd leuchtet oder das Mondlicht mit dem Stoff reflektiert.

Flachwasser nach Garnelen, Krabben, Krebsen und Langusten absuchen. Mit Licht anlocken und Netz bereithalten.

Beobachten Sie die Schwimmgewohnheiten der Fische. Passen Sie auf, welcher Nahrung sie nachschwimmen. Je nachdem benutzen Sie Netz, Haken oder Falle.

Fangmethoden

Improvisieren Sie Angelleine und -haken aus Stoff- oder Pflanzenfasern und krummgebogenem Nagel. (Ein richtiger Angelhaken ist natürlich besser.) Probieren Sie verschiedene Köder aus: Federn, Plastikstückchen, Eingeweide von Fischen, helles Tuch, glänzende Metallstückchen.

Angelhaken lassen sich auch aus Knochensplittern, Draht oder Holzsplittern herstellen. Verhindern Sie, daß die Leine durchbissen wird, indem Sie den Haken mit einem dünnen Stückchen Draht an der Leine befestigen.

Ziehen Sie den Köder im Wasser auf und nieder, um die Fische aufmerksam zu machen. Haken und Köder müssen schwer genug sein, damit sie schnell sinken.

Ein kleiner Drachen (siehe „Zu einsam") trägt eine Leine weit aufs Wasser hinaus und vergrößert damit die Reichweite einer Angel. Bringen Sie die Angelschnur an der Drachenleine an einem kleinen Häkchen so an, daß sie, wenn der Fisch anbeißt, herunterfällt.

Weitere Methoden:

a) Stöbern Sie unter Felsen und Uferüberhängen Fische auf und fangen Sie sie mit bloßen Händen.

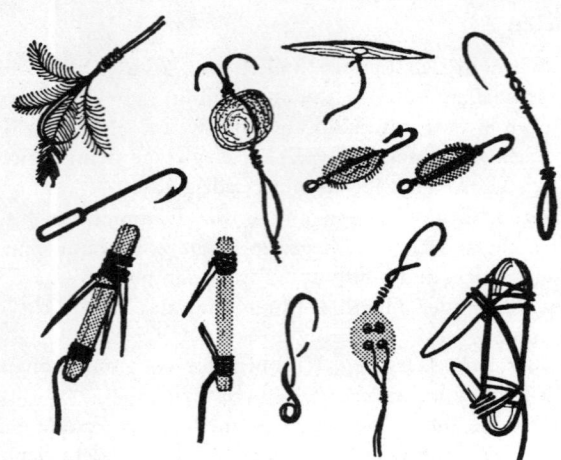

Abb. 76: Angelhaken

b) Waten Sie in flaches Wasser und erschlagen Sie den Fisch oder spießen Sie ihn auf; versuchen Sie dasselbe vom Ufer aus.
c) Verkochen Sie Korallen oder Muscheln zu Leim, werfen Sie diesen
   in Weiher und Tümpel und betäuben Sie die Fische auf diese Weise.
d) Fertigen Sie Netze aus Schnüren und Bändern. Für Garnelenfang
   ist Fallschirmseide gut geeignet. Mit einem engmaschigen Netz waten Sie zu zweit durch das Wasser, heben Steine auf und halten das
   Netz so ausgespannt, daß Fische hineinschwimmen.

Hängen Sie reusenförmige Netze in stilles Wasser (Teich, Fluß)
oder Seewasser. Durchschwimmende Fische verfangen sich im Netz.
Legen Sie es auch unter Eis aus; mit Zweigen, Stangen usw. —
und Geduld befestigen. Mit Steinen beschweren, Holz, Gummi oder
Korkrinde als Schwimmer verwenden.

e) Basteln Sie aus Steinen und Stöcken eine Fischfalle (siehe Abb.).
   Beobachten Sie Fischschwärme. Seefische schwimmen oft mit der
   Flut wieder herein und halten sich dabei ans Ufer. Süßwasserfische
   schwimmen am Morgen und Abend auf die Ufer zu.

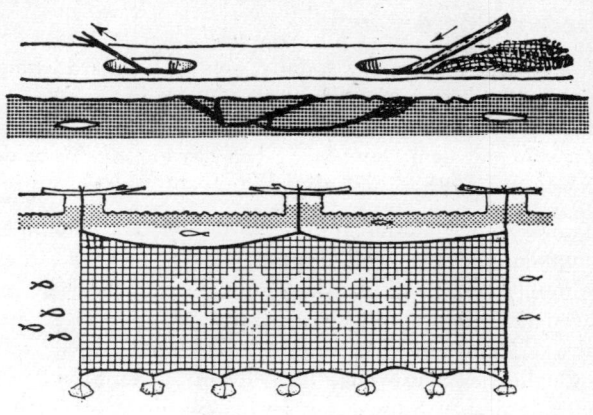

Abb. 77: Fischen unter Eis

Wählen Sie die Stelle, an der Sie die Falle bauen, bei Flut aus, und bauen Sie sie bei Ebbe. Machen Sie sie so unauffällig wie möglich. Beziehen Sie natürliche Gebilde mit in die Konstruktion ein, kleine Landzungen, Riffe, Uferkanten. Betrachten Sie Ihren Bau mit den Augen eines Fisches.

Netze lassen sich immer verwenden. In den Fallen heben Sie die Fische auf. Wahrscheinlich bereuen Sie die Mühe, die Sie auf den Bau einer kunstvollen Falle verwendet haben, nicht mehr, wenn sich ein hübscher Vorrat darin angesammelt hat.

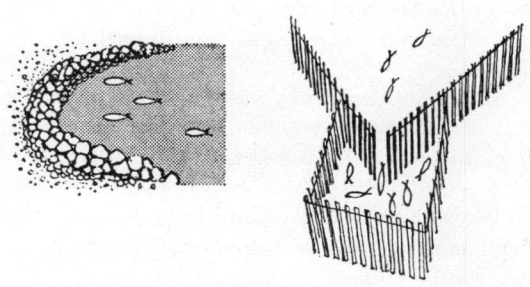

Abb. 78: Fischfallen

Nicht verwendbare Fänge

1. Essen Sie keinen Fisch, der schlaffe, weiche Haut, schleimige Kiemen oder eingefallene Augen hat.
2. Essen Sie keinen Fisch, der stinkt.
3. Drücken Sie mit dem Daumennagel in das Fleisch. Bleibt der Eindruck erhalten, Fisch nicht essen.

Verdächtig sind weiterhin Fische mit nackter oder knochiger Haut statt Schuppen, oder ein Fisch, der zerplatzt, wenn man ihn aus dem Wasser nimmt; Fische, die auf der Haut Stacheln, Dornen und Borsten tragen, sollten Sie nicht verwenden. Manchmal ist die bloße Berührung gefährlich.

Auch Quallen, rautenförmige Rochen mit langen Schwänzen, Seeschlangen mit flachen Schwänzen werfen Sie ins Meer zurück. Lassen Sie die Finger von schwarzen Muscheln.

Sammeln Sie auf keinen Fall tote Schaltiere. Sie sollten sich vielmehr bei Berührung bewegen und am Fels fester anklammern. Schaltiere mit konischen oder spindelförmigen Schalen sind ungenießbar.

ZUBEREITUNG DER NAHRUNG

1. Säubern Sie die Nahrung bald nach dem Einsammeln.
2. Wenn möglich immer abkochen.
3. Trocknen Sie Extrastücke Fleisch oder Fisch über dem Feuer oder an der Sonne.

Entfernen Sie die giftigen Teile des Tieres sofort (z. B. den Schlangenkopf). Schneiden Sie das Tier am Bauch auf, und rollen Sie die Haut zurück, als würden Sie einen Handschuh ausziehen. Schrappen Sie Haut und Magen.

Schaltiere sollten Sie über Nacht wässern, damit sie sauber werden.

Fische in sauberem Wasser waschen, und Schuppen abschaben. Kiemen ausschneiden und an der Unterseite aufschlitzen. Kopf abschlagen.

Abkochen der Nahrung ist in unserer Lage die beste Art der Zubereitung. Wenn möglich, Kochwasser mittrinken. Nahrung aus dem Meer in Meerwasser kochen. Ergänzen Sie Fleischstücke mit pflanzlicher Nahrung.

Haben Sie keinen Kochtopf, rösten Sie die Nahrung über dem Feuer oder bedecken Sie sie mit Ton, Schlamm, nassen Blättern, und backen Sie sie in heißer Asche aus. In diesem Fall Haut daranlassen und nicht reinigen.

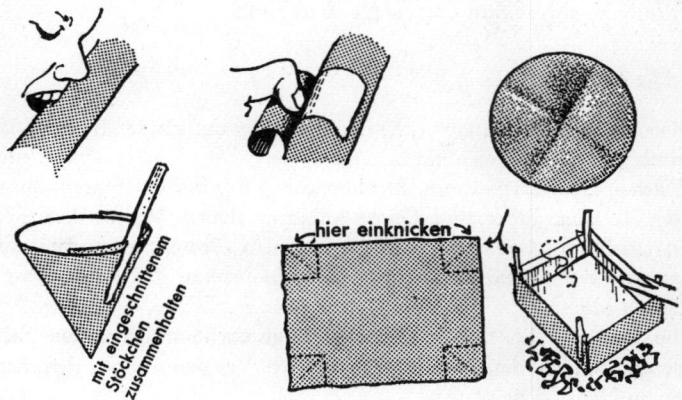

mit eingeschnittenem Stöckchen zusammenhalten

hier einknicken ↘

Abb. 79: Verwendungsmöglichkeiten von Birkenrinde

Wenn unter ungünstigen Bedingungen kein Feuer gemacht werden kann, Nahrungsmittel gefrieren lassen, dünne Scheiben abschneiden und vor dem Essen wenig über den Gefrierpunkt erwärmen.

AUFBEWAHRUNG DER NAHRUNG

Fische halten Sie bis zur Mahlzeit lebend in der Falle. Fleisch und getötete Fische in Streifen schneiden und an der Sonne oder über dem Feuer dörren, wenn Sie es nicht gleich abkochen können.

Nahrungsmittel bedecken, um sie vor Insekten zu schützen. Aus der Reichweite von Tieren an Bäume hängen.

Bestimmte Nahrungsmittel feucht lagern: Schaltiere in Seetang; Beeren, Früchte und Wurzeln in Torfmoos oder feuchten Blättern. In Erd- oder Felslöchern kühl lagern. Zur Kühlung das Loch mit feuchtem Tuch auslegen. Nahrung bleibt in Schnee und Sand vergraben frisch. Markieren Sie die Stelle.

Setzt gelagertes Fleisch Schimmel an, wischen Sie ihn ab. In feuchtem Klima muß geräuchertes oder an der Sonne gedörrtes Fleisch ganz austrocknen, damit es keinen Schimmel ansetzt. In heißem Klima bereits gekochte tierische Nahrung einmal am Tag nochmals kochen.

Am besten schützt man sich vor Vergiftungen, indem man frische Nahrung zu sich nimmt und sie gleich abkocht.

In der Arktis

Bei Kälte braucht man mehr Nahrung als bei Hitze. In arktischen Breiten gibt es nicht viel zu essen.

Machen Sie Murmeltiere, Eichhörnchen, Kaninchen, Hasen, Bisamratten, Ratten, Biber und Gänse zu ihrer Beute. Meiden Sie Großwild (Eisbären), wenn Sie nicht mit einem Gewehr bewaffnet sind. Aber auch dann gehören Mut und Geschicklichkeit dazu, wenn Sie sie erlegen wollen.

Ob Sie unter Eis fischen können, hängt vornehmlich davon ab, ob Sie eine Stelle finden, die dünn genug ist. Verwenden Sie eine Angel oder ein Netz (siehe oben).

Die Vegetation ist manchmal erstaunlich reich, an anderen Stellen äußerst spärlich. Achten Sie darauf, wo Vögel niedergehen. Es gibt viele eßbare Pflanzen, aber zwei sehr gefährliche: das Christophskraut mit roten, weißen und blauen Beeren, die in Büscheln wachsen, und der Wasserschierling aus der Familie der Petersilienartigen; etwa eineinhalb Meter hoch, mit purpurfarbenen Blättern, die stinken, wenn man sie zerreibt. Nehmen Sie Flechten, Seetang, Wurzeln, Kräuter und Beeren. Meiden Sie Pilze.

In der Wüste

Wenn Wasser knapp ist, Nahrung nur in geringen Mengen zu sich nehmen (siehe „Zu trocken").

Es gibt wenig pflanzliche Kost. Versuchen Sie die Früchte, Blätter und Wurzeln von Kakteen. Gras ist eßbar, solange es grün ist. Essen Sie keine Pflanzen, aus denen milchige Flüssigkeit fließt.

Manchmal gibt es in der Nähe von Wasserstellen Gazellen und Antilopen, aber gewöhnlich hat man schon Glück, wenn man eine Schlange, Ratte, Eidechse, Schnecke oder Heuschrecke sichtet, wovon man allerdings kaum satt wird.

Einsame Inseln

Am besten hält man sich an Nahrung aus dem Meer. Am Strand und in Korallenriffen findet man Muscheln, Krabben, Seeigel, Krebse und Garnelen. Finger weg von schwarzen Muscheln und Schaltieren mit konischen oder spiralförmigen Schalen.

Folgen Sie den Spuren von Schildkröten im Sand. Schildkröten vorsichtig auf den Rücken legen (Obacht vor Maul und Klauen), Kopf abschlagen und braten. Nahe am Wasser und ungefähr einen halben Meter unter dem Sand liegen die Nester. Die Eier schmecken vorzüglich.

Auch auf öden Eilanden stehen mitunter eßbare Kräuter. Einige, mit gelben Blüten, schmecken wie Brunnenkresse. Kokosnüsse nicht vergessen.

Im Urwald

Im Urwald ist reichlich Nahrung vorhanden, obwohl sie manchmal schwer zu finden ist. Alte, von den Eingeborenen verlassene Gärten sind eine ausgezeichnete Nahrungsquelle. Testen Sie grundsätzlich jede Pflanze, bevor Sie sie essen (siehe oben).

a) Kokosnüsse sind ein willkommener Zusatz (siehe *„Zu trocken"*).

b) Sagopalmen haben dünne Stämme. Gewinnen Sie das Mark unter der Rinde, vermengen Sie es mit Wasser, seihen Sie den Brei durch und braten Sie den Rückstand.

c) Zehrwurzeln; Bäume und Stengel müssen gekocht werden. Die Blätter haben die Form von Elefantenohren.

d) Papayas sind melonenartige Früchte auf einem palmenähnlichen Baum. Die Blätter enthalten weiße Flüssigkeit und sind ungenießbar.

e) Mangofrüchte bilden gleichfalls eine Ausnahme von der Regel, daß Pflanzen mit weißlicher Flüssigkeit ungenießbar sind. Sie wachsen auf knolligen Bäumen mit dichtem Blätterdach und erinnern an große Birnen.

f) Feigen sind genießbar, obwohl sie auf Bäumen wachsen, die milchige Flüssigkeit enthalten.

g) Die Früchte des Brotbaumes (milchige Flüssigkeit!) sehen wie gelblich-grüne Melonen auf Bäumen mit ledrigen Blättern aus.

h) Die Yamswurzeln (kartoffelähnlich) müssen unter Pflanzen mit riesigen, groben Blättern ausgegraben werden.

Auf der Speisekarte stehen in den Tropen ferner Bananen, Zuckerrohr, Ananas, Bambus, Gräser, Wasserlilien und Farne.

Ungenießbar sind:

Pflanzen mit weißlicher Flüssigkeit mit Ausnahme der oben angeführten.

Pilze.

Pflanzen, die auf der Haut brennen oder sie reizen.

Alles, was faul schmeckt.

Tomatenähnliche Pflanzen.

Starkfarbige Früchte und Beeren.

Was Affen essen, ist zumeist auch für den Menschen genießbar. Trotzdem unterwerfen Sie die Pflanze erst dem oben beschriebenen Test.

Sehr viel eher werden Sie von Kleingetier (Fröschen, Eidechsen, Schlangen, Insekten, Larven, Vögeln) als von Großwild leben.

Im Gebirge

Außer Flechten und Vögeln gibt es sehr wenig Nahrung. Unter die Baumgrenze absteigen.

VERGIFTUNGEN

Vergiftungen kommen nicht nur in der Wildnis vor. Rufen Sie sofort den Arzt an. Tun Sie, was er sagt.

Trinken Sie Wasser oder Milch *in Mengen,* um den Mageninhalt zu verdünnen. Rufen Sie mit dem Finger Brechreiz hervor oder trinken Sie eine warme Salzlösung, um sich zu übergeben.

Nach dem Erbrechen trinken Sie wieder Milch.

Bei Vergiftungen durch Säuren, Laugen (Ammoniak), Benzin oder Paraffin können Sie sich selbst kurieren.

Säure: 2 Teelöffel Magnesiumoxyd auf 1 Glas Wasser.

Laugen: 1 Teelöffel Essig in mehreren Gläsern Wasser.

Benzin oder Paraffin: viele Gläser Wasser.

KANNIBALISMUS

(Siehe *„Zu bedrängt"*).

Stichwortverzeichnis

Streß laß nach

**Praktische Trainingsprogramme für mehr Erfolg und Lebensfreude,
das sind die**

mvg-Toncassetten-
Programme

Die wirksamsten Techniken autosuggestiver Therapie-Methoden helfen Ihnen
bei der Findung, Gestaltung und Entfaltung Ihrer Persönlichkeit,
helfen Ihnen, allgemeine und spezifische Lebensprobleme zu lösen.
Das bewährte mvg-Toncassetten-Programm für mehr Lebensfreude bietet Ihnen:

Für Einsteiger

Tiefenentspannung für Erwachsene und Kinder

Kombinierte Buch-Toncassetten-Programme, die zur inneren Ruhe,
zur tiefen Entspannung – und damit zur Grundlage führen,
auf der spezielle Trainingsprogramme erfolgreich wirken können.

Für Fortgeschrittene

Zielgerichtete Erfolgsmeditation

zur Persönlichkeitsentfaltung, zu mehr Glück und Lebensfreude.

Zielgerichtete Spezialprogramme

zur aktiven Lösung von bedrückenden Problemen und zur Steigerung
der geistigen und körperlichen Leistungsfähigkeit.

Zielgerichtete Entspannungsmusik-Programme

die Sie aus der Alltagswelt lösen und den Erfolg der Mentaltechniken
intensivieren.

Entdecken Sie das faszinierendste Wesen, das es gibt: Ihr Ich.

Fragen Sie Ihren Buchhändler nach den Toncassetten-Programmen aus dem

Mehr Wissen

Sie suchen fundierte, exakte Informationen, kurz, leicht verständlich und doch umfassend aufbereitet? Das alles finden Sie in den handlichen

mvg-Paperback-Sachlexika

Kleines Lexikon der 1000 Gartentips
Das Nachschlagewerk für den Freizeit-Gärtner mit einer Fülle wertvoller Tips und hilfreicher Informationen für das ganze Gartenjahr.
136 Seiten mit vielen Farbbildern und Abbildungen
Paperback – ISBN 3-478-05960-7

Kleines Lexikon der Gartengestaltung
Das Lexikon für alle, die ihren Garten neu anlegen oder umgestalten möchten, mit einer Fülle praktikabler Ideen für die natur- und landschaftsgerechte Gartengestaltung
128 Seiten mit Farbteil und zahlreichen Abbildungen
ISBN 3-478-05980-1

Kleines Lexikon der alternativen Ernährung
Das Nachschlagewerk für alle, die gesünder leben wollen, mit einer Vielzahl wertvoller Informationen für die richtige Auswahl, den Einkauf und die Zubereitung gesunder Speisen
132 Seiten mit Farbteil und vielen Abbildungen
ISBN 3-478-05950-X

Das Deutsche Bierlexikon
Das deutsche Bier von A bis Z. Alles über die Geschichte, die Herstellung, die Vielfalt der Sorten und das richtige Genießen des „Volksgetränks Nr. 1"
125 Seiten mit zahlreichen Farbbildern und Illustrationen
ISBN 3-478-05722-1

Schott-Glaslexikon
Glas – ein faszinierendes Material. Dieses kleine Lexikon sagt alles, was Sie über die Geschichte, die Herstellung und das Glas in unserem Leben wissen wollen.
168 Seiten mit zahlreichen Farbbildern und Illustrationen
ISBN 3-478-05242-4

Fragen Sie Ihren Buchhändler nach den preiswerten Lexika aus dem

Mehr Freizeitfreude

Basteln, Werken, kreativ Schaffen – mit wertvollen Tips und nützlichen Tricks aus der Schatztruhe erfahrener Könner – das sind die

mvg-Hobby-Paperbacks

50 Ideen zum Basteln, Stricken und Gestalten in weniger als 1 Stunde

Das Buch für kleine Bastel-Ideen in der Freizeit, mit einer Fülle von Anregungen für jung und alt.
128 Seiten mit zahlreichen Fotos, Abbildungen und Anleitungen
ISBN 3-478-02050-6

Peddigrohrflechten

Entdecken Sie dieses kreative Bastel-Hobby, mit dem Sie Schönes für Ihr Heim und für Geschenke „zaubern" können.
144 Seiten mit zahlreichen Fotos, Abbildungen und Anleitungen
ISBN 3-478-02040-9

Schöne Kissen selbst gemacht

Ein originelles Handarbeits-Hobby wird hier mit umfangreichen Anleitungen, vielen Ideen und Tips für's Selbermachen vorgestellt.
128 Seiten mit zahlreichen Fotos und Arbeitsvorlagen
ISBN 3-478-02030-1

Schöne Lampen selbst gemacht

Licht wird erst durch die dekorative Lampe schön.
Entdecken Sie die originellsten Ideen – von der Bastgeflechtlampe bis zu kostbaren Tiffany-Leuchten.
128 Seiten mit vielen Abbildungen und Arbeitsvorlagen
ISBN 3-478-02110-3

Fragen Sie Ihren Buchhändler nach den preiswerten Hobby-Paperbacks aus dem